反日国家
野望
光州事件

元韓国陸軍大佐
池萬元　著

朝鮮近現代史研究所所長
松木國俊　監訳

解説

松木　國俊（朝鮮近現代史研究所所長）

本書『反日国家の野望・光州事件』の監訳を編集者から依頼されたとき、私は全身に鳥肌が立つのを覚えた。この本は韓国の公式歴史観を根底から覆しており、それが今後の日韓関係、さらに東アジアの安全保障体制にまで影響する可能性があると直感したからだ。

一九八〇年五月十八日、韓国全羅南道光州市で韓国軍と市民との間で武力衝突が発生し、民間人百六十二人が死亡した。「光州事態」と呼ばれるこの事件は、今では「韓国史上最大の民主化運動」と評価されており、そこで決起した光州市民は、全斗煥将軍率いる軍事独裁勢力に抵抗した「民主化の英雄」と称えられている。二〇二〇年には「五・一八歪曲処罰法」が制定され、「光州事態」が民主化運動であることを否定するものは、五年以下の懲役、五千万ウォン以下の罰金を含む厳罰を科すこととなった。

本書の著者池萬元氏はそのような「光州事態」をめぐる政府見解や韓国社会の風潮に敢えて異を唱えて来た。彼は「光州事態は北朝鮮工作員によって扇動された暴動だった」と主張し、これに反発する人々から「名誉棄損」などで百件以上の訴訟を起こされ、二十年以上に亘って法廷闘争を続けている。その間に彼が裁判所に提出した証拠は膨大な量に上っており、それらを整理して彼の正当性を世に問うために出版したのが本書（原題『五・一八答弁書』）である。

私自身、「光州事態」が「民主化運動である」との歴史観には極めて懐疑的であった。実は「光州事態」が起きる直前の一九八〇年三月末、私は商社の駐在員としてソウルに赴任している。この事件に至る韓国内の騒擾を現地でこの目で見ているのだ。

前年の十月二十六日に突然朴正煕大統領が暗殺され、その後の韓国の政治体制は混沌の極みにあった。巷には「人民武装蜂起」の噂が流れ、私の事務所の運転手は「D-day（ノルマンディー上陸作戦の実行日を示す暗号）が迫っています」とまことしやかに教えてくれた。

学生たちは連日学外に出て「全斗煥は去れ・維新残党は退陣せよ」の横断幕を掲げて街頭を行進した。それは日本の全学連がやったようなヘルメットとゲバ棒による「革命ごっこ」とは明らかに違っていた。学生たちの顔には異様な高揚感が漲り、何かにとりつかれたように隊列を組んでひたすら進む姿には、実際に革命を起こすだけの気迫があった。

五月十五日には全国の大学の代表らが上京し、十万に迫る学生たちがソウル駅前に集結して警察と衝突した。この日はソウル以外でも二十四の大学が同様の行動をとっている。

私が学生街に近いソウル市新村洞の焼き肉屋で食事をしていると、室内に白い煙が流れ込んできた。隣部屋の炭火の煙かと思った瞬間、「催涙弾だ！」の叫びが上がり、必死で部屋から脱出したのを覚えている。韓国全土がまさしく「革命前夜」の様相を呈していた。

そして五月十八日、光州で暴動が起きたとのニュースがソウルに伝わって来た。D-day がついに来たと多くの市民が感じただろう。当時は情報が錯綜し、韓国全土が混乱の渦の中にあったことを明瞭に記憶している。ある全羅南道出身は「慶尚道の人間が全羅道の人間を殺しに来た」と私に訴えた。朝鮮半島では新羅と百済の時代から慶尚道（新羅側）と全羅道（百済側）の地域対立が千年以上続いており、そこにつけ込んで何者かが流布した「流言飛語」に違いないが、これを人々がまともに信じるほどの異常事態であった。

「光州事態」が収拾してしばらくたった頃、偶然私は一冊の本をソウルの書店で手に入れた。韓国側に帰順した元北朝鮮諜報機関員である呉基完という人物が、一九七七年に書いた『北朝鮮諜報機関の全貌（以下『全貌』）』である。呉氏は情報機関の中枢にいて、金日成の言葉を直接聞いており、同書には北朝鮮の南進戦略を指導する金日成の生々しい声がそのまま記されている。以下その一部を紹介しよう。

一九六五年の初夏、金日成は工作機関の高級幹部を集めて「青瓦台を爆破して南朝鮮の大統領をやっちまうこと……道はこれしかないとも言える。もし成功すれば南朝鮮は瞬く間に大混乱に突き落とされるだろう。情勢の展開次第では全面戦に追い込めると思うのだ」と朴正熙大統領の暗殺を命じている。これに基づいて一九六八年一月二十一日に北朝鮮特殊部隊による「青瓦台襲撃事件」が起きたが、韓国軍に撃退され「大統領暗殺」は未遂に終わった。

一九七一年九月二十五日、金日成は軍幹部に対して一時間に三万人を韓国側に送り込める南進トンネルの工事着工を命じ、「どんな障害が横たわろうと、この仕事はやりぬかなくちゃならん。党の全てをかけてもだ！」と全軍に発破をかけている。「南進」への執念がこもった金日成の肉声である。

一九七三年十一月に行われた対南工作機関指導会議では、金日成が「南朝鮮人によって革命が行われない場合われわれが力を貸さなければならない。われわれはどんな経路であれ南朝鮮に潜り込み、南朝鮮人に化けていなければならない」と指示し、次のような「南朝鮮革命」の基本方針を示している。「南朝鮮の革命は、南朝鮮人民が暴力闘争を通じて勝ち取るべきだが、その革命力量が備わらない今、われわれがイニシアチブを取らねばならない。すなわち人民軍正規軍三個師団兵力に南朝鮮軍の軍服を着せ、一挙に投入し大都市を占領した後、直ちに『南朝鮮人民の名』で北朝鮮に介入を要請する。こうなればわれわれは合法的に武力行動を起こすことができる」

さらに『全貌』には一九七四年八月十五日に起きた文世光事件（在日韓国人文世光が朴正熙大統領を狙撃し、それた銃弾が夫人の陸英修氏に当たり彼女を死亡させた事件）も金日成の命令で実行されたとあり、同日の朝、金日成は中央政治委員を集めて「朝飯はみんなでここでしよう。それからソウルでどんなことが起こるか見届けてやろうじゃないか」と語ったという。結局それが失敗に終わったのを知った時には「またもしくじったのか、こん畜生！」と叫んだと記されている。

このように朴正熙大統領を暗殺して韓国側を混乱に陥れ、南朝鮮の人民を支援するという名分で南側へ軍事侵攻すべく、金日成が種々画策していたことを『全貌』は暴露しているのだ。

とすれば朴正熙大統領の暗殺事件は金日成にとって「千載一遇」のチャンスであったに違いない。彼がこの機会を利用しないはずはないだろう。

『全貌』を読み終えた私は「光州事態」が北の工作員の扇動によって引き起こされた事件であるとの疑念を持つに至った。全国でデモを繰り広げた学生たちも、事前に工作員に取り込まれていたのではないだろうか。『全貌』の次のような記述がそのことを裏付けている。

「一九六〇年代から七〇年代のはじめにかけて、北朝鮮の対南、対日工作は積極さを加えるに伴い、工作方向にも当然変化をきたし、まず対南工作は、韓国の学生、インテリ層に食い込んで『革命の主力軍』化することに重点をおくことになった」

あの時のデモを主導した学生たちは、工作員の洗脳によって既に『革命の主力軍』となっていたのだ。

これですべてが繋がってくる。工作員を派遣して普段から学生達を洗脳してきた北朝鮮は、朴正煕大統領の突然の死を絶好の機会ととらえ、海岸線や南進トンネルなどを経由して大量の工作員を送り込み、韓国全土を「流言飛語」で混乱させ、学生・労働者を扇動して「南朝鮮革命」を起こすべく画策したのではないか。

但し、ここまでは私の推論にすぎなかった。何一つ証拠はなかった。だが本書にはそれを裏付ける物的証拠があふれているではないか。

本書によれば、当時光州で活動した「市民軍」の写真の中の人物と、現在の北朝鮮高官の顔が一致しているケースがいくつもある。それは単なる「見かけの偶然」ではなく、最新の科学技術を駆使した顔面分析によって「同一人物」であることが確認されているのだ。さらに本書には次の通りの記述がある。

「放送三社（地上波のMBC、KBS2、SBS）が何度も光州事件の現場で撮られた四人の写真（主役の写真四枚）を一日中スポットニュースで流して名乗り出るように呼びかけたが、現れた者は誰もいなかった。『五・一八歴史歪曲対策委員会』も二〇一五年四月と同年から翌年にかけて六か月間にわたって光殊（池萬元氏が北朝鮮のスパイと断定している人間）の写真を広場で展示して、『出でよ、

現場の主役たちよ』と呼び掛けたが、やはり誰も現れなかった」(カッコ内は本文筆者)

このように現場で撮られた「代表的市民軍兵士」の写真の人物をいくら探しても誰も現れないのは不可解である。名乗り出れば英雄になり、国から多額の補償金を得ることができる。本人の生死にかかわらず親兄弟、親類縁者も放っておくはずがないだろう。

それでも誰一人判明しないということは、そのような人物が現在韓国に存在しないと考えるほかにない。写真に写っている人々は北から潜入した工作員だった可能性が極めて高いと言わざるをえないのだ。

池氏は本書の中で「五・一八は北朝鮮の特殊部隊六百名が『社会から冷遇されていた不満分子』を操って南南戦争を誘発させ、これを南侵戦争へと導くために企てた高度の内紛誘導作戦だった」と断定している。読者は、六百名もの特殊部隊が誰にも見つからずに光州まで潜入出来るとは、にわかには信じられないかもしれない。たが『全貌』よれば、ゲリラ戦訓練の一つに「縦深潜入訓練」がある。文字通り敵地の後方深く潜り込む訓練のことであり、「山の場合七、八分の稜線を伝い、また村落や細道、渓谷、道路(横断は除く)橋、鉄道レール、トンネルなどは原則として通らない」などと教えている。訓練時に配布される「通過要領」には、「地形と環境によって通過地点方法、相互信号方法、足跡の方向などを異にし、また川を渡る場合は、なるべく対岸が森であるか山に続くところを渡河地点に選ぶ」とある。

六百人全員が固まって一度に行動するわけではない。少数のグループに分かれて時差を置いて潜入すれば目立たないだろう。また光州に現れた六百人の中には、以前より南側に潜り込んでいた工作員が相当数混じっていたと考えれば、この数字は決して誇張ではないと思えるのだ。

さらに池氏が裁判所に提出した証拠書類の一つに『主体の旗の下に前進する南朝鮮人民の闘争（以下『人民の闘争』）』（北朝鮮・朝鮮労働党出版社、一九八五）がある。以下その一部を引用する。

「光州人民蜂起が始まった始めの数日間で南朝鮮の情勢は激的な変化を見せた。光州での英雄的蜂起が南朝鮮人民を軍事ファッショ徒党に反対する闘争へと導いたのだ」

「《民主闘争委員会》は、「光州民主国」の臨時名称である。即ち、この委員会は「自由で民主的な完璧な政権」を打ち建てるまでの過渡的な《主権的代表機関》なのだ。この委員会こそ（中略）ファッショ統治体制を葬り、その墓の上に民主の体制、人民大衆の真の自由を実現する体制を樹立し、人々の暮らしを守る民主政権の萌芽だったのだ。」

この『人民の闘争』は北朝鮮が「光州事態」を総括したものだが、韓国に革命政権を樹立させて赤化統一を成し遂げようとする、北朝鮮の確固たる意図を窺い知ることが出来る。やはり『全貌』に書かれていたことは事実だったのだ。

そして北朝鮮の企みは今一歩で実現するところまで来ていた。光州での暴動には「慶尚道」と「全羅道」の歴史的反目が背景にあったことは前に述べたが、国内の不満分子を煽ればどの地域でも暴動は起こりうる。北朝鮮工作員の「放火活動」を放っておけば、光州の暴動が一挙に全土に拡大し、国内は実際に内戦状態となる恐れがあった。

そのような混乱の中で、工作員が学生・労働者を扇動して「民主臨時政府（革命政府）」の樹立を宣言させ、北朝鮮に対し支援要請を出させれば、北朝鮮軍南進の大義名分が発生する。そして北朝鮮軍の戦車が三十八度線を越え、韓国の学生や労働者を車上に「満載」してソウルに向かうに違いない。迎え撃つべき韓国軍は自国民に対して武力を用いることに躊躇せざるを得ない。北朝鮮への抑止力である在韓米軍も、韓国内の内戦にまで介入はできないだろう。韓国軍があえて北朝鮮軍に反撃したとしても、当時の南北の軍備及び継戦能力を勘案すると、韓国軍は圧倒的に不利であり、もはや赤化統一を防ぐ手立てはなかったに違いない。

そのような切羽詰まった状況で、全斗煥氏が韓国を赤化革命から救うために敢えて立ち上がったのではないだろうか。だとすれば全斗煥氏は「救国の英雄」だったことになる。

「光州事態」収拾後、全斗煥氏は大統領に就任した。親族が様々な利権をむさぼったとの批判もあるが、私の目には、彼は国民生活向上のために最大限努力した「清廉潔白」の人士であった。

その全斗煥氏は退任後に「光州事態を引き起こした張本人」として訴追され、「民間人を虐殺した罪」で死刑判決まで受けている。彼が軍隊に命じて民間人を無差別に殺戮したというのだ（その後無期懲役に減刑され一九九七年に特赦で釈放された）。

だが考えてみて欲しい。天安門事件を引き起こした中国共産党配下の軍隊である「人民解放軍」ならいざ知らず、国民の生命と財産を守るために存在する一国の正規軍が、その国民を無差別に殺したりするだろうか。本書にも引用されている『全斗煥回顧録』の中で、全氏は罪状をきっぱりと否定している。当然である。彼が韓国軍の将官であれば国民の命を最も大切にするはずだ。第三者が「光州事態」の推移を客観的に考察すれば、「全斗煥将軍が軍隊を派遣して反政府暴動を鎮圧し、韓国を共産化の一歩手前で救った」という事実しか浮かび上がってこないだろう。

では一体なぜそれが「民主化運動への弾圧」となったのだろうか。その間の経過を簡単に振り返って見よう。

全斗煥氏退任後、一九八八年に行われた大統領選挙では、全氏の陸軍士官学校時代からの盟友である盧泰愚氏が大統領となり、次の一九九三年の選挙では金泳三氏が大統領に当選した。

金氏は大統領に就任するや自分が初の文民大統領であることをアピールし、過去の軍人政権時代の「独裁政治」を糾弾することで求心力を高めようとした。だが彼は軍人政権を否定するあまり、左翼勢力の主張まで取り入れて「光州事態は反国家暴動ではなく民主化運動であり、軍事独裁政権がこれを弾圧した」と結論付け、歴史的事実を捻じ曲げてしまったのだ。歴史を改竄して政治の道具に使うのは大陸国家の常套手段であり、彼も史実を歪曲することには何の抵抗も感じなかったのだろう。

これ以降、韓国の歴史学会では親北左翼学者が大手を振るようになった。彼らは李承晩政権から盧泰愚政権までを全て「反民族的独裁政権」であったと断罪し、財閥が主導した韓国の経済発展を「政経癒着」として全面的に否定している。

これが所謂「韓国版自虐史観」であり、教育現場を牛耳る左翼教師たちが、小学校、中学校さらに高校の授業を通して、過去二十年以上に亘り子供達に教え込んできた。その結果、韓国社会の中心軸は左側へ大きく移動し、「光州事態における民主化運動が軍事政権打倒に繋がった」という左派の独善的な主張が、今では韓国の公式歴史観となっているのだ。保守の尹錫悦大統領でさえ、就任直後に光州の国立墓地で開催された「光州事件追悼式」に与党幹部を引き連れて参列し、犠牲者を称える「あなたのための行進曲」を歌っている。

この「韓国版自虐史観」は自国の歴史を貶めると同時に、強烈な反日・侮日史観でもある。なぜなら、それが親北左翼学者により「日本は朝鮮を不法に植民地支配し、朝鮮人を虐待した」という「嘘」を土台として構築された史観であり、韓国の人々に日本への「憎悪」と「恨み」を植え付けているからだ。

そこでは「大韓民国」を「親日派」が、独立後に「保守派」となって政財界に留まり、日米と結託して作り上げた「半植民地国家」と見做しており、真の独立を達成するために「親日の残滓」を一掃すべきだとの論理が展開されている。北朝鮮のプロパガンダそのものであるが、文在寅前政権はこの理念のもとに北朝鮮との融和に走ってしまった。北朝鮮の工作員の長年に亘る「インテリ層への食い込み」が着実に成果を上げていると見る以外にない。

日韓併合はイングランドとスコットランドが合体した事例と同じ「国家統合」であり、決して日本による不法な植民地支配ではなかった。だが凄まじい歴史歪曲によってどこまでも日本人を「野蛮で残虐な民族」に仕立て上げた「韓国版自虐史観」が定着するにつれて、韓国の反日感情は際限なく高まり、慰安婦問題や徴用工問題で日本へ無理筋の要求を突きつけ、日韓の間には修復不可能なほどの溝が生じてしまった。日本は今や「仮想敵国」となり、自衛隊の朝鮮半島侵略に備えて海軍力増強に血道をあげている始末である。

しかしながら現実に目を向ければ、日本も韓国も中国やロシアという覇権主義国家、さらに無法国家の北朝鮮の脅威に晒されている。日韓が反目している場合ではない。韓国政府も一般国民も一刻も早く「韓国版自虐史観」の誤りとそれがもたらす害毒に気付き、日韓協力の方向に舵をきらなければ、日本も韓国も共倒れとなる恐れがある。両国は運命共同体なのだ。

その思いは池氏も同じだろう。「光州事態」が北の工作員によって引き起こされたという事実を暴くことで、韓国の人々を「自虐史観」から覚醒させ、現実の脅威に目を向けさせようとする意図もあるに違いない。

だがあろうことか、本書の日本語版刊行が迫った二〇二三年一月十二日、韓国の最高裁判所は「池氏は誹謗中傷を目的とする悪質な罪を犯した」と断定し、下級審が下した懲役二年の実刑判決を確定させてしまった。これによって、同月十六日に彼は八十歳という高齢の身で収監されたのである。

「五・一八歪曲処罰法」が存在する韓国では、メディアも最高裁の有罪判決を当然のように報道しており、保守系勢力ですらも彼の援護を忌避しているのが実態なのだ。

しかしながら、国民が国家権力から特定の歴史観を押し付けられ、異論を唱える者は監獄に送られるなど、民主主義国家では到底考えられない。もはや韓国はカルト集団が支配する全体主義体制にあると言っても過言ではないだろう。

そのような逆境の中で、池氏は官憲や過激集団からの暴力に屈せず、牢獄に繋がれても不屈の闘志をもって真実を訴えている。彼の戦いは、韓国民の人権と言論の自由を守るための戦いであると同時に、亡国をもたらす自虐史観を排し、日本と和解して真の外敵から国を守るための「救国の戦い」である。彼こそが究極の「愛国者」ではないだろうか。

日本にとっても彼は大切な人物である。本書の日本語版を作って日本中に広めることは、孤軍奮闘を続ける彼を側面から支援することになる。一方、本書に関わることは韓国の公式歴史観への挑戦であり、異論を許さぬ韓国の法律に抵触する恐れすらある。

だが、私はかつて韓国が「赤化革命」寸前の状態にあった場面を目撃している。歴史の証人として、そして日本国民の一人として、史実を捻じ曲げ、敵を誤り、東アジアの自由民主主義陣営の自滅を招きかねない韓国の現状をこのまま座視することは出来ない。

日韓両国の未来のために、私は敢えて火中の栗を拾うことを決意し、本書の監訳者になることをお引き受けした次第である。

なお、本書の原書は池氏が裁判所に提出した「答弁書」をそのまま綴った形になっており、日本語版発行にあたっては、著者の了解を得たうえで一般書の形に再編集したことを、最後に付け加えておきたい。

令和五年一月

目次

光州事件（関連事件、事象含む）時系列まとめ

作成：松木國俊

日付	できごと	大統領
1968年1月21日	青瓦台襲撃未遂事件	朴正熙
1979年10月26日	朴正熙大統領暗殺	
1979年12月12日	全斗煥ら「粛軍クーデター」を実行（12月12日事件）	崔圭夏
1980年3月28日	『京郷新聞』『東亜日報』が「朝鮮人民軍の南への浸透」に関わる『統一日報』記事を報じた	
1980年5月18日	光州で暴動発生（光州事件）	
1980年10月24日	（第二審裁判結果）死刑3、無期懲、7、有機実刑71の判決	全斗煥
1981年1月23日	韓国最高裁「光州事件は金大中が起こした内乱陰謀事件」と規定	
1982年5月	北朝鮮ビラ配布（光州事件5体の遺体あり、氏名わからず）	
1982年	北朝鮮・祖国統一社『主体の旗の下に前進する南朝鮮人民の闘争』発行	
1987年	キム・ヤンネ神父『五月　あの日が再び訪れると』発行 記載した15体の遺体氏名、遺影なし	
1987年12月16日	盧泰愚大統領当選	盧泰愚

1988年6月27日	五共非理問題癒着問題調査委員会設置	
1988年7月13日	光州民主化運動真相調査特別委員会設置 24頁	
1990年	北朝鮮韓民戦『ああ光州よ』発行『五月あの日が・・』の15体の遺体あり	
1990年1月22日	盧泰愚主導で三党合党で新韓国党結党	
1990年8月6日	光州民主化運動関連者の補償に関する法律制定	
1992年5月17日	『週刊北韓動向』北朝鮮は光州民主化運動を「光州人民蜂起」と規定	
1993年2月25日	金泳三大統領就任	金泳三
1994年5月13日	光州事件負傷者や犠牲者家族が全斗煥、盧泰愚らを殺人罪で告発	
1995年7月18日	上記不起訴処分	
1995年11月16日	盧泰愚収賄で逮捕	
1995年12月13日	全斗煥　安養刑務所に収監	
1995年12月21日	5・18民主化運動等に関する特別法	
1996年1月4日	サムジョンホテルで全斗煥の執権シナリオがでっち上げられた	
1997年4月17日	最高裁　光州事件が民主化運動との判決を下す 全斗煥を内乱罪で処罰	
1998年2月25日	金大中大統領就任	金大中

1999年5月18日	放送三社（文化放送、KBS2、SBS）が共同で4人の顔をニュースで流し、名乗り出るよう呼びかけた	金大中
2002年1月26日	5・18有功者礼遇に関する法律	
2002年8月16日	池氏　東亜日報に「5・18に朝鮮人民軍介入」の一文を載せる	
2002年8月20日	負傷者会キム・フシク会長の狼藉	
2002年10月24日	**光州地方検察庁検事が池氏を光州へ連行** **光州拘置所101日勾留、懲役10カ月執行猶予2年の判決を受ける**	
2003年2月25日	盧武鉉大統領就任	盧武鉉
2006年6月12日	「民主化運動関連者名誉回復及び補償等に関する法律」制定	
2007年7月	『華麗な休暇』（日本名「光州5・18」）封切り	
2008年	『捜査記録から見た12・12と5・18』出版	
2008年2月25日	李明博大統領就任	李明博
2009年	**光州関連団体が告訴、『捜査記録から見た12・12と5・18』関連裁判開始**	
2012年12月27日	**『捜査記録から見た12・12と5・18』関連裁判最高裁で無罪判決**	
2013年1月～5月15日	チャンネルAとTV朝鮮が「朝鮮人民軍介入」をテーマとする特別番組放送	

2013年4月22日	黄長燁・金徳弘による「光州事件は北朝鮮が引き起こした」との発言を公表した番組を放送	
2013年2月25日	朴槿恵大統領就任	朴槿恵
2013年5月24日	「5・18歴史歪曲対策委員会」設立 5・18記念財団、光州市民団体協議会、宗教系など338団体が参加	
2013年6月10日	光州人大挙して上京「チャンネルA」「TV朝鮮」の事務所を襲う	
2014年5月14日	清州で遺骨発掘のニュースが報道された	
2014年5月24日	北朝鮮申し込み締め切り日に仁川アジア大会参加表明	
2014年8月19日	北朝鮮代表団8名来韓（遺骨発掘現場検証？）	
2014年10月24日	池氏『5・18最終報告書』出版	
2015年5月5日	ホームレスダミョ第一及び第二光殊を公開	
2015年5月	ホームレスダミョから映像分析が届く	
2015年4月	及び同年10月から半年間「5・18歴史歪曲対策委員会」光殊の写真を広場に展示し「出でよ現場の主役たちよ」と呼びかけたが名乗り出る者なし	
2015年	池氏映像分析内容全国に号外で拡散	
2015年5月	「5・18歴史歪曲対策委員会」が池氏に損害賠償、号外発行禁止申し立て この事件で8200万ウオンの支払い命令が出た	

2015年	現在進行中の裁判開始（光殊だとされるのは名誉棄損だと原告が告訴）起訴日付不明	
2015年10月14日	『聯合ニュース』北朝鮮の教科書　南の民主化運動は全て金日成のお教えによるもの	
2016年5月19日	第一回公判後暴力事件発生 被告人が暴力をふるったとして起訴された（裁判継続中？）	
2016年10月10日	池氏映像分析の結果をまとめた『5・18映像告発』出版	
2016年	「5・18歴史歪曲対策委員会」が『5・18映像告発』をめぐり池氏に損害賠償を求めて告訴（日付不明） この事件で9500万ウオンの支払い命令が出て「5・18記念財団」に送金した	
2017年5月10日	文在寅大統領就任	文在寅
2017年8月14日	「タクシードライバー」上映開始 この日池氏が「金砂福はアカだとwebサイトに掲載した」（起訴状に記載）	
2017年10月12日	本公判でキム・ヤンネが証人出頭　遺体の氏名不明と回答	
2017年11月30日	張真晟5・25刑事法廷に証人出頭	
2018年3月13日	「5・18真相究明法」立法化（朝鮮人民軍介入があったかどうかが国家調査項目となる）	
2018年8月16日	「第四回公判準備期日調書」で裁判所が検察に「虚偽事実」と認定した根拠を求める	
2018年12月17日	池氏総合答弁書提出。被害者の状況説明の矛盾を指摘	
2019年2月8日	池氏国会公聴会で証言。国会議員及び光州関連団体が池氏を告訴 本件は2年後に不起訴処分となる	

2019年2月12日	『朝鮮日報』「朝鮮人民軍介入説は未だに解決されていない」との記事あり	
2020年2月13日	池氏懲役2年（執行猶予付き）の宣告をうける（キムテホ判事）	
2020年5月13日	外交部はアメリカ国務省から移管された機密解除文書は43件と発表 アメリカの公式サイトは5月11日に122件 同資料には北朝鮮の関与に関わる状況資料が含まれている	
2020年5月18日	『リバティ・コリア・ポスト』「北韓は光州人民蜂起と呼ぶ」	
2020年5月20日	「5・18民主化運動真相究明調査委員会」稼働開始	
2020年6月10日	池氏『無等山のツツジ四七五輪』出版 「5・18民主化運動歪曲対策委員会」が発売禁止仮処分、1億2000万ウオン賠償訴訟継続中	
2020年11月30日	光州裁判所が全斗煥に「ヘリからの機銃掃射は事実」として懲役8カ月執行猶予2年の刑を宣告。	
2021年1月5日	「5・18歪曲処罰法」施行。5年以下の懲役か5000万ウオン以下の罰金	
2021年4月30日	池氏答弁書提出。アメリカ国務省資料に朝鮮人民軍介入に関する9件の資料あり	
2021年5月14日	公判手続きでキム・ジンスへの証人喚問	
2022年5月10日	尹錫悦大統領就任	尹錫悦
2023年1月16日	池氏刑務所に収監	

※ゴシック体：一般的事件、明朝体：池氏個人に関する事象、太明朝体：池氏の裁判関連の事象

本書について

五・一八光州事件は、韓国現代史最大の事件である。この事件をどのように定義するかによって国家のアイデンティティと運命が左右される。「民主化運動か、それとも北朝鮮が主導した暴動なのか」。好むと好まざるとにかかわらず、われわれ韓国人はあのハムレットのようにこの難しい選択を迫られているのだ。筆者は二〇〇二年から二十年間にわたり光州事件の真相を探究してきた。

光州事件において戒厳軍の指揮官であった全斗煥は一九九五年十二月に拘束され、同人に対する刑事裁判がソウル中央地方裁判所、ソウル高等裁判所、最高裁判所で行われた。筆者はこの裁判に関わる十八万頁に達する膨大な捜査資料や裁判資料を基に研究を重ねてきたが、これらの資料を研究目的で使用したり、光州事件に関する北朝鮮の記録を入手して分析を行ったのは筆者だけであると自負している。

光州事件を勢力拡大の足掛かりとみなす政治勢力がいる。この事件は彼らにとって金城鉄壁（非常に堅固な城壁）に囲まれた聖域であり、誰一人そこに足を踏み入れようとしなかった。筆者がそのパンドラの箱を開け、光州事件に北朝鮮が関わっていた事実を突き止めたのである。全羅南道の十七の市と郡に秘かに配備されていた四十四の武器庫がわずか四時間で空になり、刑務所が五回にわたって攻撃され、光州市を見るも無残なガレキの山に変えられる二千百発ものＴＮＴを使用した強力な爆弾が道庁で作られていた。また、銃傷による死亡者百十七名のうち、八十八名は市民が盗んだ銃器によるものだった。これらは光州にとって不名誉な事実である。そこで、筆者はこれらのおぞましい行為が朝鮮人民軍の仕業であったことを明らかにしたのである。本来なら、筆者は光州の汚名をそそいだ恩人として感謝されてしかるべきであった。ところが、驚くべきことに筆者は光州最大の公敵となってしまったのだ。

光州の人々は、筆者に百件を超える裁判を起こしてきた。ソウル中央地方裁判所で五年間にわたって一審裁判が行われたが、その間に裁判長が四度も交代した。最後の裁判長は光州第一高等学校出身であったが、筆者に懲役二年の刑を言い渡した後、光州地方裁判所に栄転した。現在事件は二審で審理されており、ここでの判決が事実上筆者の運命を決することになる。被告人である筆者は五年間で数千枚にも達する答弁書を提出した。だが、裁判所で与えられた時間内に答弁書の内容全てを陳述することは不可能であり、やむを得ず提出済みの答弁書の内容を凝縮して一冊の本にまとめ、これを最後の審判台にのせることにした。有罪か、無罪かはまさにこの本にかかっていると言っても過言ではない。

先進国には陪審制がある。だが、大韓民国にはこの制度がない。ゆえに、本書を通じて大韓民国のすべての国民の皆さんに筆者の裁判の陪審員になって頂き、公明正大なご判断を仰ごうと思い立ったのである。裁判所に提出した答弁書を書籍化するのは古今東西を通じて本書が初めてだと思う。判事も陪審員も読む本書に嘘や誇張があってはならない。国家の運命がかかった光州事件関連裁判に皆さんが陪審員として参加され、筆者の主張に真摯に耳を傾けて公明正大なご判断を下されることを切に願っている。

二〇二一年九月　池　萬元

プロローグ

事件のプロフィール

五・一八光州事件は、光州と国家の間で起きた十日間の武力衝突事件である。一九七九年十月二十六日に朴正熙政権が突如消滅し、国土は権力の空白状態に陥った。朴正熙大統領を暗殺した中央情報部（ＫＣＩＡ）部長の金載圭と時の陸軍参謀総長・鄭昇和が革命政府を樹立しようとしたが、四十七歳の国軍少将・全斗煥がそれを阻止した。同年十月二十六日～十二月十二日までの四十六日間の一連の出来事はスリル満点のドラマそのものだった。その結果、金載圭は刑場の露と消え、鄭昇和は監獄行きとなったのである。

政権代行として出発した崔圭夏政府は八〇年二月二十八日に公民権回復措置を発表し、自宅に軟禁状態だった金大中をはじめ、それまで緊急措置違反で処罰されていたすべての人々を釈放――赦免し、「ソウルの春」と称される大胆な民主化を国民にプレゼントした。こうして自由が無限にあふれる新天地となった韓国に自由放任時代が訪れた。「三金」（金泳三・金大中・金鍾泌）が来るべき大統領選を目指して政治活動を本格化し、学生運動や労働運動も活発化した。そして全斗煥ら新軍部が政治の表舞台に登場し始めると、学生たちは活動の場を学園から街頭へと広げ始め、「ソウルの春」が真っ盛りの八〇年五月四日から、全国の大学街で学生が無秩序なデモを繰り広げたのである。それは日に日に激しさを増し、五月十五日には十万人もの学生が集まってソウル駅から南大門に至るソウル中心部の道路で民主化を要求する街頭デモを行い、それを阻止しようとした警察官をバスでひき殺す事件まで発生した。内務長官・金鍾煥（キムジョンファン）は戒厳司令官の李熺性（イヒソン）とともにヘリコプターに搭乗してソウル駅一帯の騒然とした状況を目撃し、警察力による鎮圧はもはや限界に達したと判断して直ちに鎮圧責任を戒厳司令官に委譲した。

ソウル駅前デモの規模の大きさに鼓舞された金大中は翌日の五月十六日に所謂「第二次民主化促進国民宣言書」を発表して、非常戒厳令の即時解除、申鉉碻（シンヒョンファク）総理の即時退陣などを要求し、さらに「五月十九日十時までに明確な回答を行わず、要求を聞き入れない場合は、五月二十日正午をもって対政府闘争に突入する」ことを宣言した。しかし、様々な思惑から同月十六、七日頃に決行日を「五月二十二日」に変更し、次のような指令を発したのである。

> 民主愛国市民は、維新体制に決着をつける民主闘争に賛同する意思表示として黒いリボンを胸に付ける。非常戒厳令は無効であり、国軍は非常戒厳令に基づいた一切の指示に服従すべきでなく、マスコミは検閲と統制を拒否し、全国民は民主化闘争を勇敢に展開する。政党、社会団体、宗教団体、労働者、農民、学生、公務員、中小商人、民主愛国市民は五月二十二日正午をもって、ソウルは奨忠壇（チャンチュンダン）公園、地方は市庁舎前の広場で民主化促進国民大会を開催する。

これは国家に対する宣戦布告だった。軍はこれに対抗すべく、五月十七日に全国主要指揮官会議を開き、そこで下された結論を崔圭夏大統領に報告した。大統領は五月十七日午前零時をもって非常戒厳令を全国に拡大する措置を敢行し、これにより金大中ら主だった野党政治家二十六人が逮捕され、全国で一斉に予備検束が行われたのである。金大中は自分が拘束されることを重々承知していながら、なぜあのような無謀なマネをしたのか？　被告人（筆者）は、彼が二日後に光州で起きる武装暴動が間違いなく成功すると確信していたからだと考えている。だからあのような蛮勇を振るうことができたのだ。

五月十七日午前零時に予備検束が発動されると、若者たちは一斉に姿をくらました。ところが、奇妙なことに、光州だけは青年軍兵六百人が神出鬼没の怪盗・洪吉童（ホンギルドン）よろしく西へ東へと跳び回って労務者風の人々を集めていたのである。八〇年五月十八日午前九時ごろ、学生に偽装した二百五十人あまりの機敏な青年たちが全南大学に宿営していた戒厳軍空挺部隊に敢えて近づき鞄に隠し持っていた石を投げつけて七人の隊員にけがを負わせ、錦南路や忠壮路へ逃げた。また、車両や派出所を燃やして煙を出し、集まった市民に、「慶尚道出身の軍人が幻覚剤を飲んで女性の胸をえぐり取って木にぶらさげた」などと全羅道の人々の感情を刺激するたちの悪い流言飛語をばら撒いた。最初から緻密に計画された作戦だった。五・一八暴動は正にこの瞬間から始まり、五月二十七日午前五時二十三分に周永福（チュヨンボク）国防長官が崔圭夏大統領に光州市が失地回復されたことを報告したときに終結したのである。

事件のモンタージュ

事件のハイライトは、五月二十一日に起きた。二〇〇七年七月に封切られた映画『光州五・一八』（原題『華麗な休暇』）は、同日午後一時を大量殺戮の時間としているが、これは誤りである。

映画では二十一日午後一時に全羅南道庁舎前に集まって国歌を歌っている市民に幻覚剤に酔った戒厳軍が絨毯射撃を加えて三千人あまりの人々が死亡したことになっているが、軍の状況日誌、検察報告書などの政府の文献によると、五月二十一日に光州及び全羅南道全域で死亡した人はわずか六十一人であり、道庁前にいた戒厳軍が三十一師団ハン・ドンソク中尉から四十五発の実弾を非公式に受け取った時刻は午後一時三十分である。これ以前は一発の実弾も持ち合わせていなかったのだ。空挺部隊と共に道庁前に集結していたハン・ドンソク中尉が、自分の小隊だけヘリコプターで撤収するのを申し訳なく思い、「これでもあれば危機に対処できるだろう」と言って、自分の判断でM16小銃用弾丸が十五発ずつ装填された弾倉三個を空挺部隊の隊員に残して行ったのである。また、道庁前でM16小銃に打たれて死亡した人は四人にすぎない。それも午後一時ではなかった。

映画『光州五・一八』はなぜこのような途方もない嘘をついたのか？　北朝鮮の「朝鮮記録映画撮影所」が光州事件の現場を隅々まで撮影したフィルムを四十二分の長さに編集したドキュメンタリー映画を作り、それをビデオにした。制作時期は一九八〇年である。このようなドキュメンタリー映画は韓国にはない。このビデオは『光州ビデオ』と呼ばれて全羅道全域で密かに鑑賞されていた。『光州五・一八』は『光州ビデオ』と軌を一にする映画であり、この映画や『光州ビデオ』を観た人々は空挺部隊を不倶戴天の敵とみなすようになり、刻印されたこの認識は今日に至るまで連綿と続いている。

ところで、暴動のハイライトは道庁から遠く離れた場所で起きた。三百人ほどの俊敏な男たちの一団が、二十師団所属車両部隊が五月二十一日午前八時に光州の高速道路料金所を通過するという極秘情報を入手した。彼らは五月二十日夜に料金所付近の道路に障害物を設置するとともに、軍用車両を生産している亜細亜自動車の工場に通じる道路を遮断して待ち伏せし、八時ちょうどに料金所を通過した現役師団を襲撃して師団長の車を含むジープ十四台を奪取した。そして、近隣にある前記工場へ移動して九時に三百人ほどの別の一団と合流し、運転マニュアルなしでは運転できない新型装甲車四台や軍用トラック三百七十台ほどを工場から盗んで、全羅南道の十七の市や郡に秘かに配備されていた四十四の武器庫へと直行したのである。彼らはわずか四時間で五百四十三丁の銃器とダイナマイト、雷管、導火線などを奪い、道庁の地下で二千百発もの爆弾を組み立てて、その夜から都合五回にわたって刑務所を襲撃した。

神出鬼没と言われたロンメル軍やエンテベ空港奇襲作戦で有名なイスラエル国防軍突入部隊に勝るとも劣らないこの電光石火の作戦こそこの日のハイライトであり、光州事件全体のハイライトなのだ。『光州ビデオ』と『光州五・一八』は正にこの重要な出来事を隠ぺいするためにありもしない「道庁前集団発砲」なるシナリオを創作し、劇的な描写で人々の目を釘付けにしたのだ。

だが、このとてつもない六百人の特殊部隊の隊員たちも、指揮した人間も光州にいない。光州─全羅南道地域で最も名を馳せた鄭東年（チョンドンニョン）、尹漢琫（ユンハンボン）、朴寛鉉（パクガニョン）を始めとする学生運動出身の活動家は、五月十七日夜に逮捕されるか逃亡して、示威期間中ずっと光州にいなかった。戒厳軍法会議の裁判で死刑や無期懲役を言い渡された金宗倍（キムジョンベ）、鄭祥容（チョンサンヨン）、ホ・ギュジョン、パク・ナムソン、そして光州事件を通して最高の英雄に祀り上げられた尹祥源（ユンサンウォン）は、五月二十一日に銃声が響きわたると、すぐさま宝城企業などへ勝手に逃れた。そして、道庁を支配していた何者かが退却してから状況を探ろうと一人ずつやって来て「収拾委員会」をつくり、五月二十六日夕方、傲慢にも外信記者の前で「決死抗戦」を宣言し、早朝を迎えたのである。それでは、二十一日に見事な手際で展開された作戦の指揮官はいったい誰なのか？　二十万もの人間が動員されたと言われる組織的な軍事作戦に主導者はいなかったとされているが、そんな馬鹿げた話を真に受ける人間はいない。

事件の性格の変遷史

一九八一年一月二十三日、最高裁判所は光州事件を金大中が起こした内乱陰謀事件であると断定した。「金大中が朴正熙暗殺以後の権力の空白状態を奇貨として北朝鮮側の不純分子と共謀し、崔圭夏政権を倒して権力を簒奪するために内乱陰謀を企て、直ちに全南大の復学生鄭東年に命じて資金をばら蒔いて人々を扇動し、放火、破壊、殺人、強盗等の不法行為を行わせることによって光州を無政府状態に陥れ、戒厳軍に銃撃まで加えた暴動」だと判決中で認定したのである。これが九七年四月まで正史とされていた記録である。

だが、民主化の風が吹いてこの判決はひっくり返された。一九九七年四月、最高裁判所は「光州事件は全斗煥とその側近らが一二・一二粛軍クーデター（七九年十月に朴正熙が暗殺された後、全斗煥が同年十二月、当時陸軍参謀総長であった鄭昇和らを暗殺に関わったとして逮捕した事件）によって実権を握り、崔圭夏大統領に圧力をかけて権力をほしいままに操り、内乱目的で光州虐殺を恣意的に行った」として、全斗煥を内乱罪で処罰したのである。

昨日の忠臣と逆賊が十八年の歳月を隔てて逆転したが、このような結果に至るまでの過程を考察しなければ、光州事件の性格と変遷の歴史を理解することはできない。

光州事件は盧泰愚の利権証書

一九八七年十二月十六日、第十三代大統領選挙で民主正義党の盧泰愚（ノテウ）が勝利を収めた。候補の一本化を嫌った統一民主党の金泳三（キムヨンサム）と平和民主党の金大中は敗北の責任をとってそれぞれ翌年の二月八日と三月十七日に総裁職から退いた。

その一方で、全斗煥前大統領の第五共和国下での不正糾明と光州事件の真相究明を求める世論に後押しされた野党が、八八年四月二十六日に行われた第十三代国会議員選挙で大勝した。権力が青瓦台（大統領官邸）から国会へと移ったのだ。野党各党は「第五共和国における政治権力型非理調査特別委員会構成決議案」を採択し、同年六月二十七日に「五共非理問題（全斗煥政権の政治資金及び政経癒着問題）特別委員会」を、続いて七月十三日に「光州民主化運動真相調査特別委員会」の設置を議決した。これらは全斗煥を窮地に陥れようとする特別委員会であるが、この二つの委員会が相まってとてつもないシナジー効果を生み出したのである。

「光州民主化運動真相調査特別委員会」の委員長を務めたのは社会活動家としても有名な文益煥（ムンイクファン）牧師の弟の文東煥（ムンドンファン）議員であり、彼を中心に、国会議員二十八人からなるマンモス組織がつくられた。この委員会は、一九八八年十一月から聴聞会を開いて金大中、全斗煥等主だった関係者を証人として召喚し、その調査結果をまとめた報告書を一九九一年五月に作成したが、最初の発砲命令者、集団殺戮および極秘埋葬疑惑などが未解決のままになるなど、彼らが望む結論を引き出すことはできなかった。これは、彼らが掲げた調査範囲が発砲命令権者と責任の所在、ヘリコプターからの射撃、集団殺戮という全斗煥にまつわるイシューに制限されていたからだ。この三つは北朝鮮が現在に至るまでずっと扇動してきた内容でもあるが、これらが事実に反することは、検察が十四カ月間にわたって全斗煥を処罰するために調査した結果を纏めた『五・一八関連事件捜査結果』（九五年七月十八日発表）を見れば明らかである。

数に押された盧泰愚は、三党合同という非常手段を創案した。九〇年一月二十二日、盧泰愚の民主正義党と金泳三の統一民主党、金鍾泌（キムジョンピル）の新民主共和党が合同して民主自由党が誕生した。だが、合同をめぐって水面下で様々な政治的駆け引きが行われていた。その巻き添えになったのが民主正義党の鄭鎬溶（チョンホヨン）だ。

大統領職に対する野望を抱いていた金泳三と金鍾泌にとって、国民の期待を一身に担っている鄭鎬溶が目障りな存在だったのだ。

このままでは次期大統領の座につくのは不可能だと考えた二人の金は、鄭鎬溶の排除を合同の条件とした。鄭鎬溶が政治的駆け引きの生贄となったのだ。民主正義党内で絶大な影響力を誇っている鄭鎬溶を排除するにはそれなりの名分が必要だった。その名分となったのが、「鄭鎬溶は光州で民主化運動を弾圧した虐殺者」という烙印だ。これにより鄭鎬溶は議員資格をはく奪され、無念のあまり夫人が自殺を企てたりもしたのである。

光州事件が「暴動」から「民主化運動」に変わったのも政治家の腹黒い取引によるものであり、科学的研究に基づくものではないのだ。

九〇年八月六日、野党が主軸となった国会は「光州民主化運動関連者の補償等に関する法律」（略称：五・一八補償法）を制定した。補償を優先するために設けられたこの法律は、「治癒」と「和合」という政治的合意によって制定されたにすぎず、肝心の光州事件の真相究明は未完のままだった。この点について、二〇一一年五月一日付『ノーカットニュース』は、「真相究明なしに制定された五・一八補償法は胎生的限界」なる見出しが付けられた記事で次のように批判している。

五・一八を民主化運動として聖域化しようとする人々は、「五・一八が三大法律によって民主化運動と定立されてから長い年月が経ち、一九九七年に最高裁判所が五・一八を民主化運動と判決した事実が厳然と存在するにもかかわらず」と前置きしてから話し始める。ここで言う三大法律とは、九〇年に制定された「五・一八補償法」、九五年に制定された「五・一八民主化運動等に関する特別法」、そして二〇〇二年に制定された「五・一八有功者礼遇に関する法律」である。

光州民主化運動関連者の補償等に関する法律：（一九九〇・八・六制定）――盧泰愚政権
五・一八民主化運動等に関する特別法：（一九九五・一二・二一制定）――金泳三政権
五・一八有功者礼遇に関する法律：（二〇〇二・一・二六制定）――金大中政権

しかし、上記五・一八関連法のどこにも北朝鮮の介入の有無に関する判断はない。いずれも科学に基づく法律ではなく、当時の権力の核心である三八六親北主体思想派（三八六：一九九〇年代に三十代で、一九八〇年代の民主化運動に関わった一九六〇年代生まれの人々を指す言葉）勢力が主導した人民裁判に政治家たちが加担した結果物だった。

九七年四月十七日に言い渡された最高裁判所の判決の「判示事項」には「軍事反乱と内乱を通じて政権を掌握した場合の可罰性の可否」、「五・一八民主化運動に関する特別法第二条が同法施行当時公訴時効が完成した憲政秩序破壊犯罪行為に対しても適されるか否か」など二十項目が列挙されているが、その中に朝鮮人民軍の介入に関する判断はない。

当時の最高裁判所は「五・一八は純粋な民主化運動」と規定したが、「五・一八に北朝鮮が介入していた」と考える著者は、「科学で証明されていない世論」をあたかも天の命令であるかの如く受容し、それを物差しにして全斗煥らを裁いたことに憤りすら覚えるのである。

金泳三のご機嫌取り

七〇年代から八〇年代にかけて金大中らと共に代表的な野党政治家であった金泳三は、軍人政権後初の文民政権の長として三八六世代（光州事件の中心となった一九六〇年代生まれを指す）から絶大な支持を受け、自らを民主化の化身だと公言していた。

三党合同を行った際、彼は「第五共和国の清算」を一旦封印したが、大統領に就任するや、民主派勢力に媚びへつらって、一二・一二粛軍クーデターを「下克上的クーデター」と規定して関与した軍人を更迭する一方、「一二・一二はクーデター的事件だが、評価は後の時代に任せよう」、「現在の文民政権は八〇年五月の光州事件と八七年の六月民主抗争（大統領の直接選挙制への改憲を要求するデモを中心とした民主化運動）によって樹立された」などと述べて国民から拍手喝采を受けた。

これに鼓舞された鄭東年らかつての被拘束者、光州事件の負傷者や死亡者家族三百二十二人が、九四年五月十三日、全斗煥、盧泰愚ら光州事件当時大隊長クラス以上の新軍部三十五名を内乱及び内乱目的の殺人罪でソウル地方検察庁に告発したのである。鄭昇和もこれに加勢した。告訴状が受理された一年二カ月後の九五年七月十八日、ソウル地検公安一部（部長・張倫碩（チャンユンソク））は、「被告訴人全員に対する公訴権なし」という決定を下し、彼らを不起訴処分にしたと発表した。成功したクーデターは処罰できないということだ。

「当時、大統領等の憲法機関がそのまま維持されていたので政権奪取を目的とする内乱罪は認定されない。もはや一二・一二事件から光州事件に至る一連の事件に対する歴史的評価は後世に任せ、関連者に対する司法的判断は今般の検察の決定で締めくくるのが望ましい」、「罪はあるが、歴史評価は後の時代に任せよう」という金泳三の発言に検察がお墨付きを与えてくれたのである。

再び光州事件は金泳三の利権証書

当時、世論は上記のような結論を受け容れていた。これで民主派勢力によるこうした歴史をひっくりかえそうとする行動が終息するかに見えた。

ところが、ここである異変が起きたのである。九五年十月十九日、朴啓東（パクゲドン）議員が盧泰愚前大統領の四千億ウォン台にのぼる政治資金隠匿疑惑を暴露したのだ。信頼を裏切られた国民の怒りの矛先が盧泰愚のみならず、軍事政権全体にも向けられた。まさにこのような雰囲気が歴史を覆そうとするいわゆる民主派勢力に千載一遇の好機をもたらしたのである。

九五年十月二十五日から一週間の予定で中国の釣魚臺（迎賓館）に滞在していた金大中が、十月二十七日、盧泰愚から二十億ウォンを受け取ったと吐露した。百戦錬磨の政治家である彼が自分に不利な自白を行ったのは、検察が盧泰愚の不正な政治資金の行方を追跡して全貌が明らかになる前に良心宣言をしておいたほうが得策であり、これを機に金泳三をコーナーに追いつめ、自分の身を守ろうとする政治的打算があったからに違いない。

金大中の目論み通り、世論はその矛先を金泳三に向けるようになった。「金大中ですら盧泰愚から二十億ウォンもの資金を受け取っているのだから、盧泰愚と同じ党で、盧泰愚の支援で大統領になった金泳三は、それとは比べものにならない莫大な資金を受け取っているのではないか」と金泳三に疑惑の目を向け始めたのである。

彼はコーナーに追い詰められた。まさにこの瞬間に彼は危機を脱するための彼特有の勝負手を打った。全斗煥ら軍部勢力に対する「公訴権無し」の決定を尊重すると語っていた従前の態度をいきなり翻したのだ。九五年十一月十六日、電撃的に盧泰愚を二千三百五十八億九千六百万ウォンの賄賂を受け取った容疑で逮捕し、同月二十四日に「五・一八民主化運動等に関する特別法」を早急に制定するように命じた。これを受けて同月三十日に特別捜査本部が設置されると、十二月十三日に全斗煥を彼の故郷である陜川(ハプチョン)で検挙して安養(アニャン)刑務所に収監した。

このような電光石火ともいえる一連の出来事は、盧泰愚と全斗煥をスケープゴートに仕立てて苦境を乗り切ろうとする金泳三の起死回生の策だった。結局のところ、光州事件は彼の政治道具にすぎなかったのだ。

便法と工作

盧泰愚と全斗煥を下獄させたものの、この二人の罪名をどうするかが問題だった。それがうまくいかなければ、すさまじい逆風が金泳三に吹きつけてくるのは明らかだった。彼は何が何でもあらゆる手段を使って盧泰愚と全斗煥を有罪にする必要があった。だが、そんな彼の前に「一事不再理」の原則が立ちはだかっていた。光州事件について改めて裁判を開く法的手段は再審しかなく、それを認めてもらうための新たな証拠が必要だった。だが、懸命の努力にもかかわらず、これまで以上の目ぼしい証拠は見つからず、政権交代によって同じ証拠資料に対する裁判官と検察官の解釈が変わっただけだった。

面倒な再審を回避して光州事件について改めて裁判を行う手段として考案されたのが一九九五年一二月二十一日に議会を通過した「五・一八民主化運動等に関する特別法」である。便法とも言える同法に依拠して彼は最初の関門を突破し、翌一九九六年に改めて裁判を開けるようになったが、盧泰愚と全斗煥の罪名をどうするかが頭の痛い問題だった。その任務を担ったのがかつて国家安全企画部長をしていた権寧海（クォンヨンヘ）であり、この人物が陸軍士官学校同期の権正達（クォンジョンダル）や元検事の洪準杓（ホンジュンピョ）議員とともに前記法の策定にかかる〝実務〟を担当したのではないかと考えられる。

九六年一月四日、権正達は検察庁ではなく、サムジョンホテル一一一〇号室で検察と共に「全斗煥には執権シナリオ（クーデター計画）があった」という内容の陳述書をでっち上げた。この時に作成された陳述書が決め手となって全斗煥が有罪に追い込まれたのである。

九七年四月十七日に下された最高裁判所の判決文にはこのような一文がある。

> 五・一七戒厳、拡大して戒厳を敷くか否かは高度の政治、軍事的判断を要する事項であるから司法部の判断範囲を超える。しかし、全斗煥は既に執権シナリオを持っていたので、内乱の目的が頭にあった。内乱の意図をもって戒厳を敷くことはそれ自体が内乱である。

憲法と法律では罪を作り出すことができないから〝忖度法〟が登場したのだ。また、二審の権誠(クォンソン)裁判長の判決書には次のような一文がある。

本件判決の基となっているのは憲法でも法律でもない。自然法である。社会認識法だということだ。

世論裁判と人民裁判を行うことを判決書冒頭に明示しているのだ。

最高裁判所全員合議体（日本の最高裁判所大法廷に相当）で審理された最高裁判所の判決主文は次のようなものだった。

原審判決をすべて破棄し、被告人全斗煥を無期懲役に、同盧泰愚を懲役十七年に、（中略）処する。（中略）被告人全斗煥から金二千二百五億ウォンを、同盧泰愚から金二千六百二十八億九千六百万ウォンを各追徴する（以下略）。

判決要旨の部分に判示事項に列挙されている各項目にかかる多数意見と反対意見等が記載されている。「軍事反乱と内乱を通じて政権を掌握した場合の可罰性の可否」では、「わが国は制憲憲法の制定を通じて国民主権主義、自由民主主義、国民の基本権保障、法治主義等を国家の基本理念及び基本原理とする憲法秩序を樹立し、以来、幾度かにわたる憲法改正があったが、今日に至るまで一貫して上記憲法秩序を維持している。被告人は軍事反乱と内乱を通じて暴力で憲法によって想定されている国家機関の権能行使を事実上不可能にし、権力掌握後に国民投票を経て憲法を改正し、その改正された憲法に基づいて国家を統治したが、これをもってその軍事反乱と内乱によって新たな法秩序を樹立したとは言えず、わが国の上記憲法秩序の下ではいかなる場合もこれに反する行為は容認されない。よって、軍事反乱と内乱は処罰の対象となる」（多数意見）と「軍事反乱及び内乱行為によって政権を掌握した後、それに基づいて憲法上の統治体制を変革し、大統領、国会等の統治権の中枢である国家機関を新たに構成ないし選出することを内容とする憲法改正が国民投票を経て成し遂げられ、その改正憲法に基づいて大統領が新たに選出され、国会が新たに構成されるなど統治権の担当者が交代した場合、その軍事反乱及び内乱行為は国家の憲政秩序の変革をもたらした高度な政治的行為と言うべきであり、その憲政秩序の変革の基となった高度な政治的行為に対して法的責任を問うことができるのか、あるいはその政治的行為が事後に正当化されたのか否かの問題は国家社会内で政治的過程を経て解決されるべき政治的・道徳的問題を喚起するものであるから、本来の性格上裁判所の司法的審査になじまないものであり、国民の意思形成過程を通じて解決するのが最も望ましい。従って、その軍事反乱と内乱行為がたとえ形式的に犯罪を構成するとしても、その責任問題は国家社会の平和と正義に向けた国民の統合過程を通じて解決されるべき高度の政治問題であるから、裁判所が裁判権を行使することはできない」（反対意見）という意見の対立があった。

また、「五・一八民主化運動に関する特別法第二条が、同法施行当時公訴時効が完成していた憲政秩序破壊犯罪行為についても適用されるか否か」についても適用可能だとする多数意見とそれに反対する意見があった。

なお、第二審の権誠裁判長は、全斗煥前大統領に対して第一審の死刑判決を減刑して無期懲役を言い渡したが、判決中で「公訴時効」について刑事訴訟法二百四十九条を根拠に大統領在任期間中は公訴時効が停止されるとして一二・一二粛軍クーデターと五・一八関連事件について公訴期間の満了を否定し、驚くべきことに、「五・一八関連事件の公訴時効の始期は、盧泰愚大統領候補による民主化宣言が行われた一九八七年六月二十九日である」と述べた。

さらに、「五・一八特別法第二条（公訴時効の停止に関する規定）の違憲性」についても、「憲法裁判所が合憲であると決定しており、適法に行われた判断であるから憲法違反ではない」とし、全斗煥前大統領に無期懲役刑を宣告した。以上のように、光州事件が「民主化抗争」であることを前提に延々と審理が続けられていたのである。

歴史固めの独裁

二〇〇二年八月十六日に著者が『東亜日報』紙の意見広告にひときわ目立つように大きな文字で「五・一八に朝鮮人民軍が介入した」等と書いた短い文章を掲載したところ、マスコミと新千年民主党が蜂の群れのように襲いかかってきた。八月二十日には五・一八負傷者会会長キム・フシクと名乗る人物が黒いユニフォームを着た無法者十二人を引き連れて上京し、忠武路にある著者の事務所で暴れ回って、同じ階で執務中だった多くの市民を震え上がらせた。著者はソウル中部警察署に通報したが、電話越しに逃げるように指示しただけで、十二名の暴漢たちの狼藉を阻止しようとはしなかった。その後、この無法者どもは安養の私の自宅マンションにやって来て車を壊したり、ドアをへこませたりして他の居住者まで恐怖に陥れたのである。

十月二十四日に光州地方検察庁のチェ・ソンピル検事の指示で調査官キム・ヨンチョルと西部警察署のイ・イルナム巡査、パク・チャンス巡査、イ・ギュヘン巡査がやって来た。彼らは著者の自宅ドアを開けて土足で室内に入り、家族が泣き叫んでいるのをしり目に著者に後ろ手に手錠をかけて車の後部座席の真ん中に座らせて連行した。そして、光州地方検察庁に着くまで実に六時間もの間、著者に聞くに堪えない罵詈雑言を浴びせながら顔や頭を小突き続けたのだ。

四一五号検事室に到着すると、チェ・ソンピル検事まで著者にこぶしを振り上げようとした。手錠はさらに二時間かけられたままだった。そして、光州拘置所に百一日間勾留され、懲役十カ月、執行猶予二年の刑を宣告されて釈放された。

二〇二一年七月十八日付『ニューヨーク・タイムズ』は、A四判用紙九枚相当のスペースを割いて、文在寅政権が光州事件、セウォル号、日本帝国による植民統治の歴史、慰安婦など敏感な社会的問題について政府の見解と異なる意見を表明した者に、五年から十年の実刑を含む刑事罰を科すことができる法律を作成中であると報じた。そして、末尾に著者の次のような言葉を引用していたのである。

「二〇〇二年に光州の人々が被告人（著者）に対してあれほどひどい暴力をふるわなければ、十冊にのぼる歴史書を著すこともなかったし、彼らが被告人の表現に刑罰を科そうと止め処なく告訴した百件を超える訴訟で闘うこともなかっただろう」

二〇〇八年に著者が捜査記録の分析結果をまとめた『捜査記録から見た一二・一二と五・一八』全四巻を出版すると、またもや光州事件関連団体がこの本をやり玉に挙げて著者を告訴した。その結果、著者は二〇〇九年から最高裁判所で無罪判決が確定する二〇一二年まで裁判に翻弄されることになったが、重要なのは、同一の表現について、光州で逮捕され光州で裁判を受けると懲役十カ月の重刑を宣告され、水原地方裁判所安養支所とソウル中央地方裁判所では無罪が宣告されたという事実である。

著者が無罪判決を受けたことがＳＮＳを通じて拡散されると、すぐさまチャンネルＡとＴＶ朝鮮から招かれて、八〇年五月二十一日に光州で発生したあの作戦等について証拠を示しながら説明した。

以後五カ月間にわたってこれらの放送局は、先を争って光州事件は北朝鮮の仕業だと報じた。だが朴槿恵(パククネ)政権が、この二社に対して、これまでの放送内容は虚偽であると伝えて謝罪するよう圧力をかけてきたのである。結局、それに屈した会社側が番組司会者に放送通信委員会が作成した謝罪文を読ませたが、読まされた部長級の司会者はそれから何日も悔しくて泣いたそうだ。

一九九九年五月十八日、放送三社が共同で光州事件の中心人物と見做されていた四人の顔を一日中ニュース速報で流して名乗り出てほしいと呼びかけた。名乗り出ればお金も入るはずだが、結局名乗り出た者は一人もいなかった。

二〇一五年五月以降、映像分析家ペンネーム「ホームレス・ダミョ」から矢継ぎ早に映像分析がなされた数百枚もの現場写真が送られてきた。同氏の鑑定によると、光州事件の現場写真に写っている顔のうち、六百六十一人が北朝鮮人だった。光州市長と光州事件関連団体が光殊（クァンス）（北朝鮮の「光州特殊部隊」の略）と鑑定された人物の写真を拡大して二〇一五年十月から六カ月間写真展を開いたが、やはり誰も名乗り出なかった。

困り果てた五・一八記念財団は、窮余の策として一見顔立ちが似ている十五人の人間を訪ねて行き、「弁護士を付けてあげるから絶対自分の顔だと言い張れ」と教唆し、虚偽事実適示で著者を告訴させたのである。

この六年間審理されてきた併合事件（同一の手続きで他の事件と一緒に審理される事件）はこのようにして誕生し、二〇二〇年二月十三日に光州一高出身キム・テホ判事が著者に懲役二年という重刑を宣告し、執行猶予をつけたのである。本件は現在ソウル中央地方裁判所からの控訴事件であり、本答弁書には著者がこれまで提出したすべての答弁書の要旨が網羅されている。

本件事件の裁判は光州事件という聖域を守ろうとする人々の断末魔であり、不当な訴訟である。謹んで本答弁書を裁判部とすべての国民の皆さんに提出する。

第一章　事件はいかにして起こったか

十日間の時系列

（一九八〇年）五月十四日〜十六日
朴寛賢（パクグァニョン）が主導する全羅南道庁前「民族民主化聖会のためのたいまつ大会」（民主大聖会）が行われる。

（一九八〇年）五月十七日
「五・一七非常戒厳令拡大措置」実施。地域のすべての学生運動出身の活動家が逮捕ないし逃走（示威不参加）。

（一九八〇年）五月十八日午前九時
学生に偽装した無法者二百五十名、全南大で戒厳軍に投石した後逃走。車両と派出所を燃やし、煙で市民を誘導した後、集まった人々に地域住民感情を刺激する流言飛語を流布する。

（一九八〇年）五月十八日午後四時
第三十一郷土師団長・鄭雄（チョンウン）が第七空挺旅団二個大隊に過度の鎮圧を命令。同人が「若造たちを解散させず、全員逮捕して三十一師団憲兵隊に引き渡せ」と指示し、棍棒を使用し力ずくで鎮圧するよう誘導。

（一九八〇年）五月十九日〜二十日
神出鬼没のゲリラ式軍事作戦発生。戒厳軍、全滅の危機に直面。

（一九八〇年）五月二十一日
二十師団指揮車両部隊が八時に光州高速道路料金所を通過するという

情報を入手。正体不明の三百人の男たちが事前に障害物を設置して隠れ、奇襲をしかけて師団長車などジープ十四台を奪って亜細亜自動車工場に移動。九時に六百人の無法者集団が亜細亜自動車工場を占領。装甲車四台とトラック三百七十台余りを奪取。全南地域に秘かに配備されている四十四の武器庫を四時間で空にして五千四百丁余りの銃器を奪取。道庁地下でダイナマイト爆弾二千百発を製造。

（一九八〇年）五月二十一日午後五時　暴徒六百人が戒厳軍を市外へ追放し、道庁を占領して「占領軍」となる。

（一九八〇年）五月二十一日夜　拘置所を波状攻撃。

（一九八〇年）五月二十一日　映画『光州五・一八』のような無差別銃撃はなかった。

（一九八〇年）五月二十一日　死亡した光州市民は合わせて六十一名。その中で道庁—錦南(クムナン)路付近で死亡した者八名、M16銃傷死亡者は四名、道庁を守っていた戒厳軍は一時三十分になって三十一師団小隊長ハン・ドンソク中尉の個人的慈悲心によって実弾四十五発を獲得。一時には空挺部隊には実弾が全く無かった。

（一九八〇年）五月二十二日〜二十四日　占領軍が道庁を作戦基地として活用。前後五、六回にわたる拘置所攻撃により無法者部隊が推定数百人死亡。占領軍敗因の決定的要因となる。占領軍の一部は覆面をして歩き回り偽装して市民に呼応するよう誘導し、一部は遺体を弔う。光州の一部有志が戒厳軍と協議。武器返納の雰囲気。

（一九八〇年）五月二十四日昼　占領軍撤収。道庁が空になる。

（一九八〇年）五月二十五日〜二十七日　運動圏（学生運動活動家）出身者が小英雄的血気にはやり決死抗戦宣言。

以下の四名と後述の尹祥源は学生運動出身の活動家ではなく、五月二十四日までそれぞれ身を隠していたが、夜遅く空になった道庁に入る。二十五日夜間に抗争本部を設置。五月二十六日に運動圏出身者血気にはやって決死抗戦宣言を行った。二十七日午前二時から四時に戒厳軍鎮圧作戦が始まる。後に全員が死刑及び無期懲役刑を宣告される。

パク・ナムソン

ホ・ギュジョン

金宗倍

鄭祥容

光州事件の活動家の略歴

鄭東年（二〇〇六年二月　五・一八記念財団発行『五・一八の記憶と歴史二』から引用）

一九四三年光州にて出生。サレジオ中・高等学校卒業。一九六四年に全南大総学生会（学生自治会）会長に選出されるも、一九六五年の六・三抗争（日韓基本条約反対運動）に参加して除籍処分となる。八〇年、復学。金大中から五百万ウオンの暴動資金の提供を受け光州事件を主導した嫌疑で八〇年五月十七日に自宅で逮捕された後、死刑を言い渡される。

鄭東年

尹漢琫（同上）

一九四七年全羅南道康津で生まれ、二〇〇七年六月二十七日死亡。光州事件の中心人物の一人として手配されたが、八一年に貨物船でアメリカに密航。アメリカで民族学校、在米韓国青年連合などを結成。金泳三が九三年に手配を解除した後、韓国に帰国。五・一八記念財団の設立に尽力し、民族未来研究所と野火烈士記念事業会（光州地域の「野火夜学」で活動し、光州事件で死亡した七人を記念して設立された組織）を創立。

［供述内容］

尹漢琫

光州第一高等学校時代は学校をさぼり、奔放な生き方をしていた。大学に進学せず、お寺で一年間暮らした。山に登ったり、川辺に寝転んで昼寝をしたりして気ままに過ごしていたが、ある日突然、このままではいけないと思い立ち、志願して軍に入隊した。兵站学校で教育を受け、十二師団最前線部隊の五十二連隊軍需課に配属された。性格が直情的なせいで、軍隊でもよくケンカをした。軍隊で大学出や大学に在学中の奴らが私を高卒だと馬鹿にした。それで大学に行こうと決心して全南大畜産学科に入学した。民青学連事件で懲役十五年、資格停止十五年を宣告された。緊急措置一、四号違反、国家保安法違反、予備内乱陰謀等の容疑だったが、七五年二月十六日に大田刑務所から出所した。

同年四月九日、人民革命党関連者八人が処刑された。私はそのニュースを聞いて、「身命を賭して朴正熙独裁政権と闘おうと心に決めた。後輩の意識化に熱心に取り組んだり、獄中の反独裁派の人々に差し入れをしたりしたが、金芝河（キムジハ）の差し入れをしたこともある。光州一校出身者が禁書の『ヤンキーよ、聞け！』を読んで、皆アメリカを帝国主義と見做し、反米感情を抱くようになった。思想が赤く変わったのだ。自分が何をなすべきかじっくりと考えたが、答えが見つからなかった。朴正熙を殺す術もなく、自分にできることは学生運動しかなかった。

五十万ウォン以上必要だと言われる学生会長選挙で私がわずか七百ウォンで当選したことが評判になり、急に有名になった。当選後、私は授業料引き上げ反対闘争を繰り広げ、情報査察機関から要注意人物と見做されるようになった。五・一五ソウル駅集会後、全国の総学生会長たちが梨花女子大に集まって会議をしているところを新軍部に急襲されて朴寛賢(パクグァンヒョン)とパク・ヒョンソン、キム・サンユンが捕まった。当局が私も捕まえようと血まなこになって探していると言われた。私は全南大も朝鮮大も軍に接収されてしまい、みな捕まったり、逃げたりして壊滅状態になった。私は十九日早朝、何とか軍当局の追跡をかわしてソウルを目指した。だが、途中で考えが変わって、大田に行くことにした。そのままソウルに行ったら捕まることに気づいたからだ。下りの列車に乗り換えて列車が停車する前に飛び降りた。降りてから、そこが長城駅であること、自分の鞄を列車に置きざりにしてしまったことに気づいた。医大の前にある妹のキョンジャの家に行くと、大騒ぎになった。妹は「今日警察が二回も訪ねて来た。犬死したくてここに来たのか」と大声で怒鳴り、ひとまず押し入れに私を匿ってから出かけた。次兄がやって来て、「おい漢琫、今お前が捕まったら犬死だぞ。早くここから逃げろ」と言った。兄がくれた洋服を着て甥をおぶった妹と夫婦を装って白雲洞、南平経由で羅州へ行った。二十一日は羅州にいた。車を連ねた示威隊が羅州警察署から武器を奪っているのを見た。

朴寛賢（一九五三〜一九八二）

全羅南道霊光郡で出生。一九八〇年、全南大三年生の時に総学生会長に選出される。五月十七日に非常戒厳令全国拡大措置と同時に麗水へ逃避。一九八二年四月八日に逮捕される。内乱予備陰謀、戒厳令違反で起訴され、裁判継続中に獄中で断食を行い、これにより死亡。

朴寛賢

尹祥源

尹祥源（一九五〇～一九八〇）

「尹祥源評伝」、「尹祥源記念館」が存在するほど光州事件で活躍した伝説的人物。幼少時の名前は「ユン・ゲウォン」。全羅南道光山郡にて出生、サレジオ高校卒業。全南大政治外交学科に入学し、在学中に民青学連事件で捕まる。卒業後、民間企業を転々としつつ、七八年には「野火夜学」に加わる。八〇年五月二十一日に銃声が鳴り響くと同時に宝城企業に逃避。同月二十五日夜に民主闘争委員会抗争指導部が設置された際に代弁人に指定され、二十六日に外信記者の前で決死抗戦を宣言。翌二十七日早朝、道庁で死亡。

八二年二月、七八年十二月に不慮の事故で死亡した「野火夜学」の創立者で、労働活動家でもあったパク・ギスンと霊魂結婚式を挙げた。五・一八記念式典の象徴歌として歌われている「あなたのための行進曲」は、この二人の結婚式に捧げられた歌で、白基琓（ペクギワン）詩人の詩に金鍾律（キムジョンニュル）が曲をつけた。

第二章　原告の神父たちは共産主義者

告訴人：イ・ヨンソン、南才熙（ナムジェヒ）、鄭亨達（チョンヒョンダル）、安虎錫（アンホソク）、キム・ヤンネ

原審でなされた有罪判決の内容

一、「光州大教区正義平和委員会の神父たちは仮装した共産主義者だ」という表現が虚偽事実適示に該当する。

二、「告訴人らが十五体の遺体を写した写真を通じて戒厳軍を謀略的に貶める流言飛語を流布させた、北朝鮮と共謀した」という表現が虚偽事実適示に該当する。

判決理由

一、被害者らの陳述は具体的かつ仔細であり、矛盾がない。

二、Aのビラを北朝鮮が発行した事実を立証する証拠がない。（原審判決書二十頁）

（原審判決書）

被告人池萬元は、北朝鮮が一九八二年に配布したビラ（A）に、

1982年に北朝鮮がばら撒いたビラ（A）

一九八七年に発行された写真集に収められている写真と同一の写真が五枚あること、同写真集に収められている写真の多くが北朝鮮の「韓民戦平壌本部」が制作した『ああ！光州よ！』なる写真集に掲載されている写真と同一である点を根拠として、上記一、二の表現が事実であると主張する。

しかしながら、上記ビラをつくった主体、制作及び配布時期（一九八七年の写真集の制作以前か以後か）等が不明であり、仮に被告人池萬元の主張通り右ビラが北朝鮮によって配布された時期が右写真集の制作時期よりも早かったとしても、それは五・一八民主化運動の発生後であり、上記ビラ（A）に出ている写真が五・一八民主化運動当時犠牲となった市民の写真ではなく、北朝鮮によってつくられた写真だとする根拠とはならない。また、上記写真集には上記写真以外に実際に五・一八民主化運動の犠牲者の写真と認められる写真が収録されており）、北朝鮮の「韓民戦平壌本部」が製作した『ああ！光州よ！』なる写真集は（以下省略）

告訴人らの陳述は矛盾だらけ

一、イ・ヨンソン神父は偽計訴訟者：イ・ヨンソンは一九八七年当時、学生だったにもかかわらず、神父だと身分を偽った（二〇一九年五月十六日付『イ・ヨンソン録取録』三頁）。

二、写真集を発行したキム・ヤンネ神父は、十五体の遺体が光州市民だ

『五月、その日がまた来れば』

『ああ！ 光州よ！』

という証拠を提示せず、提示することを回避した。光州で死亡した百五十四人の遺影には氏名と顔が明示されている。ところが、この十五体には氏名も遺影もない。これに加えて、同神父は証明することを拒否し（証拠資料：二〇一七年十月十二日付『キム・ヤンネ録取録』）、他の神父は一貫して「わからない」と答えている。

三、キム・ヤンネ神父は十五体の遺体を写した写真の出所を明かさなかった。同神父は録取書の四頁目で、ナ・ギョンテク記者が撮影したと述べたり、朝鮮大の歯科技工士（氏名不詳）が撮影したと述べたり、基督教病院のキム・ヨンボクが撮影したと述べたりしている。これは明らかに一貫性のない回答であり、九ページ目では市民のタンスの中から出てきたと答えている。他の神父は「わからない」とだけ答えている。

判決内容に対する本格的な反論

「神父たちは共産主義者だ」という表現について

著者が検察に提出した報道資料三件は、いずれもイ・ヨンソン神父が北朝鮮を擁護していることを報じた記事である。二〇一三年十一月二十七日付『中央日報』紙は、「イ・ヨンソン神父、朴昌信（パクチャンシン）神父の『延坪島（ヨンピョンド）砲撃発言』を擁護」という見出しで、同神父が北朝鮮の砲撃を擁護していることを報じている。

（二〇一三年十一月二十七日付『中央日報』）

朴昌信神父は二〇一三年十一月に次のような発言を行って、警察の事情聴取を受けた。

「独島はわが国の領土であるにもかかわらず、日本が自国の領土だと主張して独島で軍事演習をしようとしたら、わが国の大統領はどのような措置をとるべきでしょうか？　彼らを撃つべきです。それをやらない大統領は問題があります。ＮＬＬ（北方限界線：朝鮮戦争休戦後に朝鮮半島上の軍事境界線を延長する形で海上に定められた境界線。特に黄海上の境界線を指すことが多い）で米韓が合同軍事演習を続けたら、北朝鮮はどのように対処するべきでしょうか？　北朝鮮側は撃たなければなりませんよね。それが延坪島の砲撃なのです」

『証拠記録』四百七十六〜四百七十七頁に著者が提出した資料がある。これは、イ・ヨンソン神父が主導した「済州島海軍基地建設反対運動」のせいで二百七十三億ウォンもの損害が発生し、政府がこの多額の損害額を被害者であるサムソン物産に支払うことになったが、この費用は「妨害した団体」、即ち、イ・ヨンソン神父が率いる「正義平和委員会」に支払わせるべきだとする記事である。

「大韓民国守護天主教のつどい」が二〇一五年十月に刊行した『親北―反米―反国家の政治司祭』と題する報告書の五十五頁目に告訴人イ・ヨンソン神父の活動が記載されている。

二〇〇三年十一月三日　　大韓航空八五八便爆破事件の金賢姫（キムヒョンヒ）を偽物にするための署名

二〇一二年四月六日　　民間人射殺の真相究明と大統領の謝罪要求

二〇一三年七月三十一日　大韓民国国家情報院が大統領選に介入したことについて大統領の謝罪を求める五〇八人時局宣言
二〇一三年九月十一日　大韓民国国家情報院の解体、大統領退陣時局ミサ
二〇一三年九月十四日　大韓民国国家情報院の解体、大統領退陣時局ミサ
二〇一三年十月一日　国家情報院事件の解決と民主主義回復を求める時局ミサ
二〇一三年十一月二十六日　大統領の謝罪及び延坪島砲撃に関する発言を擁護する時局ミサ
二〇一三年〜二〇一四年　済州島海軍基地建設反対時局ミサ、暴力的デモを主導
二〇一四年二月十日　朴槿恵辞職、李明博(イミョンバク)拘束を求める時局ミサ
二〇一四年八月二十六日　セウォル号無期限断食祈祷

金賢姫による大韓航空機爆破事件を北朝鮮の仕業ではないと主張する神父、国家情報院を解体しようとする神父、延坪島を砲撃した北朝鮮の蛮行を正当化してやる神父、済州島海軍基地建設を暴力的デモで阻止し、国庫に二七三億ウォンもの損失を生じさせ、竣工時期を遅延させた神父を共産主義者、社会の赤化を画策している人間、大韓民国を破壊する者と呼ばずして何と呼ぶのか。

「北朝鮮と共謀・共同した」という表現について

一）争点の背景

五十一頁のビラ（A）は一九八二年五月に北朝鮮の偽装団体「民主化推進委員会」名義で発行された。同会は光州の人々がつくった組織ではない。北朝鮮がつくった組織なのだ。

下の十二体（十五体中三体は損壊がひどすぎるので除外した）の遺体の顔写真は、キム・ヤンネ神父が一九八七年に発行した『五月、あの日が再び訪れると』と北朝鮮の韓民戦が一九九〇年に発行した画報『ああ！光州よ！』の両方に印刷されている。ところで、この十五体の遺体の顔写真のうち、五つが一九八二年に北朝鮮の組織名義で発行されたビラにも載せられている。もしこれが北朝鮮の発行したビラだとすると、著者の表現「共謀―共同」が虚偽事実ではないということになる。原審は判決理由の中で「このビラを北朝鮮が発行したことを証明する証拠がない」と述べたが、著者は北朝鮮が発行したビラであることを証明する。

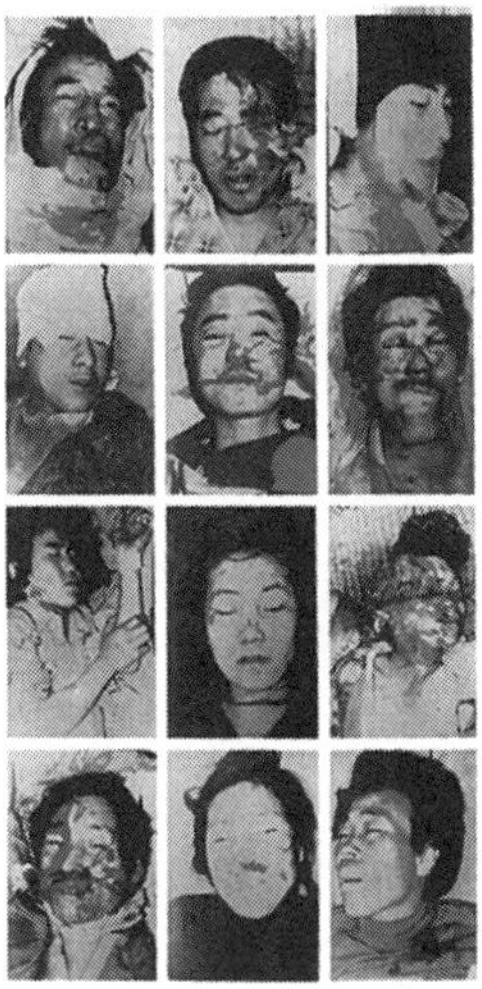

15 枚のうち 12 枚の写真

二）**惨たらしい痕跡を残す遺体十五体が光州市民の遺体であることを証明する証拠はない。**

まず、キム・ヤンネ神父は根拠のない写真で空挺部隊の名誉を傷つけた。

写真集を作ったキム・ヤンネ神父は右の惨たらしく傷ついた十五体の遺体の顔が光州市民のものだと証明せず、証明するのを回避した。にもかかわらず、同神父は、「空挺部隊がこの十五人の顔を見分けがつかなくなるほど傷めつけ、その上国際的に禁止されている鉛弾まで使用した」と誹謗した。

次に、十五体には名前もなく、遺影もない。
光州事件で死亡した光州人は合計百五十四人である。キム・ヤンネ神父が常任理事を務める「五・一八記念財団」の公式サイトの『追慕』なるウェブページには死亡者の一人一人について遺影と、氏名、死因等に関する記録がある。従って、これらの遺体が光州市民のものだということを証明するには死亡した百五十四人の追慕欄の資料と対照しなければならない。だが、同神父は対照することを拒否した。
著者を告訴した神父らは知らぬ存ぜぬの一点張りで押し通した。キム・ヤンネ神父は、二〇一七年十月十二日に行われた本公判に証人として出頭した。著者弁護人が、「この十五体は光州事件で死亡した百五十四人のうち、誰の遺体なのか確認したのか」と尋ねると、同神父は「写真を提出した人の名前を記録していなかった」と答え、撮影者についても証拠を提出しなかった。さらに、公式サイトの右ウェブページの資料とも対照せず、対照する必要性を感じないと答えたのである。

（二〇一七年十月十二日付『キム・ヤンネ録取書』十頁）

問（弁護人）：写真を受け取るとき、一枚一枚について誰が提供したのか、その写真が亡くなった光州市民百五十四名のうち誰のものなのか確認しましたか？
答（キム・ヤンネ）：確認する必要がありませんでした。
問：現在はその十五人のご遺体の氏名について、五・一八記念財団の公式サイトの『追慕』のページに記録されている遺影百五十四のうち誰に該当するのか把握していますか？
答：把握する必要がありませんでした。そして、死亡者ではなく、その中には生きている人もいます。今も…。だから、死亡者という言葉を使うのは控えて頂きたい。

問：当時の記録に、死体検案について「戒厳軍当局ではこのような死因を調査するために医師、弁護士、郡の行政機関、市民代表からなる合同調査班をつくって詳細に究明し、ご遺族に確認をお願いする公示を行った結果、百三十六人のご遺族は…事実を認定されてご遺体を引き取られたが、二十六人の死亡者についてはご遺族が現れないので公園墓地に埋葬した」と記録されていますが、このことをご存知ですか？

答：いいえ、私は仔細に見ていないのでわかりません。

問：この十五体の遺体は上記合同調査班の死体検案の対象に含まれていましたか？

答：その点についてもわかりません。

さらに、一九八〇年の合同調査班は凄惨を極めた十五人の遺体を遺影と対照し、氏名を特定した。しかし、キム・ヤンネ神父が印刷した顔写真の人々は身元不明のままである。

結局、『五月、あの日が再び訪れると』に収録されている遺体がすべて光州市民だという証拠はないのだ。

左の遺体は顔の損傷がひどく、識別するのが非常に困難であったにもかかわらず遺影と対照した。これらの写真と比べると、キム・ヤンネ神父が印刷した十五体の顔写真のほうがはるかに遺影との対照が容易である。にもかかわらず、神父は対照する必要性すら感じないと誠意のない受け答えをしたのである。

五・一八死亡者と遺体の比較
1／6
キム・サンテ（上）
キム・ピョンヨン（中）
ムン・ジェハク（下）

2／6
パク・クミ（上）
パク・インチョン（中）
パク・ヒョンスク

3／6
ソ・ホビン（上）
ソン・ジョンギョ（中）
ヤン・ドンソン（下）

4／6
ヤン・ヒナム（上）
イ・ガンス（中）
イ・ソンジャ（下）

5／6
チョン・ヨンジン（上）
チェ・ヨルラク（中）
ファン・ソンスル（下）

6／6
（氏名記載なし）

三）一九八二年に印刷されたビラは北朝鮮のビラに間違いない

まず、ビラの五体の写真と写真集の五体の写真が正確に一致している。

ビラの五体の写真と写真集の五体の写真が正確に一致することは衆目の一致するところである。ところが、キム・ヤンネ神父の録取書によると、これらを示されて同じか否かと尋ねられた神父が、「私にはわからない。私の関知しないことを質問しないでください」と答えている。告訴した神父らは一様に「まったくわからない」と答えた。これは、彼が北朝鮮から手に入れた写真を使って八七年の画報を発行したという点を即座に認めず、回避しようとする回答だと解される。

次に、顔写真の一つは頭がのこぎりで切り落とされかけた写真で、黄海道にある信川(シンチョン)博物館の絵と同じ概念の謀略写真だ。

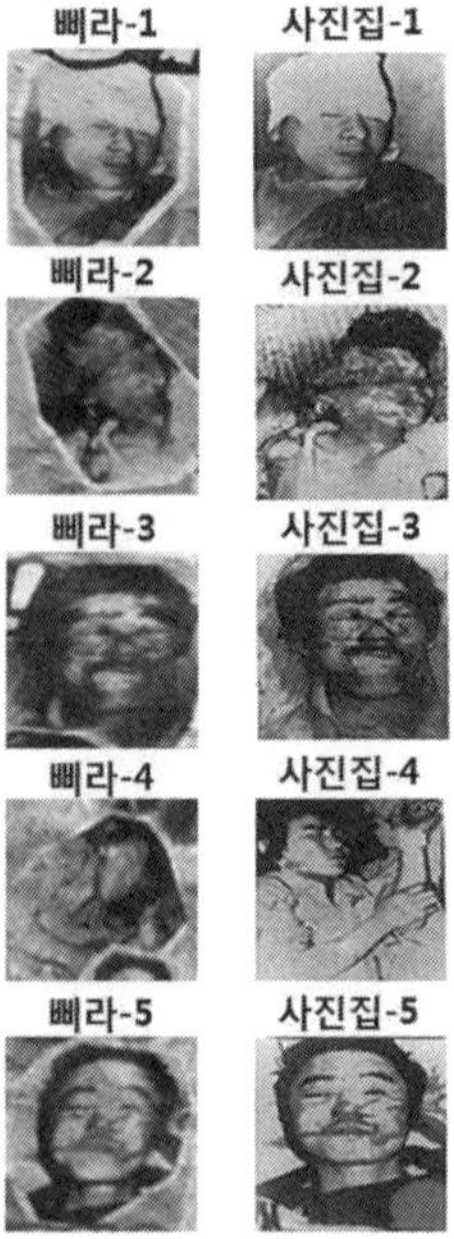

삐라-1 사진집-1
삐라-2 사진집-2
삐라-3 사진집-3
삐라-4 사진집-4
삐라-5 사진집-5

左が 1982 年ビラ
右が 1987 年写真集に
それぞれ掲載された写真

一九六〇年六月二十五日に開館した黄海南道信川郡信川邑の「信川博物館」は、金日成がアメリカ軍の残虐さを民衆に宣伝するために建設した。ここには朝鮮戦争時の信川虐殺事件の記録などが展示されているが、現場写真がないのでその意図に沿って描かせたと思われる女性の胸を露わにする絵、狩猟犬にかみ殺させる絵、穴に生き埋めにする絵などが展示されている。その中にのこぎりで頭を切り落とそうとしている絵があり、この謀略概念がこのビラの写真に反映されている。この顔が北朝鮮がつくった顔だと十分に認識できるのである。

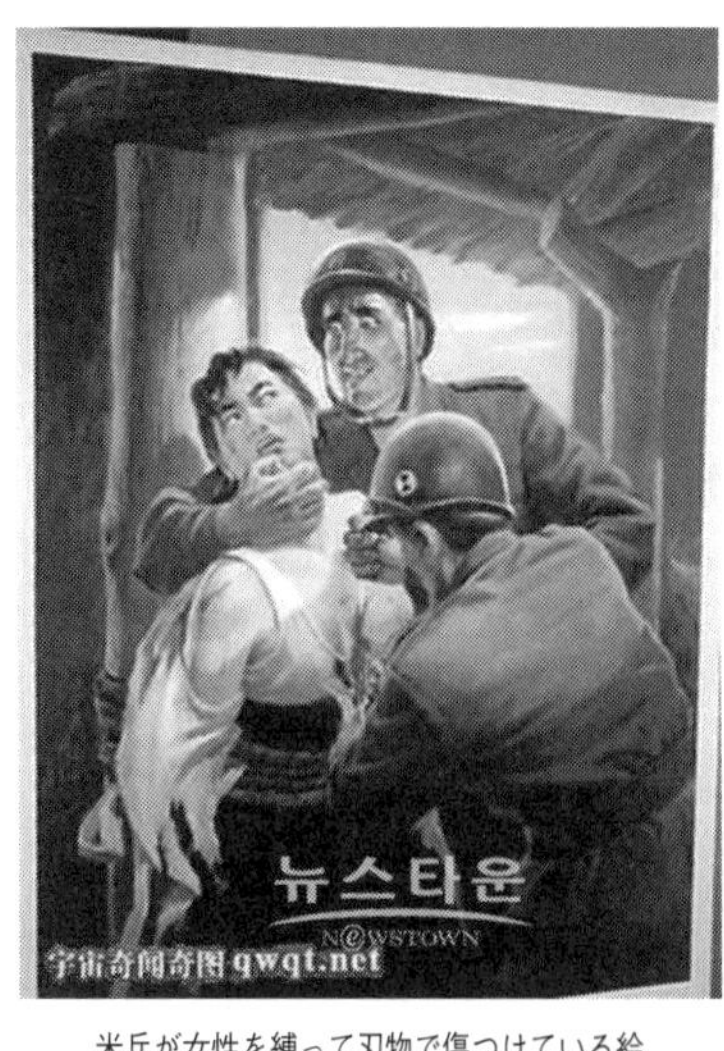

米兵が女性を縛って刃物で傷つけている絵

米兵がのこぎりで頭を切り落とそうとしている絵

四）一九八二年の北朝鮮のビラ（A）が北朝鮮のものだと認識される理由

一、坡州市ヘイリ村の韓国近現代史博物館三階にある「不穏ビラ」コーナーの展示物の中に、ビラ（A）がすべて展示されていた（二〇一二年二月二十三日、予備役から情報提供）。

二、一九八二年に北朝鮮の祖国統一社が発行した本『主体の旗印の下に前進する南朝鮮人民の闘争』の五百九十一頁とビラの内容が同一である。

本章の結論

一、キム・ヤンネ神父が発行した本の十五体の遺体は、光州市民の死亡者百五十四名に属さない別途の写真であり、写真の出所も不明である。

二、ビラ（A）は、印刷技術、内容、言い回しから見て北朝鮮のビラであると認められる。

三、これらのビラは、二〇一二年二月二十三日当時、坡州市の韓国近現代史博物館の「不穏ビラ」コーナーに展示されていた。

四、一九八二年のビラに記載された被害内容が、同年に北朝鮮の祖国統一社が発行した『主体の旗印の下に前進する南朝鮮人民の闘争』の内容と正確に一致する。

五、上記各項から、このビラは、一九八二年に北朝鮮が発行したものであることは明らかである。

六、従って、キム・ヤンネ神父は著者の主張通り北朝鮮から写真を入手して八七年の画報を発行したものと認められる。

七、以上により、北朝鮮から写真資料を受け取り、戒厳軍を謀略的に貶めたキム・ヤンネ神父と告訴人の神父らが北朝鮮の政策に追従する共産主義者であることが十分に認識できる。

八、よって、犯罪事実一及び二で虚偽事実適示に該当するとされた著者の表現は、虚偽事実適示には当たらない。

（写真右：）韓国近現代史博物館でショーケースに入れて展示されているビラの写真。

（写真上：ビラ）「光州大虐殺を忘れるな！光州大虐殺 5000 余名、銃器で射殺した数 2600 余名、装甲車でひき殺した数 150 余名、焼き殺した数 920 余名、帯剣で突き、銃の台尻で殴り殺した数 330 余名、生き埋めにして殺した数 1700 余名、重軽傷者 14000 余名、光州勇士の願いは自主、民主、統一だったのに」

（写真下：『主体の旗印の下に前進する南朝鮮人民の闘争』より）

歴史は未だかつてわずか数日の間に数万人もの同族が無残に殺傷された大量殺戮の事例を知らない。

光州で犠牲となった数は 5000 余名に達するが、銃器によって殺害された数が 2600 名、装甲車などでひき殺された数が 150 余名、生き埋めにされた数が 1700 余名、焼き殺された数が 920 余名、帯剣で突かれ、銃の台尻で殴り殺された数が 330 余名であり、重軽傷者が 14000 余名である。光州のみならず、抗争に乗り出していた木浦市、和順郡、羅州市、麗水市、順天市、長城郡などでも残酷な殺戮蛮行が繰り広げられて 1700 余名もの人々が死傷した。

第三章　光州に浸透した朝鮮人民軍

判決要旨

一、五・一八は、歴史的、司法的、法律的に、民主化運動と見做されている。

二、五・一八は大韓民国の民主主義と人権の発展に貢献し、子々孫々崇高な愛国─民族愛の鑑として尊重されねばならない。

三、被告人（著者）は、五・一八民主化運動を敵視し、それに関わった人々を中傷するために「朝鮮人民軍介入」を唱えた。

四、被告人（著者）の「朝鮮人民軍介入」なる主張は、鄭烘原（チョンホンウォン）国務総理の発言、国防部の記録、全斗煥の発言及びＣＩＡ文書等に照らして、信憑性に欠ける。

五、朝鮮人民軍介入の事実が認められないのであるから、本件被害者が北朝鮮人（光殊）でないことは明白である。

六、被告人（著者）は一見似通っているように見える顔画像を数枚提出して、これが「朝鮮人民軍介入」の証拠だと主張したが、「朝鮮人民軍介入」にかかる信用するに足る証拠を「まったく」提出せず、映像分析に関する資料等も提出しなかった。

七、これに対し、被告人（著者）が光殊だと主張した被害者（光州地域告訴人）らの状況説明は、詳細かつ具体的であり、矛盾がない。

八、当裁判所が被害者らの顔画像と〝光殊〟の顔画像を、撮影時点、場所、視線、姿勢、衣服、頭髪等に基づいて照合したところ、被告人（著者）が光殊であると主張した人物と本件被害者は明らかに同一人物である。

九、被告人（著者）は、「朝鮮人民軍介入」の根拠として被害者らの顔画像を示し、被害者らは光殊であると公然と主張して、被害者らの社会的評価を著しく低下させた。よって、被告人（著者）の行為には可罰的違法性が認められる。

反論要旨

一、被告人（著者）の「朝鮮人民軍介入」説は、十冊に及ぶ著書の執筆を通じて導き出した研究成果である。被告人（著者）の主張を虚偽だと断じるのであれば、多少なりとも被告人（著者）の著書を読んで虚偽的な表現を具体的に指摘するべきである。原審裁判所は、被告人（著者）の著書ではなく、鄭烘原国務総理の発言、国防部の記録、全斗煥の発言、アメリカ中央情報局（CIA）文書など被告人（著者）が一度も研究対象としたことのない資料の断片的表現に依拠して判断を行ったが、これは片手落ちの裁断と言わざるを得ない。

二、朝鮮人民軍介入を立証する強力な情況証拠が四十二ある。これらすべてが客観的証拠によって覆されない限り、「朝鮮人民軍介入」は事実として受け止めるしかないのである。

三、「北朝鮮が五・一八を主導した」という被告人（著者）の表現は、二〇〇二年から二〇一四年まで行った文献研究の結論である。朝鮮人民軍が光州に来たのだから、現場で撮られた写真の中に北朝鮮人（光殊）の顔が含まれていて当然なのだ。

四、光州の現場で指揮体系が形成された北朝鮮の特殊部隊による見事な軍事作戦があったが、この中に一般光州人はもちろん、五・一八の主導者と見なされてきた有功者はいなかった。

五、〝五・一八の主導者〟である有功者は、いずれも五月二十四日まで光州にいなかった。彼らは二十五日に道庁にやって来て甲論乙駁し、二十六日に最後まで闘うと強気の発言をしたものの、結局二十七日早朝に鎮圧されたのである。

六、ホームレス・ダミョの画像分析は緻密かつ科学的であり、極めて信憑性が高い。これに対し、原審裁判部が行った肉眼分析は非科学的であり、恣意的であり、粗雑で、信ずるに足らない。

七、本件告訴人らは、五・一八記念財団が主導する詐欺工作の道具である。原審裁判所は、判決中で、「被害者らの状況説明は仔細かつ具体的で矛盾がない」と述べているが、被告人（著者）は二〇一八年一二月十七日付総合答弁書で被害者らの状況説明の矛盾点を指摘した。原審はこの答弁書を黙殺し、ひたすら〝被害者〟に肩入れしたが、これは全体主義的な権力の恣意的濫用だと言わざるを得ない。光州第一高等学校出身の原審裁判長が言い渡した判決の主要部分は、以前光州地方裁判所で言い渡された民事事件の判決書と寸分違わない代物だった。このような裁判は明らかに「公正で独立した裁判」と言えない。

朝鮮人民軍介入は虚偽ではない

原審が「朝鮮人民軍介入は虚偽」と認定した根拠

一、「五・一八民主化運動に朝鮮人民軍が介入した事実はないというのが政府の判断」との鄭烘原国務総理の発言（二〇一三）。

二、「朝鮮人民軍が介入した事実は確認できなかった」との国防部の見解（立場）（二〇一三）

三、「韓国の政治不安を口実に北朝鮮が軍事行動をとる気配は見えない」と記された一九八〇年五月九日付『アメリカ中央情報局（CIA）報告書』

四、「北朝鮮は、北朝鮮が行動を起こせば全斗煥に塩を送ることになるということを看破していた」と記された一九八〇年六月六日付『CIA報告書』

五、二〇一六年に発行された『新東亜』六月号に掲載された全斗煥の発言：「保安司令官時代に朝鮮人民軍の浸透にかかる報告書を一度も受け取ったことがない」

著者の反論

原審は、右記①～⑤に基づいて「朝鮮人民軍介入は虚偽」であり、「『光殊』と告訴人は同一人物」だと認定したが、これらに依拠して「朝鮮人民軍介入」の真偽を確かめることはできないのである。

にもかかわらず原審は朝鮮人民軍の介入を虚偽事実であると断定し、現場の顔が無条件で告訴人たちの顔であるという方向に持って行った。著者はこれらに基づいて朝鮮人民軍介入を否定することはできないと考える理由を明らかにする。

一、原審裁判所は「朝鮮人民軍介入は虚偽」だと述べたが、なぜ国会が「五・一八真相究明特別法」第三条六項（改正法では第三条九項）に「朝鮮人民軍介入の如何」を掲げて、真相究明調査委員会の第三課に調査を行わせているのか？

二、「朝鮮人民軍介入」を虚偽事実として糾明するのであれば、私の著者の中の一冊でも読み、どの箇所が虚偽に当たるのか具体的に指摘するべきであった。だが、原審裁判所は「朝鮮人民軍介入」の状況証拠がぎっしりと収まった私の著者に見向きもせず、単なる記憶や意見（一～五）に基づいて著作物の結論を虚偽だと判断したのである。これは、論理の逸脱だと言わざるを得ない。

三、二〇一九年二月十二日付『朝鮮日報』に「朝鮮人民軍介入説は未だに解決されておらず、将来明らかにされるべき事案である」と書かれた記事が掲載されたが、裁判所はこの記事のような視野を土台とするべきであった。従って上記一及び二は淘汰されるべきである。

四、右の『CIA報告書』の「北朝鮮が軍事行動を行う気配は見えない」、「北朝鮮に動く意思はない」という記載は、北朝鮮の発言をそのまま書き留めているだけである。また、これらの文書が書かれた一九八〇年五月九日と六月六日は、時期的に五・一八介入にかかる朝鮮人民軍の動向について判断するのは極めて困難だった。しかし、二〇二一年四月三十日付『答弁書』で述べたとおり、二〇二〇年五月十一日にアメリカ国務省から大韓民国政府に移管された百二十二件の資料の中には朝鮮人民軍介入状況を詳しく扱った文書が九つも含まれていた。

五、『新東亜』二〇一六年六月号に掲載された全斗煥のインタビュー記事の十八頁で、彼は「保安司令官として朝鮮人民軍浸透に関する報告を受けたことはない」と答え、六百人もの北朝鮮の特殊部隊が潜入した件については「初耳だ」と述べている。だが、当時彼が報告を受けていなかったからといって「介入はなかった」と考えるのは早計である。十一頁に彼が自ら関わった一二・一二粛軍クーデター事件がなんであったのかということすら全く記憶がないと発言した旨の記載があるが、このことから、彼が記憶障害を抱えている可能性も疑われるからだ。

（**『新東亜』十八頁**）

――「五・一八当時、保安司令官として朝鮮人民軍浸透に関する情報報告を受けられたことはありますか？」（この問題を提起した池萬元社会発展システム研究所長は三度目の告訴を受けていた）

全斗煥「全く」

李順子（イスンジャ）「閣下が三十代の頃に青瓦台を警護する首都警備司令部の隊長をなさっていた時、一九六八年一月二十一日に金新朝（キムシンジョ）一味による一・二一事態（青瓦台襲撃未遂事件）が起きて、閣下は彼らが南に潜入して来たのを退けられました。第一師団長をなさっていた時も、北朝鮮が地下道を掘って南に侵入したのを捕らえられたことがございましたでしょう。だから光州事件の時に（北朝鮮が）スパイを送り込んで事態をより悪化させたり、それを奇貨として北朝鮮から人を引き入れたりする可能性はありましたが、その証拠はありません。だから、閣下はその件について一度も話されたことがありません。今その話（朝鮮人民軍浸透説）を唱えているのは閣下ではなく池萬元という人のいるようですが、我々とは全く面識のない方です。中には我々と結びつけて考える人もいるようですが、あの方は独不将軍（独立独歩の人）で、我々の与り知らないところでご自分の見解を述べているだけです」

高明昇（コミョンスン）「北朝鮮の特殊部隊六百名の話が我々の宴会の席等で話題にのぼったことはありません」

全斗煥「何の話をしているのかな？　六百名がどうしたんだって？」

鄭鎬溶（チョンホヨン）「北朝鮮から六百人も侵入して来たそうです。池萬元氏がそう言っています』

全斗煥「どこに来たと言っているのかね」

（『新東亜』十二頁）

記者「一二・一二（粛軍クーデター）の時、権力を握ろうという御意思はなかったんですか』

李順子「だから、翌年外大の編入試験を受けたんです」

全斗煥「一二・一二って何だっけ？」

李順子「朴正熙大統領が亡くなった一〇・二六事件の件で鄭昇和（チョンスンファ）陸軍参謀総長を捜査なさいましたよね」

全斗煥「ああ、あれか。鄭昇和をどうして監獄送りにしたのか。我々から見て、若い将軍から見て、彼が金載圭（キムジェギュ）を推し立てて政権を握ろうとしているのが見え見えだったからだ。金載圭の頭ではだめだ。大変なことになる。だから、捕まえて監獄に送ったんだ」

以上により、「朝鮮人民軍介入はなかった」と認定した原審判決はすべて論破されたことになる。

事件現場にいた人物と北朝鮮人との顔の符合

文献と映像の研究を駆使した反論

「被告人（著者）は予め光州の現場で撮られた写真に写っている人物とよく似た顔立ちの北朝鮮人を何人か見つけておいて、これこそ朝鮮人民軍が光州に来た証拠だと吹聴した」というのが原判決の骨子だ（ちなみに、原審判決のこの部分の文言は、光州地方法務院で審理された損害賠償請求事件の判決書十一頁を切り貼りしたのかと思うほどそっくりだ）。

だが、これは事実誤認ではなく、恣意的な事実の歪曲である。著者は『捜査記録』という文献の研究から始めた。文献研究を二〇〇二年から二〇一四年十月二十四日まで行い、『五・一八分析の最終報告書』の刊行がその終止符だった。「朝鮮人民軍介入」説は文献研究の成果物なのだ。二〇〇八年に書籍化され、二〇一一年に水原地方裁判所安養支部で無罪判決を受けた『捜査記録から見た一二・一二と五・一八』四部作もこの見解を基調としている。続いて『圧縮本』二部作、『ソロモンの前に立つ五・一八』、『五・一八最終報告書』を出版した。

一方、二〇一五年五月五日にホームレス・ダミョが登場したことが契機となって、光殊の映像分析を始めた。そして、二〇一六年十月十日に映像分析の結果をまとめた『五・一八映像告発』を出版した。映像分析に先立って文献研究を行っていたことが明らかであるにもかかわらず、独断と偏見に満ちた認定を行ったのである。これは事実の歪曲であり、何が何でも著者を有罪にしようとする謀略としか思えない。「朝鮮人民軍介入」はあくまで著者の文献研究の成果物であるが、ホームレス・ダミョは著者の説を論証する六百六十一人もの光殊を発掘してくれたのである。「光殊の汚名を着せられた」と称して著者を告訴した十五人をはるかに上回る数の光殊が光州にいたのだ。私が類似性を指摘した誰かの目や耳は偶然に見つけたわけではない。四年間視力障害に陥る危険を冒しながら成し遂げた血のにじむような努力の成果であり、愛国心が成し遂げた偉大な業績なのだ。

文献研究期間（二〇〇二年〜二〇一四年）

私が研究した文献には「朝鮮人民軍介入」に関する多くの状況証拠があった。私は文献研究を通じて朝鮮人民軍が光州に来たと確信し、光州の現場の本当の主人公は彼らであったという結論に至ったのである。そして、映像分析によってこの確信が裏打ちされたのだ。原審裁判所は、判決中で「被告人（著者）の主張は後付けに過ぎない」と述べているが、これは事実に反する。

二）著者が研究に使用した文献

・全斗煥裁判にかかる捜査記録及び裁判記録、十八万頁

・『五・一八関連事件捜査結果』（ソウル地方検察庁及び国防部検察部作成　一九九五）

・『光州事態　状況日誌及び被害現況』（国家安全企画部　一九八五）

・『戒厳史』（陸軍本部　一九八二）

・『五・一八事件捜査記録』（月刊『朝鮮』二〇〇五年一月号付録）

・『主体の旗の下に前進する南朝鮮人民の闘争』（北朝鮮祖国統一社　一九八二）

・『光州の憤怒』（北朝鮮・朝鮮労働党出版社、一九八五）

・『五・一八抗争証言資料集』（全南大学校五・一八研究所）

三）文献研究の終着時：二〇一四年十月二十四日

①　光州事件は北朝鮮の特殊部隊六百名が「社会から冷遇されていた不満分子」を操って南南戦争を誘発させ、これを南侵戦争へと導くために企てた高度の内紛誘導作戦だった。

②　光州人による独自の示威隊は存在しなかった。民主化運動もなかった。二十〜三十万人が動員された暴動や殺人、放火があったが、これを指揮した韓国人はいなかった。

一、光州事件は北朝鮮の特殊部隊六百名が「社会から冷遇されていた不満分子」を操って南南戦争を誘発させ、これを南侵戦争へと導くために企てた高度の内紛誘導作戦だった。

二、光州人による自主的な示威隊は存在しなかった。民主化運動もなかった。二十〜三十万人が動員された暴動や殺人、放火があったが、これを指揮した韓国人はいなかった。

三、政府は朝鮮人民軍に消耗品として利用された四千六百三十四人もの光州人を最上クラスの有功者として丁重に遇している。だが、彼らは国家の金で学校をつくり、冊子をつくり、映像物をつくって明日を担う子どもたちの心に国家に対する憎悪心を育んでいる。国家は北朝鮮が書いた文を真似て大韓民国の歴史を書いた。国家も国民も南と北の共産主義者に操られているのだ。

三）文献研究の過程で「民主化運動」なる呼称の起源についても研究

一九八〇〜八九年まで光州事件は「光州暴動」と呼ばれていた。「五・一八民主化運動」という呼称は、光州事件から十年経った一九九〇年一月二十二日に盧泰愚主導で三党が合党して誕生した新韓国党の結成過程で初めて登場した。本答弁書で何度も述べているように、三党合同の条件、要するに政治的駆け引きの道具だったのだ。

四）「朝鮮人民軍介入」は著者が最初に提起したイシューである。

「五・一八真相究明法」が二〇一八年三月十三日に立法化され、「朝鮮人民軍介入があったかどうか」が初めて国家の調査項目となった。著者が提起したイシューが世論を動かして究明項目に選ばれたのだ。「過去に何度か行われた調査で朝鮮人民軍が介入した証拠は出て来なかったから、その事実はなかったのだ」という巷の認識は単なる憶測にすぎないのである。

映像研究期間（二〇一五年五月五日〜現在）

左：①『五・一八映像告発』の刊行日、二〇一六年十月十日
②ホームレス・ダミョが第一、第二光殊を公開した日、二〇一五年五月五日

五・一八北朝鮮特殊部隊、第二の「光殊」発見！

朝鮮人民軍の介入と民主化運動は互いに排他的に解釈することが出来る。著者は文献研究を通じて朝鮮人民軍介入を確信したが、同時に光州事件が民主化運動と呼ばれるようになったルーツについても研究を行った。その結果、政治家の政治的駆引きの結果に過ぎず、「民主化運動」なる呼称が光州事件に対する科学的究明に基づいて名づけられたものではないこと突きとめた。映像研究を開始したのは「最終報告書」を刊行した六カ月後であり、映像分析結果が著者の説を論証してくれたのである。原審判決で述べられているように、映像研究を行った後に文献研究を行ったわけではないのだ。文研研究が映像研究の土台となったのである。

著者が示した四十二項目の状況証拠

提出済みの答弁書で二十一の有力な状況証拠を提出したにもかかわらず、原審裁判所は「被告人（著者）は人民軍介入にかかる信用するに足る証拠を全く提出しなかった」と述べたが、これは実に悪質な専横である。よって、その倍にあたる四十二の状況証拠を提示する。

【証拠一】現場で使用された銃器

現場には銃火器を使いこなす多くの無法者がいる。カービン銃を担いだ無法者の卓越した作戦活動が目につく。鍛え上げられた体と銃器の扱いに慣れた男たちが軍隊式に整然と行動しているが、彼らはどう見ても光州のごく普通の二十歳前後の青年ではない。

七十八頁の上段右側の写真を見てほしい。左端の矢印の人物はM1小銃の薬室がきちんと作動するか点検し、その右横の矢印の人物はカービン銃の撃発装置を点検して次の人物に手渡している。作業が手際よくリレー式で行われていることから、指揮体系のある組織であることが分かる。

同じく七十八頁の中段左側は、映画かドラマのワンシーンのような写真だ。五人は重いM1小銃を所持し、三人はこん棒を持っている。この写真は戒厳軍を謀略するために大いに活用されたが、頭髪、服装、銃器、偽装クリームなどから見て戒厳軍ではない。戒厳軍は、隊列を離脱するだけで直ちに射殺されるほど規律が厳しかったのだ。

戒厳軍は実弾が装填されていないM 16 小銃を帯同していた

ブローニングM二重機関銃とM 16 小銃を並べて弾倉に実弾を装填している

軍用トラックのボンネットにタイヤで要塞を築き、ブローニングM二重機関銃を装着して市街を走っている

左；無線機、右；擲弾発射器装着M 16

銃火器について特殊訓練を受けたことが分かる筋肉質の肩、胸に擲弾入りの袋を携帯している

無頼漢が手慣れた様子でずっしりと重い大きな銃火器を肩に担いだ姿。右側にいるのは光州の底辺層の青年

この無法者が嵌めている手袋は、加熱された銃身を別のものと挿げ替える時に使用する石綿製の特殊な手袋で、専門家だけが使用する機能性手袋だ

ブローニングM二重機関銃とM 16 小銃を並べて弾倉に実弾を装填している

様々な軍服を着用した 10 人の無法者。3 人は顔に偽装クリームを塗り、髪型も統一性がない。当時、戒厳軍は偽装クリームを使用していなかった

武装した"市民軍"が道庁内で北朝鮮式にカービン銃を上下逆に担いで指示を受けている。もしも、一般の光州市民が道庁を自由に出入りしていたら、道庁が彼らの排他的作戦本部の役割を果たすことはなかったはずだ

鍛えられた体つきの武装"市民軍"が道庁を排他的に占領し、一般人が自由に出入りできないようにしている。光州市民が光州市民にこんなことをするはずがない。

【証拠二】指揮体系が窺える現場の写真

現場写真から鍛えられた体の無法者たちが指揮に従って一糸乱れず高度の戦闘行為を繰り広げていることが見て取れる。これは、二十代前後の光州の底辺層の青年が演じようとしてもどだい無理なワンシーンである。謀略的写真展に動員された民間人も常に秩序ある行動をとったが、明らかに統制された一団だ。

無法者がこん棒を手にして二〇師団指揮部から奪った車両を亜細亜自動車の工場に運んでいる。車に乗った無法者の姿は光州の底辺層の人間には見えない。こん棒を持ったり、車に乗っている人々の体つきが見るからに鍛えあげられ、きびきびしている

20師団指揮部から奪ったジープで亜細亜自動車工場を目指して走っている。運転席にいる者と座席にいる者の姿が第二次大戦の頃に影を見ただけで人々を恐怖に震えあがらせた「砂漠の狐」ことエルヴィン・ロンメル率いるロンメル軍団を彷彿とさせる

装甲車を運転する人物は露出しないようにしているが、頭に白い標識を付けた人物が装甲車の専任搭乗組だ。こん棒を持ち、頭に白い標識を付けた人物が装甲車を誘導している。彼らは軍事訓練を受けた人間だ

性能を点検したブローニングM二重機関銃とM16小銃五挺をリレー式でトラックに積んでいるところを撮った写真だが、一見して彼らが軍事的訓練を受けた一団であることがわかる。彼らは光州の底辺層の青年には見えない

第 51 光殊、第 52 光殊、第 46 光殊、第 54 光殊。戦闘警察隊の制服を着た無法者の姿を捉えた写真だが、彼らが銃器の取り扱いを教育され、指揮体系を備えた現役組織の一団であることが見て取れる

向かって左側の車の前部に、「金大中先生を直ちに釈放しろ」と書かれた看板が取り付けられている。その横に写っているのは装甲車と専任搭乗者だ

鍛えあげた体つきの無頼漢が覆面姿で歩き回っているが、覆面はファッションのレベルだ。左側の円内に手と顔の一部だけ写っているが、手のひらから高度の軍事訓練を受けた人物であることがわかる。目つきも鋭い。拡大鏡で見ると、真ん中にいる胸まで覆面で隠れている人物の冷徹な目つきを観察することができる

左端に、道庁の守衛室の屋根で無電交信を行っている武装した無法者がいる

光州の底辺層の青年が武装した無頼漢に検問されいる。光州市民と武装した無頼漢の体形が対照的だ

第310光殊。カービン銃の実弾を弾倉に装填し、M１の実弾をクリップ（装弾子）に挟んでいるが、彼らが軍事訓練を受けた人間であることがわかる。後ろにいる人物は指揮部に属する人間のように見える。光州の一般人がこのように手際よく準備を行うことができるとは思えない

手前にいる二人の作業者が戦闘に備えて懸命に準備を行い、その後ろに指揮部の人間と思しき人物がいる。スパイの孫聖模の姿も見える。道庁の敷地内には火薬のにおいが立ち込めていたはずだ。手榴弾のガス漏れに備えて、気温が高いにもかかわらず防毒マスクをかぶって手榴弾を携帯用容器に入れている。手前にダイナマイト、雷管、導火線などが積まれているが、光州市民にこのような恐ろしい場所で爆発物を扱える人物がいるとは思えない。長く軍隊生活をした人間ですらこんな火薬庫のような場所には行きたがらないのだ

道庁敷地内。準備を終え、出動を待つ精悍な戦闘組歩兵たち。人民軍式に銃を上下逆に担いでいる。作戦本部となった道庁敷地内。無線機を手にしたリーダー格の人物が戦闘から帰ったジープに乗った戦闘組に進行方向を指示している。手前でカービン銃を上下逆さに担いだ一団が出動に備えて待機している（北朝鮮式銃隊）。彼らは既に戦闘指示を受けた状態だ

整然と並ぶ無法者たち。女装した男性（李乙雪）の横に立っている人物は傍らにいる女装した大物に気後れしているのか、畏まった顔つきをしている

朝鮮人民軍の伝説李乙雪元帥（第62光殊）

武装した無頼漢が指揮体系に従って配置されている。銃を執っている人物が戦闘組で、銃を持っていない人物がリーダー格と思われる

戦闘組の隊列。リーダー格の人物が指令を発している。これは軍隊組織そのものだ

戦闘警察隊に偽装した無頼漢。明らかに光州の底辺層の市民ではない

第13光殊 邊 仁善（ピョンインソン）大将（2015年粛清）

トラックで出動する無頼漢たち

銃器の連発機能と引き金の機能を点検し、車に乗っている仲間に見事な連係プレーで手渡している。軍事訓練を受けた一団であることが見て取れる

トラックに乗車した戦闘組に点検済みの銃器をリレー方式で渡している。軍事組織さながらの光景だ

指揮体系を備えた戦闘組織の覆面作戦

高い身体能力をもつ戦士の一団。M１とカービンで武装して作戦に出動

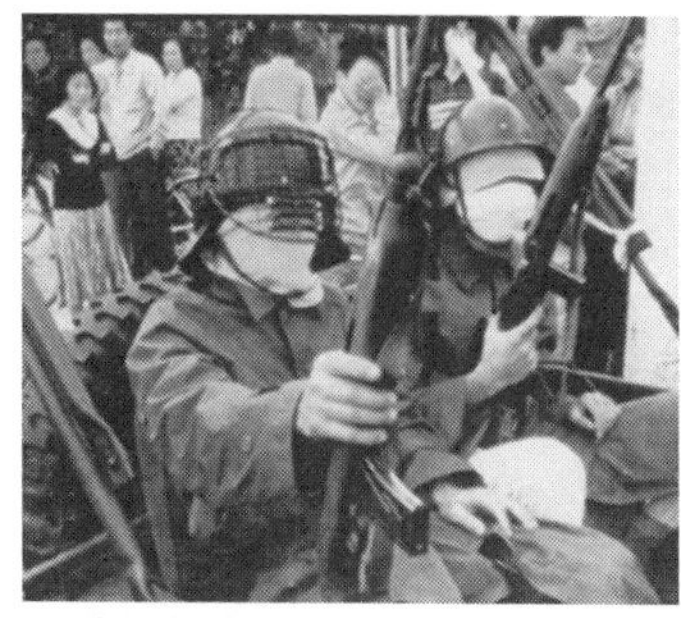

覆面姿の武装組

乗車している者、車から降りた者すべてが鍛え上げられた体つきの覆面集団

第 72 光殊。ブローニングM二重機関銃の銃弾を慣れた手つきで弾帯に装填し、容器に入れている

道庁に入る人々が整然と並んで順番を待っている。円内の人物は李乙雪

光州市民を道庁に引き立てて行く武装組１。“光州市民”が光州市民を連行して行く姿を捉えた写真だ

光州市民を道庁へ連行していく武装組２

光州市民を道庁へ連行していく武装組３。逮捕された人物はシム・ボンネの夫キム・インテ

光州市民を道庁に連行して行く武装組４。逮捕された人物は予備校講師キム・ジュンシクだが、タスキに書かれた「収拾学生委員会」は架空の組織だ

道庁に入場する北朝鮮人（光殊）を点検中

第 339 光殊。人民軍大佐。氏名不詳

道庁内で整然と並ぶ人々。まるで団体写真の撮影会場のようだ

子どもを抱いたりおぶったり、子どもの手を引いた民間人が整然と集まっている。写真下にいる三人のうちの二人は、海南郡から来たキム・インテを逮捕――射殺した防諜組だ

5月24日、家族の安否を気遣って道庁に入ろうとする市民に、光殊の乗った10号車に据え付けられた機関銃の銃口が向けられている。上の写真と比べると、上の写真に写っている人々は整然と並び、この写真に写っている市民は雑然としている点が対照的だ

道庁内の劇場式空間に整然と並んでいる人々が一様に不安気な表情をしている。多くの犠牲者を出して撤収しなければならない時刻に撮影したものと思われる

犠牲となった北朝鮮人の遺体を前に泣いたり、憂わし気な表情を浮かべている指導部。円内の人物は当時の対南工作担当書記・金仲麟だ

左側にスパイの孫聖模と李乙雪がいる。非業の死を遂げた北朝鮮人の棺を前に無念の表情を浮かべたり、悲嘆に暮れている様子を捉えた写真。左側円内の人物は孫聖模

遺体の葬儀を行っている組織化された集団

みな整然と並んで不安気な表情だ

年長者も同様だ。ペク・ナムジュン、姜錫柱、朴南基などの顔が確認できる

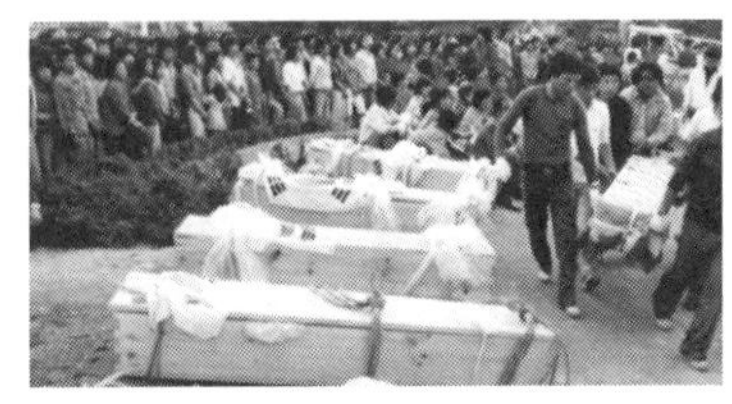

しめやかに執り行われている葬儀の様子

拡声器で先導する人がいる。人々が整然と並んでいるが、これを統率する人物の存在を感じさせる

制服姿の年配の警察官が人々を秩序よく並ばせている。当時警察官は権力側の手先と見做されていたため、彼のように制服を着用して道庁に立ち入るのはまず不可能だった。南朝鮮の事情を知らないシナリオ作家が演出した作り物の写真に見える。頭巾をかぶった男性は北朝鮮首相・金英逸

粛々と葬儀が執り行われている会場

死亡者の名簿を見せている。集まった人が整然と並んでいるが、家族の安否を知ろうと必死だった光州市民ならもっと殺気立っていたはずだ。マークがついている顔は、脱北者と判定された顔だ

粛々と葬儀を行っている人々。統率者なしには不可能だ

厳かに執り行われている葬儀。その場を取り仕切る人間がいたはずだ。左側にスパイ孫聖模がいる

北朝鮮の芸術家集団。30 代以上の芸術家が整然と集まっている。20 歳前後の無軌道な光州人には見えない

【証拠三】 六百名の私服別動隊の作戦活動

（**『五・一八関連事件捜査結果』**）

二時半頃龍山を出発し、高速道路を経由して八時頃光州に到着した二十師団指揮車両引率隊は、光州工業団地入口で進路を遮断した数百名の示威隊から火炎瓶攻撃を受け、師団長用ジープを含む指揮用ジープ十四台を奪取された。その過程で兵士一名が行方不明となり（数日後に復帰）、二名が負傷した。九時頃、二十師団指揮車に乗ってきた示威隊約三百余名と高速バス五台に乗ってきた示威隊約三百余名が亜細亜自動車工場を占拠し、装甲車四台及びバスを含む車両五〜六台を奪取して光州市内に進出（以下略）。

（**国家安全企画部資料：柳洞(ユドン)三叉路三百余名、光州公園三百名**）

「光州事態　状況日誌及び被害現況」一九八五年五月　国家安全企画部

十二：三〇　光州学生会館・学生約三百余名・学生約二百余名等　約五百余名が市内に入って示威展開　流言飛語　市民が殺されている

一二：四五　山水派出所　学生約二〇名が山水派出所に投石を行って破損

一四：二五　学生三百名　光州公園　学生三百名　各示威展開

（『**光州の憤怒**』）

約六百名から成る暴動群集の中の一集団は傀儡軍第一九九支援団第一訓練所の武器庫を奇襲して多数の武器を奪取し、さらに池元洞石山の独立家屋に保管されている多量の爆薬と雷管を奪った。

（『**主体の旗の下に前進する南朝鮮人民の闘争**』）

五月二十六日、約六百名の光州学生市民は《道庁》地下室で最後の抗戦を宣言し、続いて南朝鮮に駐在するアメリカ大使ウィリアム・グライスティンに仲裁を要請した。だが、奴は《内政不干渉》を口実にそれを拒否したばかりか、軍事ファッショ徒党に光州大虐殺作戦を唆した。そしてアメリカ帝国主義の積極的な教唆に基づいて全斗煥一党が光州を（以下省略）

【証拠四】 極秘だった二十師団移動情報獲得後の待伏せと奇襲

（『**五・一八関連事件捜査結果**』）

二時半頃、龍山を出発。高速道路を経由して八時頃に到着した二十師団指揮車両引率隊は光州工業団地入口で進路を遮断した数百名の示威隊から火炎瓶攻撃を受けて師団長用ジープなど指揮用ジープ十四台を奪取されたが、その過程で兵士一名が失踪し（数日後復帰）、二名が負傷。

【証拠五】 装甲車／軍用トラック約三百台を奪取

（**『五・一八関連事件捜査結果』**）

九時頃、二十師団指揮車両に乗ってきた示威隊約三百名と高速バス五台に乗ってきた示威隊約三百名が亜細亜自動車工場を占拠し、装甲車四台及びバス等の車両五～六台を奪取して光州市内へ進出。

（**『戒厳史』**）

（4） 装備被害

区分		被害	回収	未回収	回収率（%）
計		779	729	50	93.5
軍		34	34	0	100
警察		50	34	16	68
民間	アジア	328	296	32	90
	一般	367	365	2	99.5

（『**光州の憤怒**』）

暴動群集は傀儡どもの軍用車両工場である《亜細亜自動車工場》を襲撃して三百十四台の軍用車両を分捕り、その他に四百十四台の各種車両も奪取した。

【証拠六】武器の奪取

（『**光州の憤怒**』）

このように武器奪取闘争を開始した二十一日午前から午後四時現在までに暴動群集が奪取した武器は、カービン銃二千二百四十挺、《M1》歩兵銃千二百三十五挺、拳銃二十八挺、実弾四万六千四百発、装甲車四台、軍用車両約四百余台に達し、さらに数百キログラムもの爆薬と数百個の雷管も敵から奪った。

（『**主体の旗の下に前進する南朝鮮人民の闘争**』）

蜂起に参加した群集は、傀儡軍や傀儡警察、《郷土予備軍》の武器庫から奪った膨大な量の武器で武装した。蜂起者が敵から奪った重機関銃、軽機関銃、カービン銃などの各種銃器類は約五千四百挺に達し、その他小銃用弾薬二十九万発、手榴弾約五百発、爆薬三千六百箱も確保した。また、蜂起者は傀儡軍と傀儡警察、軍用車工場から奪った戦車や装甲車、軍用自動車等で武装した。暴動群集が敵から（以下省略）

（『戒厳史』）

区分	計	小計	CAR	M1	M16
被害	5403	5008	3646	1235	34
回収	5171	4887	3545	1226	33

【証拠七】たった四時間で五千四百三挺もの銃器を奪取

一九八五年に発行された『国家安全企画部状況日誌』の三十三頁~五十五頁に武器庫からの銃器類奪取に関する記録がある。当初は武器庫が根こそぎやられたという程度の認識だったが、これを他の資料と突き合わせて仔細に検討し、統計処理を行った結果、「賊が十七の市や郡に隠されていた三十八の武器庫をたった四時間（正午~午後四時）で空にして、五千四百三挺もの銃器を獲得した」という具体的事実が浮かび上がった。これに加えて、北朝鮮の本には国家安全企画部の資料に記録されていない六個の武器庫まで記載されていた。襲われた武器庫は合計四十四カ所ということになる。

上記公文書からこうした具体的情報まで把握することはできなかったが、様々な資料を仔細に検討し、統計処理を行ったからこそ著者は北朝鮮軍の姿を突きとめることができたのだ。

（『国家安全企画部状況日誌』）

〈湖南電気〉カービン＝百八十挺、実弾＝九百発

〈霊岩警察署〉カービン＝四十二挺、M1＝十四挺、LMG＝三挺、BAR＝三挺 拳銃＝十挺

〈光州煙草製造場〉カービン＝百一挺

〈全南紡績会社〉カービン＝百八十八挺、実弾＝六十発

〈海南郡渓谷支署〉手榴弾＝四十七発

（『光州の憤怒』三十四〜三十六頁）

羅州郡に進出した暴動群集は、傀儡警察署《山浦支署》、《労安支署》など五つの傀儡警察官署を襲撃し、奴らが持っていた武器を全て奪った。

和順郡に進出した蜂起群集は、傀儡警察の力戦武器庫、《戦闘警察中隊武器庫》、《東面支署》、《綾州支署》、《郷土予備軍武器庫》などに押し入って数多くの武器を奪取した。

【証拠八】民間死亡者の七十五％が武器庫から奪われた銃器で死亡

（『戒厳史』）

右の表に記載されている死亡者百六十二名の検死を行った結果、死因はM1とCAR小銃によるもの百十七名、打撲傷十八名、手榴弾の破片傷十二名、刺傷十一名、火傷四名であった。

M1とCAR小銃は乱動者によって予備軍武器庫から奪取されたものであり、銃傷による死亡者百十七名中八十八名は乱動者自身による誤射、民家への侵入者による一家皆殺し及び金品奪取、強硬派と穏健派の内紛によるものと推定される。さらに、群集に良民虐殺を戒厳軍の所業と誤認させ、戒厳軍に対する敵愾心を抱かせるために行われた意識的銃撃によって殺害された者もいる模様。ただし、矯導所（刑務所）襲撃時の八名と戒厳軍の（以下省略）

（**『国家安全企画部状況日誌』**）

4	コ・グィソク	農業	全南潭陽郡	五月二十一日	カービン銃傷
5	クォン・グルリプ	従業員	光州市南区松荷洞	不詳	銃傷
6	キ・ナミョン	店員	全羅南道長城郡	五月二十日	打撲傷
7	キム・ギョンファン	無職（浪人生）	ソウル市麻浦区	五月二十三日	腹部自傷死
8	キム・グィファン	運転手	全羅南道羅州市	五月二十三日	M16銃傷
9	クム・ドムジン	農業	光州市南区珠月洞	五月二十二日	車両事故
10	キム・マンド	労働	光州市北区中興洞	五月二十一日	カービン銃傷
11	キム・ミョンチョル	農業	光州市南区月山四洞	五月二十一日	打撲（頭部損傷）
12	キム・ビョンミョン	無職（浪人生）	全羅南道和順郡	五月二十一日	銃傷
13	キム・ボンマン	運転手	光州市西区雙村洞	五月二十一日	銃傷

【証拠九】TNT（トリニトロトルエン）を使用した二千百発もの爆弾を製造

（**二〇〇七年一月十六日付『聯合ニュース』**）

五・一八光州民主化運動当時、戦闘教育司令部兵器勤務隊所属の軍務員（民間人）だった裵承逸氏（五十三歳）は、全羅南道庁に置かれていた爆発物を除去して市民を救った功績で一九八〇年六月二十五日に保国勲章を授与された。さらに八五年には行政自治部（日本の総務省自治行政局に相当）から国家有功者証書を受け取った。しかし、二〇〇六年六月十二日に「民主化運動関連者名誉回復及び補償等に関する法律」が制定されたことに伴い、行政自治部は戒厳軍の「五・二七道庁鎮圧作戦」の関係者に対する叙勲を取り消した。この処分に納得いかなかった同氏は、行政自治部長官に対して叙勲取消処分の撤回を求める訴訟を提起して、勝訴判決を勝ち取った。取り戻した勲章を誇らしげに掲げる裵承逸氏。

だが、解体した者はいるが、組み立てた者はいない。五・一八で最も功労のあった人々もTNT爆弾を調律しなかったということになる。

（**『主体の旗の下に前進する南朝鮮人民の闘争』五百八十八頁**）

蜂起指揮部がある《道庁》では、決戦を前に、闘争の中核となっていた人々が中高生を説得して家に帰し、決定的瞬間に建物を根こそぎ爆破してしまう装置まで準備していた（攻撃を開始する数時間前に戒厳軍が潜り込ませた密偵によって雷管が全て分解されてしまったせいで目的を果たすことはできなかった）。

【証拠十】死亡者のうち、十二名が身元不明者

身元不明の十二体は北朝鮮人の遺体である可能性が高いというのが衆目の一致するところであるが、国家安全企画部に次のような資料がある。

117	ホン・ミン〇（21）	浪人生	光州市南区月山洞	五月二十一日	打撲傷
118	ファン・ホジョン（64）	商業	光州市光山洞	五月二十一日	M16銃傷
119	ファン・ソン〇（19）	〇〇	全羅南道海南郡	五月二十二日	交通事故
120-131	行方不明12名				

（**『国家安全企画部状況日誌』**百三頁）

【証拠十一】刑務所への攻撃

最高裁判所の判決には、「武装した示威隊が五回にわたって刑務所を攻撃したこと、その攻撃から刑務所を守っていたのは第三空輸特戦旅団十一大隊の兵力であったこと、この過程で光州市民のソ・ジョンドク、イ・ミョンジン、イ・ヨンチュンが射殺されたこと、刑務所にはスパイを含む在監者二千七百名が収容されていたこと、光州刑務所は主要国家保安施設であるという事実、刑務所に対する攻撃は違法行為であるという事実」が適示されている。

だが、この事件で告訴を取り下げた尹壮鉉（ユンジャンヒョン）光州市長とキム・ヤンネ牧師は、「光州市民が刑務所を攻撃した事実はない」と否定していたのだ。五・一八核心有功者らも刑務所を攻撃しなかったとすると、いったい誰が刑務所を攻撃したのか？

（最高裁判所判決より）

二、検事の上告理由に対する判断

（一）光州刑務所の防御に関連する内乱及び内乱目的の殺人について

原審判決によると、「第三空輸特戦旅団十一大隊の兵力が一九八〇年五月二十一日から同月二十三日まで光州刑務所の防御を行った際、武装した示威隊から前後五回にわたって攻撃を受けたこと、同月二十二日午前零時四十分頃に六台の車両に分乗して光州刑務所に接近してきた武装示威隊と交戦し、さらに、同日午前九時頃、エルエムジー（ＬＭＧ）機関銃を搭載した二・五トン軍用トラックに乗って銃撃を加えながら光州刑務所正門に接近してきた示威隊に応戦し、この過程でソ・ジョンドク、イ・ミョンジン、イ・ヨンチュンを死亡させた事実、当時光州刑務所にはスパイを含む約二千七百名の服役囚が収容されていた主要国家施設であった事実などを認定し、何よりも多数の在所者が収容されている光州刑務所に、武装した示威隊が接近し、刑務所を防御していた戒厳軍に攻撃を加えるのは違法な行為と言うべきであり…（以下省略）」

【証拠十二】五・一八記念財団ホームページの怪しい記載

五・一八記念財団ホームページの運動史にかかるウェブページと五・一八記念公園の「五一八民主化運動学生記念塔」の壁面に「ソウルから大学生約五百名が光州到着、歓迎式挙行」なる文言が存在するが、これに関してキム・ヤンネ牧師は二〇一七年十月十二日付録取書の二十八頁〜二十九頁で「まったくわかりません。全斗煥が投入した便衣隊（ゲリラ部隊）なのか研究中だ」と述べている。この財団が知らない行事が財団の状況日誌に記載されているのだ。学生を装った約五百名のよそ者が光州にやって来て光州市民から歓迎式を開いてもらったということになるが、真相は闇の中だ。

【証拠十三】五・一八記念財団の記録捏造

五・一八記念財団は、この一文を次のように四回にわたって変更した。

二〇一三年一月から六月まで二つの放送局が「朝鮮人民軍介入」をテーマとする特別番組を放送すると、財団のホームページは同年八月に「五月二十二日十五時八分、示威中に連行された市民、学生約八百名が釈放されて道庁到着」と書き換えた。

二〇一六年六月頃、あるネチズンが「財団のタイムラインでは最初の釈放者三十三名が道庁広場に到着したのが五月二十三日十九時四十分なのに、どうして『五月二十二日十五時八分、示威中に連行された市民、学生約八百名が釈放されて道庁到着』となっているのか」と抗議すると、財団は再び「ソウルから大学生五百余名光州到着、歓迎式挙行」と書き換えた。

そして、著者が二〇二一年六月一日に確認してみると、「五月二十二日十五時八分」の箇所が全て削除されていたのだ。

だが、「五・一八民主化運動学生記念塔」の壁面に刻まれた文言はそのままである。この財団にとって〝ソウルの学生約五百余名〟は釈明できない、よほど都合の悪い事柄なのだと考えるのは深読みしすぎだろうか。

二）**「五月二十二日十五時八分」の変遷過程**

①五月二十二日十五時八分　木曜日　晴

示威中に連行された市民・学生約八百名が釈放され道庁に到着した

（二〇一三年八月取り込み）

↓

②五月二十二日十五時八分　木曜日　晴

ソウルから大学生約五百名光州到着、歓迎式挙行

（二〇一六年六月取り込み）

↓

③五月二十二日十三時三十分　木曜日　晴

市民収拾委員会代表八名が戒厳本部訪問、七項目の収拾案を伝達

↓

④五月二十二日十五時五十八分　木曜日　晴

十八人の遺体を道庁広場に安置して、市民大会開催（遺家族）

（二〇二一年六月取り込み）

二）チョ・サチョンの死亡原因を「カービン銃傷」から「銃傷」に変更

戒厳軍に謀略を仕掛けるために最も利用されたのが、幼いチョ・チョノが父チョ・サチョンの遺影を抱いている写真である。ところが、記念財団は最近チョ・サチョンの死亡原因を「カービン銃傷」から「銃傷」に変えた。戒厳軍はカービン銃を使用していないことがわかったからである。

〈国軍保安司令部〉

チョ・サチョン　五月二十一日十四時、光州基督病院にて死亡。ＣＡＲ左前胸部貫通死亡時刻、身元、年齢に照らし、二男一女の家長であり、老母に仕える人物であることが判明。

〈光州地方検察庁〉

チョ・サチョン（男・33・大工）十四時光州基督病院／銃傷（カービン）／不詳　三〇

〈五・一八記念財団〉

内容　○死亡原因：銃傷（左前胸部盲貫傷）

○死亡地：道庁前で銃傷後、光州基督病院

○その他：建築業

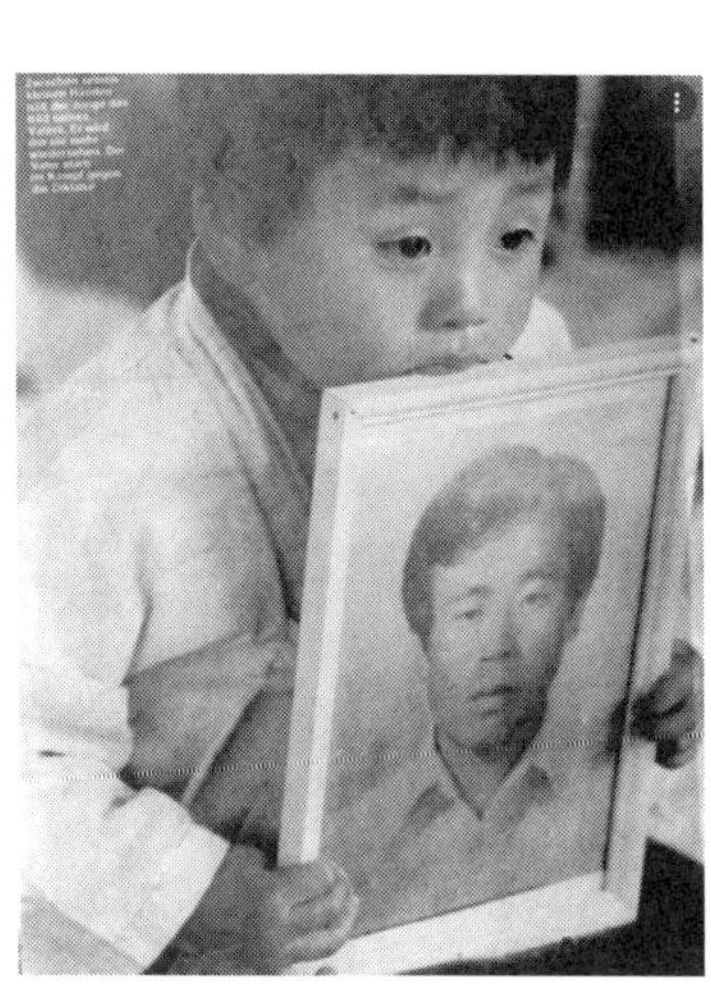

幼いチョ・チョノが父チョ・サチョンの遺影を抱いている写真

【証拠十四】示威の指揮者が大韓民国にいない事実

『五・一八抗争証言資料集』によると、光州事件に最も貢献したとされている功労者は五月二十四日まで示威の現場にいなかった。従って、光州人は五月二十一日の主役である六百余名とは無関係であり、指揮した人間もいなかった。

（『**五・一八抗争証言資料集**』）

キム・チャンギル（初代学生収拾委員長）

尹祥源（ユンサンウォン）、鄭祥容（チョンサンヨン）、パク・ヒョソン及びユン・ガンオクは、二十四日午後に道庁にやって来た。強硬派の金宗倍（キムジョンベ）が率いる抗争指導部は、二十六日朝から稼働した。私が委員長の座を金宗倍に譲ったのは二十五日夕方である。

金宗倍（抗争本部総司令官）

五月二十五日、尹祥源、鄭祥容、金宗倍の三人で闘争委員会を組織した。当時、鄭祥容とユン・ガンオク、キム・ヨンチョル、キム・ヘジクは学生ではなかった。尹祥源がスポークスマンになり、私が総委員長になった。二名の副委員長はそれぞれ外務委員長、内務委員長を担当した。予備軍も動員しようとしたができなかった。パク・ナムソンは道庁で初めて会った人物で、それまで全く面識がなかった。道庁で最後まで闘った人々も同様だ。

鄭祥容（外務委員長）

「抗争指導部」というのは、見ず知らずの人間を寄せ集めた急ごしらえの臨時組織だった。主に尹祥源、私、イ・ガンヒョン、ユン・ガンオクの四人で対策を練った。二十五日午後、道庁に集まったのはせいぜい七十～八十人ほどだったが、みんな面識のない人々だった。十九日から道庁近くの彔豆(ノクト)書店で私と尹祥源が今後の対策について話し合っていたが、二十一日に銃撃戦が始まり退散した。書店にいた人々は「とりあえず身の安全を図ろう」と話し合って解散し、その場を立ち去ってそれぞれ身を潜めた。そして、二十二日に再び彔豆書店に集まったが、書店が手狭だったので本部をＹＭＣＡに移した。そこで金宗倍（総司令官役）とホ・ギュジョン（内務委員長）に初めて会った。この二人は朝鮮大の学生だが、活動家ではなかったので、ＹＭＣＡで出会うまで一面識もなかった。

ホ・ギュジョン（内務委員長）

私も空挺部隊につけ狙われるお尋ね者になった。私はいわゆる運動圏（学生運動の活動家）ではなく、自分の意思で光州事件と関わるようになり、方々で市民と行動を共にしていた。あの示威は主導する人間もおらず、リーダーもいなかった。二十一日に誰かが道庁を奪還したが、これを実行した人々は我々もよく知らない威厳のある官僚のような人々だった。我々は事態を収拾しようと道庁に行ったが、彼らは「間もなく戒厳軍が押し入って来るから学生はここから出ていけ」

と言って、我々を道庁から追い出した。

パク・ナムソン（状況室長）

市民軍は全員ブルーカラーだった。食堂の従業員、靴磨きなど社会の底辺で生きる人々が先頭に立っていた。学生運動の活動家は皆光州から逃げていた。知識人は収拾対策委員会をつくって何とか面子を立てようと懸命だった。学生活動家は五月十七日に全員捕まって、抗争に参加した人はほとんどいなかった。血気にはやった高校生が銃をもって闘うと言ったが、私は二十六日夜、彼らを家に帰した。武器を奪取した人々は、光州人が統制して送り込んだ実行部隊ではない。彼らの独断で決行したのだ。

（『**歴史としての五・一八**』）

キム・ヒョソプ

祥源兄さんは武器を開発しようと言った。おいらに「割れた歩道のブロックでは何の役にも立たないから、鉄工所に行って鉄の切れ端やネジをかき集めて持って来てくれ」と言いつけたんだ。それで、二十一日の朝早くから鶏林洞や大仁洞を歩き回ってネジや鉄筋の切れ端を手に入れて彔豆書店へ戻ったんだ。おいらがそいつを手繰り寄せようとしたら鋭い鉄片で手を切っちまったんで「これじゃだめだ」と考えていたら、どこからか銃がどっとやって来た。それで集めた鉄くずを使う必要がなくなったたってわけさ。

光州事件は北朝鮮の「民主闘争委員会」が指揮し、道庁が総司令部だった。

（『**主体の旗の下に前進する南朝鮮人民の闘争**』**五百八十八頁**）

《民主闘争委員会》は企画部、状況室治安部、機動打撃部など十の部署を設置して、敵の動向を速やかに掌握して武装抗争を統一的に指揮する一方、綿密な防御策を立案して武装部隊を編成した。《道庁》にいる蜂起を指導する核心メンバーは、決死戦を前に、中高生を説得して家に帰し、決定的瞬間に建物全体を爆破するための装置まで用意していた（「尚武忠正作戦」開始前に敵が庁内に潜入させた密偵によって雷管が全て分解されてしまったために計画通りにはいかなかったが）。

（『**光州の憤怒**』**四十四頁**）

《民主闘争委員会》は、「光州民主国」の臨時名称である。即ち、この委員会は「自由で民主的な完璧な政権」を打ち建てるまでの過渡的な《主権的代表機関》なのだ。この委員会こそ蜂起群集、否、すべての光州市民の代表機関であり、同時に蜂起軍の統一的指揮機構として武器の調達や作戦を統率する軍司令部だった。ファッショ統治体制を葬り、その墓の上に民主の体制、人民大衆の真の自由を実現する体制を樹立し、人々の暮らしを守る民主政権の萌芽だったのだ。彼らは行政部や外務部、企画部、通報部、作戦状況室、機動打撃隊、そして代弁人室など十の部署を置いて、それぞれの部署と責任者が委員会の委員長の指示に従って動いていたのである。

二審での実刑者はわずか八十一名。六百名にははるかに及ばず、いずれも現場の主役には見えない。

（『**戒厳史**』**七十七頁**）

第二審裁判結果：一九八〇年十月二十四日宣告：死刑三、無期懲役七、有期実刑七十一。

【証拠十五】北朝鮮の教科書と文献

二〇一五年十月十四日付『聯合ニュース』は、「北朝鮮の教科書　南の民主化運動はすべて金日成の教えによるもの」なる見出しで、北朝鮮では光州事件は言うまでもなく、南朝鮮で起こった全ての民主化運動が金日成の指導の下で遂行されたとされており、教科書にも同様の記載があると報じたが、記事中に次のような一文がある。

（**二〇一五年十月十四日付**『**聯合ニュース**』）

慶南大学校極東問題研究所の徐玉植（ソオクシク）招聘研究員は、十一月に刊行予定の著書『北朝鮮教科書の大解剖』で北朝鮮における現代史の歪曲・捏造実態を具体的に検証している。北朝鮮は、主体の旗の下に、南朝鮮の愛国人民がその教えに呼応して立ち上がった反ファッショ闘争の中で五・一八光州人民蜂起は最も成功した人民革命事件だと主張しており、小学校四年生の国語の教科書に『姉さんの写真』なる五・一八当時戒厳軍の銃剣で姉を失ったナムチョルという少年が登場する物語まで載せられていた。だが、この本はすぐに絶版となり、今は教保文庫（韓国の大手書店）でも購入することができない。

（『**主体の旗の下に前進する南朝鮮人民の闘争**』**六百十一頁**）

胸が締めつけられた。南朝鮮の革命家と人民は偉大な首領様が毎時期つくり出された情勢に対処し、首領様が新たな救国統一方案を発せられるたびにそれを全的に支持して立ち上がり、仇敵のファッショによる暴圧と分裂策動の嵐が吹き荒れる困難な中でも祖国統一のために絶え間ない闘争を繰り広げてきたのだ。

（『**主体の旗の下に前進する南朝鮮人民の闘争**』**五百九十六頁**）

南朝鮮人民の解放闘争の金字塔となった英雄的光州人民蜂起は、巨大な歴史的意義を持つ事変である。

英雄的光州人民蜂起は、民主と統一を渇望する南朝鮮人民の一致した思いを反映した大衆的な愛国的抗争であり、最も偉大な足跡を残した反ファッショ民主化闘争なのだ。

（『**主体の旗の下に前進する南朝鮮人民の闘争**』**六百頁**）

敵の砦を陥落させて根城とし、戦車をはじめ、装甲車、軍用車など数百台に上る軍用車両を奪い、奴らから奪った油類の入ったドラム缶も約三千余本に達した。西側国家のメディアは光州蜂起者が傀儡から奪った武器と装備で二個師団を武装させることができると評した。

敵の武器を奪って自らを武装した蜂起者が組織的に戦闘部隊を編成し、武装抗戦を繰り広げる様を目撃した外国メディアがいみじくも《十日戦争》、《公民戦争》と評したごとく、光州人民蜂起はファッショ暴圧勢力に抗して民主勢力が立ち上がった闘いが戦争局面へと発展したのである。正にここに光州人民蜂起が最も高い形態の反ファッショ武装闘争となった主たる根拠があるのだ。

光州人民蜂起が最も高い形態の反ファッショ武装闘争である三つ目の理由は、この闘争が自らの手で行政を取りしきることによって光州市を敵から解放して《自由都市》を樹立し、民主主義的自治を実施したところにある。

【証拠十六】光州事件の現場を記録した南北文献の優劣

韓国の資料は箇条書きで状況や時間などが概略的に記録しているだけだが、北朝鮮の資料は現場で同時多発的に起きた様々な出来事を目の当たりにしたかの如く詳細に描写されている。

『主体の旗の下に前進する南朝鮮人民の闘争』で四十四頁にわたって記述されている状況日誌（直前及び過程）は、韓国の検察、軍人、国家安全企画部、治安本部が作成した資料よりも現場の状況が詳細に記録されている。これは、現場に北朝鮮の記録者がいたことを強く示唆している。しかも、この本が出版されたのは一九八二年である。韓国の資料はいずれも極秘資料とされて、検察の地下倉庫に保管されていたのだ。にもかかわらず、どうして北朝鮮が光州／全羅南道地域で同時多発的に起こった騒擾の状況ををこれほど詳細に描写することができたのか？

群集の投石の援護を受けながら車に乗った労働者が決死の覚悟で《道庁》に攻め入った。催涙弾のガスが視野を遮った。《戒厳軍》の銃弾が雨のように降りそそいだ。この瞬間から闘争の様相は単純な示威から敵味方間の戦闘へと変貌したのである。数えきれない労働者が凶弾の犠牲となって血を流しながら倒れた。立ち込めるガスの煙のせいで遠近の見分けがつかなくなってしまった一台のバス（クァンジョン交通所属全南五A三七〇六号）が街路樹に衝突して止まると《戒厳軍》の百名ほどの兵士が一斉におどりかかったが、車内にいた十人の青年は奴らと懸命に戦った。

（**『主体の旗の下に前進する南朝鮮人民の闘争』五百七十六頁**）

こん棒、包丁、スコップ、つるはし、鎚、角材、火炎瓶などで武装した蜂起者は、一転して二十日夜から熾烈な攻撃を開始した。彼らは《非常戒厳令》の撤廃と全斗煥の辞任を声高に訴えて傀儡警察署を包囲し、猛烈な攻撃を加え始めた。傀儡警察から奪った警察車やバスを焼き払い、市内中心にある派出所を打ち壊した。虚偽の報道を振りまく《文化放送》を始め、一部の御用放

（**『主体の旗の下に前進する南朝鮮人民の闘争』五百七十七頁**）

送機関は蜂起者によって建物が壊されて放送が中断し、九時二十分ごろには《文化放送》光州支局が炎に包まれた。

光州市周辺部の蜂起者が給油所を占拠して缶にガソリンを汲み入れ、それを撒いてあちこちに火をつけたり、ガソリン入りの火炎瓶を投げたりしたので、市内のあちこちに黒い煙と炎が立ちのぼった。

午後十時三十分頃、東区東明洞南側の道路で空挺部隊と蜂起者が衝突し、熾烈な攻防戦が繰り広げられた。光州駅では十一時頃、空挺部隊が約二十分にわたって蜂起者に情け容赦のない銃撃を加えて数多くの犠牲者が出たが、蜂起者は敢然と奴らを退けて光州駅を掌握した。

夜通し続いた人民蜂起で光州市全域の交通、行政はマヒ状態に陥った。官公署、公共建物、警察署に火が放たれて破壊され、ソウルと光州間の全ての通信が途絶えて光州は孤立状態に陥った。傀儡統治の空白状態が（以下省略）

（**『主体の旗の下に前進する南朝鮮人民の闘争』五百八十頁**）

人民蜂起は羅州市、和順郡、咸平郡、莞島、昇州郡、潭陽郡、霊光郡、海南郡、木浦市、長城郡、霊岩郡、麗水市、順天市、光陽市、宝城郡等の道内の多くの市、郡へと拡大し、全羅南道のほぼ全域が抗争の坩堝と化した。和順炭坑の炭鉱労働者を始め、市周辺の労働者、農民などの住民が反《政府》抗争に加勢するために爆発物等を携えて炭坑や農村地域から光州市内に駆けつけた。

（『**主体の旗の下に前進する南朝鮮人民の闘争**』**五百八十一頁**）

蜂起軍を中心とする群集は銃撃戦と石礫や火炎瓶による攻撃を織り交ぜながら《戒厳軍》が潜む全ての地域で全面攻撃へと移行した。

蜂起軍は市中心部に位置する全南大学附属病院屋上に軽機関銃を据えて《戒厳軍》と銃撃戦を繰り広げ、錦南路と忠壮路一帯でも熾烈な銃撃戦が繰り広げられた。蜂起軍の攻撃が勢いを増すと、傀儡道知事と市長はすぐさまヘリコプターで光州を脱け出し、それに続いて傀儡機関の主要文書等がヘリコプターで運び出された。大勢はすでに決した。傀儡市庁舎一帯の《戒厳軍》の阻止線は蜂起軍の強打によって脆くも崩れ去り、《市庁》は蜂起軍によって掌握されたのだ。

（『**主体の旗の下に前進する南朝鮮人民の闘争**』**五百八十二頁**）

だが、蜂起群集は前進し続けた。午後三時頃から蜂起者は戦略を練った。蜂起群集は乗用車四台に火をつけて敵の阻止線に突入させた。さらに、油を満タンにしたドラム缶を載せたトラックを阻止線側めがけて走らせ、丸めた綿に火をつけてトラックめがけて投げた。《戒厳軍》の阻止線付近で物凄い火柱があがった。恐怖に駆られた戒厳軍の兵士たちは武器を総動員して無差別射撃を強行した。

装甲車の上で旗をなびかせてスローガンを叫んでいた幼い中学生が額と腹から真っ赤な血を滴らせながら倒れ、大勢の市民も倒れた。

（『主体の旗の下に前進する南朝鮮人民の闘争』五百八十四頁）

光州人民蜂起が始まった始めの数日間で南朝鮮の情勢は激的な変化を見せた。光州での英雄的蜂起が南朝鮮人民を軍事ファッショ徒党に反対する闘争へと導いたのだ。全羅南道の二十六の市や郡のうち、十七の市や郡で蜂起が起き、十九日にはソウルで千余名の学生が一斉に反《政府》集会や示威を行い、二十一日には全州に広がり、全羅北道でも抵抗の炎が燃え広がった。ソウルの主要新聞、放送、通信の一線記者が反《政府》闘争に立ち上がり、野党《国会議員》が集団で辞表を提出するなど民主化闘争が燎原の炎のごとく燃え広がる兆候を見せ始めた。外国メディアも《反〈政府〉暴動は全羅南道全域に波及する重大な局面を迎えつつある》、《暴動は全羅南道の他の都市はもちろん、隣接する全羅北道へと拡大する動向だ。この圧倒的な市民の攻撃に直面した軍隊は、指揮系統が混乱し始めた》、（『東京新聞』、『読売新聞』一九八〇年五月二十二日）と論評した。

光州人民の愛国的前進は南朝鮮の枠を超えて、南朝鮮出身の海外在住の同胞の中でも大きな支持を得、連帯意識を呼び覚ました。

また、光州人民の蜂起は国際世論の注目の的となり、国際社会とすべての進歩的、民主勢力の嵐のような支持と連帯を手にしたのである。

（『光州の憤怒』三十六〜三十七頁）

傀儡軍第一七九支援団の武器庫を襲撃した時のことだ。

暴動群集が武器庫に押し入ると、歩哨の奴らは射撃を加えて頑強に抵抗した。

その結果、奇襲直後に多くの青年が凶弾の犠牲となった。

正面から攻撃を行うだけでは徒に被害が大きくなるだけだと悟った暴動群集は、前面から射撃戦を繰り広げると共に、機敏な青年に奴らを背後から襲わせた。

正面から襲ってくる暴動群集を食い止めるのに汲々としていた奴らは、背後から不意討ちを食らわした青年たちの角材の洗礼を受けて力なく伸びてしまった。

歩哨兵を叩きのめした群集が武器庫から奪った武器を素早くかき集めていると、うつむきに倒れていた一人の歩哨が意識を取り戻して武器庫の前に集まっている群集めがけて発砲した。

（『光州の憤怒』二十二〜二十三頁）

尚武洞付近だった。

《空挺部隊》に銃剣で刺された光州中央女子校の生徒が傷口から血を流しながら駆けてきて、「軍人が生徒や先生を手当たり次第に銃剣で殺しています！　校長先生も銃剣で突き殺されました」と叫んだ。

この言葉を聞いた市民は、「空挺部隊が子どもたちを皆殺しにしているだと。みんなで助けに行こう！」と叫んで学校に駆けつけ、奴らと命がけで戦った。

さらに幼い《国民学校（小学校）》の生徒たちまでが「空挺部隊をやっつけよう」と叫びながら大人たちに石を運び、一緒に石を投げた。北側のシンジョン洞から南側の鶴洞に至るまで、東側の牛山洞から東側の尚武洞まで、市民は大通りや小路で奴らと熾烈な激闘を繰り広げたのだ。

（『**光州の憤怒**』**二十四頁**）

《空挺部隊》の残忍な虐殺蛮行に対する群集の抵抗は次第に暴力的性格を帯びるようになり、遂に暴動へと転換した。

五月十九日、市内中心部の錦南路一街から柳洞一帯の通りで《空挺部隊》三十一連隊と暴動群集との肉弾戦が繰り広げられた。

《空挺部隊》の奴が駆けよると、暴動群集は小路を素早く移動して逃げ回って彼らを分散させ、小勢となった奴らに百人ほどの人々が一斉に躍りかかって殴り倒した。

錦南路では数千名もの群集が装甲車を盾にして迫ってきた一個中隊ほどの《空挺部隊》の奴らめがけて一斉に石を投げて闘った。

（『**光州の憤怒**』**二十五頁**）

荒れ狂う波と化した民衆は、傀儡道庁に押し寄せた。その途上で《インムン派出所》、《駅前派出所》、《良洞派出所》などを占拠し、激しく抵抗した《リム洞派出所》を焼き払った。

《戒厳軍通信指揮部》がある《カトリックセンター》車庫でも熾烈な戦いが繰り広げられた。

《空挺部隊》の蛮行に激怒した市民は《カトリックセンター》車庫にあった四台の乗用車に火を放って奴らのバリケードめがけて突っ込ませた。

迫ってくる炎に包まれた車に驚き慌てた奴らは、抵抗する気力さえなくクモの子を散らすように逃げ出した。

この隙をついて群集が一斉に鬨の声を上げながら奴らの指揮部へ攻め入ったのである。《局長》が逃げ出すと、それまで顔色を窺ってばかりいた傀儡警察の職員も銃を捨ててそそくさと逃げ出した。

この闘いの先頭に立っていたのは全南大学、朝鮮大学、光州教育大学、省仁経商専門大学（現湖南大学）、松源大学、全南大学看護専門大学などの学生である。

高等学校と《国民学校》の生徒も勇敢に闘った。

彼らは集団で、あるいは個別で奴らを叩きのめしたり、蜂起者のために募金活動や食事の運搬を積極的に行った。

路上で闘う蜂起者がパンや治療品を十分に受け取ることができたのは、このような学生たちの献身的な尽力があったからだ。

（『光州の憤怒』二十八〜二十九頁）

奪取した催涙ガス車と装甲車で《空挺部隊》の阻止線を打破したりもした。

中央路では二百余台ものバスが示威群集の盾となって奴らの阻止線を突破し、《カトリックセンター》前では闘う暴動群集のために約二百台ものタクシー、約二十台のバス、三台の貨物自動車が石を運んだ。

一方、十五台のバスと五十台の車が深夜に一斉にライトをつけて奴らの目をくらませて蜂起群集を前進させた。

その様は《突撃路を開拓するために疾走する戦車の列を彷彿》とさせた。

暴動群集は四方八方から奴らを追い詰めながらファッショ統治の地方における牙城とも言うべき傀儡道庁へ押し寄せた。

(『**光州の憤怒**』三十六頁)

《空挺部隊》の《通信指揮部》を乗っ取った群集の怒りの矛先は、《東亜日報》光州支局に向けられた。当局に媚びへつらい、事実を捻じ曲げて報道してきた同社に対する群集の怨念が復讐の炎となって燃え上がり、同社の社屋は灰燼に帰した。

住民は真実を捻じ曲げて伝えた《文化放送局》と《放送公社》にも火を放ち、基督教放送局を占拠した。

そして、新聞や放送を通じて御用放送の正体を暴露し、《空挺部隊》の蛮行の実態を公表するとともにその暴挙に対する抗議文を発表した。

この日も雨が降り続け、全員がずぶぬれになったが、暴動群集の気勢が衰えることはなかった。

(『**光州の憤怒**』二十九頁)

暴動群集は四方八方から奴らを追い詰めながらファッショ統治の地方における牙城である傀儡

道庁に押し寄せた。

この日、暴動群集は《道庁》車庫や傀儡税務署、八カ所の傀儡警察の派出所、新聞三社、放送局、郵便局、銀行などを破壊したり焼き払ったりした。さらに、奴らの自動車五十台余りも破壊焼却した。

暴動群集の激しい攻撃に慌てふためいた傀儡警察局長は、「道警察局は崩壊した。これからは各自身を隠すように」と部下に言い残して、悲鳴を上げながら真っ先に裏の塀を乗り越えて逃げ出した。

【証拠十七】示威の戦略戦術の教訓に関する南北文献の違い

一九八二年に出版された北朝鮮の文献『主体の旗の下に前進する南朝鮮人民の闘争』には示威の戦略、戦術、教訓がきちんと整理して書かれているが、韓国の文献は光州示威にかかる性格規定がなされないまま、事実が羅列されているにすぎない。

二）示威の戦略

市内中心部を示威区域とし、市近郊で抗議大会、各種声明の発信、校内示威、籠城闘争などを行った。これらを有効に結合して力量の集中と行動の統一化を図りつつ間断のない闘争を繰り広げ、政治的効果を高めた。

（**『主体の旗の下に前進する南朝鮮人民の闘争』五百六十七頁**）

彼らは市近郊で抗議大会、声明発表、校内示威と籠城闘争などを間断なく繰り広げる一方、市内中心部を示威区域に設定することによって力量の集中と行動の統一化を図り、示威の政治的効果を高めた。示威では果敢な肉薄による（以下省略）

二）**示威の戦術**

警察の阻止線に果敢に肉迫することによって突破し、包囲を逆包囲へと転換した。突破、分散と集合、大きな隊列と小さな隊列の結合、素早い奇襲作戦、バリケードによる防御などを駆使して主導権を確保し、敵を受身の状態に追い込んだ。大小の石と火炎瓶を組み合わせて攻撃しつつ、怪我人を手当てする治療隊まで綿密に準備した。この闘いは大衆宣伝と示威を結びつけることによって大勢の群集を確保したが、これは学生の闘争戦術が大衆闘争へと大きく進化したことを示している。

（**『主体の旗の下に前進する南朝鮮人民の闘争』五百六十七頁**）

（前略）と籠城闘争などを結合して闘争を間断なく繰り広げていき、市内中心部を示威区域と定めて、力量の集中と行動の統一化を図ることによって示威の政治的効果を高めた。示威では警察の阻止線を果敢に正面突破し、警察の包囲を逆包囲へと転換する機転の利いた対応、分散と集合、大きな隊列と小さな隊列の結合、機敏な作戦、バリケードによる防御などによって主導権を確保し、敵を受身の状態へと追い込んだ。大小の石と火炎瓶を準備して攻撃力を高める一方、医大の学生が治療隊を組織して負傷者に救急処置を行うなどの緻密な準備を進めた。また、示威と大衆宣伝を密接に結合させることによって広場や大通りで行われる集会に大きな意義を与えたのである。市民に《共に闘おう》と訴えるビラを撒き、工場地帯でも労働者に拡声器で《共に立ち上がろう》と訴え、警察官にも政治的扇動を行った。これは、これまで行われてきた従前の学生の闘争戦術から飛躍的に前進した闘いであることを示している。

三）**教訓**

一、光州人民蜂起は新たな段階における反ファッショ民主化闘争を構築するための貴重な教訓を残した。その一つ目の教訓は、南朝鮮人民が解放闘争の勝利を勝ち取るには反米闘争と結びつける必要があるということだ。

二、南朝鮮人民の解放闘争の勝利のためには、青年学生運動と労働運動との結合を新たな高い段階へと進化発展させなければならない。

三、最後に、南朝鮮人民の解放闘争の勝利のためには、より広範な大衆を組織化し、反ファッショ民衆の力量を育まねばならない。

（**『主体の旗の下に前進する南朝鮮人民の闘争』六百九～六百十頁**）

光州人民蜂起は新たな段階における反ファッショ民主化闘争のための貴重な教訓を残した。その一つ目は、南朝鮮人民の解放闘争は反米闘争と結合されることによってのみ勝利できるということだ。

二つ目は、南朝鮮人民の解放闘争が勝利するには青年学生運動と労働運動との結合を新たな高い段階へと進化発展させなければならないということだ。

光州人民放棄は実戦的な経験を通して反ファッショ民主化闘争において青年学生たちと労働者たちの力が一塊となってこそ民主化闘争が（以下不詳）

光州人民蜂起が残した三つ目は、南朝鮮人民の解放闘争が勝利するにはより広範な大衆的地盤に立ち、反ファッショ民衆の力量を形成し、それを組織化しなければならないということだ。

光州での蜂起が挫折した主要な原因は、闘いが光州を中心とする全羅道一帯の限られた地域に留まり、全南朝鮮的な抗争の嵐を呼び起こすことができなかったからだ。五月以降全面的に高揚した情勢の中で全斗煥一味を親玉とする《維新》残党の台頭に反旗を翻して立ち上がった青年学生の闘争が、五・一七ファッショ暴挙（非常戒厳令拡大措置）以後、光州蜂起に合流できず、沈静化したせいで南朝鮮全域の反ファッショ民衆の力量をしっかりとまとめることができなかったのだ。

光州人民蜂起は、青年学生運動を大衆化、組織化して各界各層の広範な反ファッショ勢力を一つに結びつけ、同時に南朝鮮全域での闘争の統一的発展を成し遂げない限り残虐なファッショ独裁勢力に完全に打ち勝つことはできない、ということを我々に身をもって訓えてくれた。

光州人民蜂起が多大な犠牲を払って残してくれたこれらの貴重な教訓は、南朝鮮人民運動の新たな質的飛躍のための礎石となるであろう。

【証拠十八】示威参加者についての素性分析

730 名の逮捕者の職業	
学生	21%(153)
労働者	35.8%(261)
失業者	17.3%(126)
農民	6.4%(47)
商人	6.4%(47)
会社員	5.1%(37)
その他	8%(59)

死因が判明した死亡者 120 名の職業	
学生	31.7%
労働者	33%
失業者	14.2%
商人	10.8%
事務員	7.5%
農民 その他	2.5%

（『**主体の旗の下に前進する南朝鮮人民の闘争**』六百頁）

《戒厳司令部》が光州人民蜂起関連で逮捕した七百三十名の構成は、大学生及び中高生一五三名（二一％）、労働者二百六十一名（三五・八％）、失業者百二十六名（一七・三％）、農民四十七名（六・四％）、商人四十七名（六・四％）、会社員三十七名（五・一％）、その他五十九名（八％）である。また、奴らが発表した身元の判明した死亡者百二十名の構成は、学生三十八名(三一・七％)、労働者四十名（三三・三％）、失業者十七名（一四・二％）、商人十三名（一〇・八％）、事務員九名（七・五％）、農民及びその他三名（二・五％）である。

このことから光州人民蜂起に参加した者の約半数が労働者（失業者を含む）であり、その他学生、各界各層の市民も参加していたことがわかる。正に光州の民主主義的自治は労働者、青年学生、市民を代表する新たなコミューン形態だったのだ。これに関して外国の出版物も（以下省略）

（『国家安全企画部報告書』五百八十一頁）

学生	33名（21.4%）	年齢＝26、22、17、14、14、17、25、16、14、19、18、14、13、20、21、16、17、17、19、21、19、21、19、16、20、17、21、18、11、21、7、20
失業者	19名（12.3%）	年齢＝男：24、18、18、42、62、48、25、37、27、44、30、28、20 女：27、57、19、53、23
商業	11名（7%）	年齢＝21、30、17、25、19、26、23、19、28、33、64
会社員	9名	年齢＝22、24、26、25、23、28、31、37、54
従業員	8名	年齢＝25、20、23、30、28、22、22、33
運転手	7名	年齢＝20、28、28、20、26、24、27
労働	6名	年齢＝44、19、35、30、23、27
農業	6名	年齢＝男：29、48、65、48、25 女：50

当時軍が光州事態関連者二千五百十八名を調査した結果、千九百五十七名を訓戒のうえ放免し、五百六十一名を検察に送致した。第一審被告人となったのは三百五十七名で、このうち二百五十二名が執行猶予以上の刑に処せられた。

（『戒厳史』）

《第一審被告人の年齢別分布》

十代：七十一名（二十％）、二十代：二百十六名（六十一％）、三十代：三十六名、四十代：二十三名、五十代：六名、六十代：五名　合計　三百五十七名

《職業別分布――五十九種》

学生八十（二十二・四％）、農業三十、失業者二十七、運転手二十四、従業員二十一、労働十三、防衛兵十三、教授十一、家具・装飾職人十一、商業九、工業七、会社員六、靴職人五、溶接工五、行商四、美容師四、炭坑労働者四、大工四、船員四、教師三、弁護士三、浪人生三、ボイラー工三、教職員三、印刷業三、見習い三、運輸業二、シャーシー（車台組立）工二、製菓職人二、石工二、神父二、家具工二、会社理事二、仕立屋二、裁縫師二、整備工二、室内装飾一、薬剤師一、改札員一、喫茶店一、電気工一、弁護士事務所事務長一、書籍販売員一、細工職人一、陶工一、医師一、理髪師一、洋服店一、飴売り一、建材商一、新聞普及所一、党員一、青果物商一、ブロック工一、売店一、大学理事一、会長一、画家一、カトリック農民会長一（徐敬元〔ソギョンウォン〕）。

《一審で死刑を宣告された者五名》

鄭東年（三十七歳、復学生）、ペ・ヨンス（三十四歳、運転手）、パク・ノジョン（二十八歳、印刷業）、パク・ナムソン（二十六歳、トラック運転手）、金宗倍（二十六歳、学生）

《無期懲役を宣告された者六名》

ユン・ソンヌ（二十歳、靴職人見習い、機動打撃隊長）、ホ・ギュジョン（二十七歳、学生）、チョン・サンニョン（三十歳、会社員）、ハ・ヨンニョル（三十一歳、工員）、ユン・ジェグン（二十八歳、工員）ソ・マンソク（三十六歳、商業）、洪南淳（ホンナムスン）（六十七歳、弁護士）

【証拠十九】光州事件記念行事に光州市街地に現れた金大中

二〇一五年に開催された「三十五周年記念光州行進」に現れた光州事件のロゴ、金正日と金大中のキャラクター人形は、光州事件がこの両者の合作であることを暗に示している。

【証拠二十】北朝鮮全域で盛大に催される光州事件記念行事

北朝鮮全域の市、郡、都市で、毎年光州事件記念行事が盛大に開催されている。

（**『週刊北韓動向』第七十三号　一九九二年五月十七日発行**）

北韓（北朝鮮）は「光州民主化運動」を「光州人民蜂起」（八〇年五月三十日付『労働新聞』）と規定し、毎年「平壌市群集大会」を開催する一方、わが国の在野・運動圏などに対する反米・反政府闘争の煽動の契機として活用してきたが、今年も康希源（カンヒウォン）副総理、尹基福（ユンギボク）祖国平和統一委員会副委員長、平壌市（中略）康賢洙（カンヒョンス）などの党幹部・政府高官が臨席する中で「平壌市群集大会」を開催し、これを各市、道の群集大会へ〇〇（判読不能）させる（以下省略）

（**二〇一〇年五月十八日付**『リバティ・コリア・ポスト』）

――南韓は「五・一八民主化運動」、北韓は「光州人民蜂起」と呼び、

――毎年五月十八日に記念行事が平壌に続いて全国の道、市で大規模に開かれ

二〇一〇年に平壌労働者会館で開催された
光州事件三十周年記念行事の写真
（『聯合ニュース』（二〇一〇・五・十七）

【証拠二十二】北朝鮮で「五・一八」は最も誉れあるものの象徴

金日成は北朝鮮でトップクラスを誇る機械、駅、工場、映画研究所などにその業績を讃えて「五・一八」なる称号を与えた。脱北者はその事例が十個ほどあると証言しているが、著者が「統一部北韓資料センター」の資料で確認できたのは、隆盛機械が製作した一万トンのプレス「五・一八青年号」、南浦特別市の「五・一八大型鍛造工場」、東海岸・雲川（ウンチョン）の「五・一八工場」、そして「五・一八映画研究所」である。

以下は、これらの五つの事例に関する資料が含まれているのだ。

左：「五・一八青年号」、右：同

五・一八大型鍛造工場の所在地を示す地図

（地名）左上から平城市、平壌順安国際空港、中山郡、大同郡、小鑼道、平壌、虚川郡、龍岡郡、◎五・一八大型鍛造工場、中和郡、南浦市、松林市、チンド、黄州郡

五・一八工場の所在地を示す地図

（地名）左上から文川市、高原郡、川内郡、ケェド、金野郡、◎五・一八工場、熊島、薪島、元山市、法洞郡、通川郡

【証拠二十二】映画製作を通じた謀略

北朝鮮は一九八〇年に光州の現場を撮影した記録映画を制作し、それをビデオ化した『光州ビデオ』を光州―全羅南道地域にばら撒いた。一九八九～九一年に作家の黄晳暎と作曲家の尹伊桑（ユンイサン）を北へ呼びよせて戒厳軍とアメリカを謀略的に貶める映画『あなたのための交響詩』をつくらせて、毎年住民に上映して鑑賞させている。主人公は、示威期間中逃亡していた全南大の学生会長・朴寛賢（パクグァンヒョン）だ。尹伊桑は「あなたのための行進曲」をモチーフにした映画音楽を作曲した。

『光州五・一八』（原題『華麗な休暇』）

南韓の光州事件関連の映画は、二〇〇七年に封切られた『光州五・一八』（原題『華麗な休暇』）が最初である。なぜ北朝鮮は黄晳暎と尹伊桑をわざわざ北に招いてつくらせた反米―反国家意識を煽り立てる映画を毎年上映したり、光州の現場をつぶさに収めたビデオを光州―全羅道一帯に拡散したのか。当時、韓国当局が現場を撮影するのは不可能だった。最初から北朝鮮が光州の現場の撮影権を独占していたからだ。彼らはその特権をフルに活用して記録映画やビデオをつくり、北朝鮮の人民や光州―全羅道一帯の人々に鑑賞させて、南朝鮮政府に対する敵愾心を植え付け、自らの勢力を拡大しようと目論んでいたのだ。

【証拠二十三】 情報公開されたアメリカ外交文書

二〇二〇年五月十三日、外交部（日本の外務省に相当）は、アメリカ国務省から移管された機密解除文書は四十三件、合計百四十頁であると発表した。しかし、アメリカ大使館の公式サイトによると、移管された文書は百二十二件・合計五百二十頁で、移管された日付は五月十一日である。

この中には光州事件に対する北朝鮮の関与にかかる状況資料が九件もあった。「主導者は五百五十名ほどであり、強硬分子が主導権を握り、人民裁判を開いて市民を即決処分した」と記された報告書や「戒厳軍が許可されていた自衛権を行使せず、極度の自制力を発揮して、斬新な鎮圧方法で示威を鎮圧したお陰で犠牲者数を最小限に抑えることができた」と称賛する文書もあり、原審判決のみならず、言論等を通じて多くの人々が抱いている認識と相反する内容の文書だ。

一） 不純分子と共産党が背後で操っている

（『**アメリカ国務省資料**』二百三十七頁）

ソウル発　電信文〇〇六八六五

コメント：光州への潜入任務を帯びた北朝鮮人一人が生け捕られた。このように任務を帯びて光州にやって来た北朝鮮からの浸透者がマスコミから非常に注目を浴びた。その意味は不純分子たちと共産党扇動者たちが光州事態全般を背後で操作していたということだ（クライスティン）

『京郷新聞』と『東亜日報』は、一九八〇年三月二十八日、在日韓国人が日本で発行している『統一日報』紙の記事を引用して「朝鮮人民軍の南への浸透」問題について報じた。

(一九八〇年三月二十八日付『統一日報』)

今春大規模スパイ団南下。北傀特殊部隊訓練強化。相次ぐ北朝鮮武装ゲリラの南への派遣は七九年秋に拡張されたが、これは金鐵萬(キムチョルマン)北朝鮮人民軍総参謀長を責任者とする対南特殊軍事作戦展開方針の一環である。北朝鮮の当該軍事作戦は当初の計画では八〇年春を目標に大量の武装ゲリラを南に送り込み、自発的な義勇隊に偽装させて地方都市の放送局を占拠するなど、韓国の政治的混乱に乗じて各地で人民蜂起を煽動しようとするものだったと同紙は伝えた。三月二十三日の漢江からの武装共産ゲリラの水中浸透事件や同月二十五日に発覚した浦項(ポハン)沖合の武装スパイ船事件はこのスパイ作戦の一環であり、北朝鮮は七九年五月以降、韓国の政治的社会的混乱をいわゆる「革命前夜」と規定し、八〇年春を大混乱の時期と捉えて金鐵萬に全ての特殊部隊の指揮権を与える一方、非正規戦部隊を再編制して訓練を強化してきたことを明らかにした。

二) ソウル南部に上陸した急進主義者

(『アメリカ国務省資料』二百九十一頁)

この二十四時間、光州からソウルに進入する道路の検問所が増え、検問がより厳格に実施されている。明らかにこれは光州の煽動分子とこの数日間ソウル南部に上陸したと判断される侵入者が首都に潜入するのを遮断するためであると考えられる。

三）**過激派の中心人物とその追従者は五百五十名**

（『**アメリカ国務省資料**』**二百八十八頁**）

相当量の回収された武器が、武力革命を主導しようとする過激分子の手中にあるということが最弱点であり、暴動を主導する過激分子の数は正確ではないが報道によれば約五十名の核心過激分子と五百名の追従者がいることが分かった。

著者注：南北韓の文書資料に現れた数字六百名と誰かが観察した五百五十名は近似の規模である。

四）**木浦からやって来た示威隊が光州の示威に合流**

（『**アメリカ国務省資料**』**三百二十四頁**）

報道によれば示威隊は「金大中を釈放しろ」「全斗煥を粉砕せよ」と叫んでおり、装甲車と数量未詳の小銃を奪取した。周辺地域、特に近隣の港湾都市である木浦から群衆が押しかけて示威隊に合流している。

五）暴徒が車両、銃器及び実弾を奪取

（『**アメリカ国務省資料**』**三百十頁**）

光州。軍が撤退する前の時点でソウル放送をＦＢＩが傍受したところによると、五月二十一日午後八時に光州の示威隊の人数が十五万人に膨れ上がり、遂に暴徒化して二百三十八台の車両、三千五百挺の銃器類及び実弾四万六千四百発を奪取したとのこと。略奪と銃撃事件があった。

六）人民裁判と処刑

（『**アメリカ国務省資料**』**二百八十七頁**）

光州の情況が芳しくない方向に傾きつつある中、穏健派の市民委員会が示威の統制権を失い、過激派分子が主導権を握ったとのこと。人民裁判が開かれて、すでに数人が処刑された模様である。

銃を持った示威隊が四人の光州市民を連行して道庁に向かっている様子を捉えた写真は、八十四頁の上中段を参照のこと。

七）金大中の追従者と共産スパイ

（**『アメリカ国務省資料』二百三十三頁**）

戒厳司令部は五月三十一日、光州暴動に関して包括的な報告書を発表した。発表によると、「光州暴動は専門的なスパイによって扇動された集団ヒステリーだ、これは共産スパイたちと金大中の追従者たちの陰謀だ」とのこと。

八）他の地域からやって来た暴徒が市民に銃器所持を強要

（**『アメリカ国務省資料』三百十一頁**）

五月二十二日、朝遅く行われた軍の発表によると、軍は光州の郊外に市民が奪取していた銃器を返却できるように検問所を設置し、数量未詳の銃器を回収したとのこと。

銃器を返却した市民が、外から来た知らない暴徒（Others）が市民に銃をもつことを強要したと述べ、この事実が戒厳軍に伝わったという。

九）戒厳軍は光州人の命を保護するためにずば抜けた知略と忍耐を発揮

（**『アメリカ国務省資料』二百三十四頁**）

光州での犠牲者が予想よりも少なかったのは戒厳軍が彼らに与えられていた自衛権を発動せず、最後まで自制したお陰である。鎮圧過程での戒厳軍の巧みな策も称賛に値する。とりわけ戒厳軍は命の危険を顧みず道庁の建物に潜入して暴徒が設置した爆薬の信管を除去し、光州市を再奪還した時に発生する可能性のある大惨事を未然に防いだことは特筆すべき快挙である。さらに、戒厳軍が暴動過程と情況終了後に検挙した暴徒千七百四十人のうち、千十人を訓戒後に放免した寛容さも称賛に値する。

【証拠二十四】黄長燁と金徳弘の証言

『月刊朝鮮』誌の前編集長で、黄長燁（主体思想を構築した理論家であり、金正日国家主席の側近であった）の亡命事件の特ダネ記事で第一回大韓民国言論賞を受賞した金容三(キムヨンサム)は、二〇一三年四月二十二日にTV朝鮮の『詩律の時事列車』に出演して、光州事件について衝撃的な事実を公開した。この内容は軍情報当局にも伝えられたが、軍は沈黙を貫いた。金容三は、一九九六年十一月十日に黄長燁から光州事件について次のような話を聞いたと語ったのだ。

（『**黄長燁の亡命**』）

黄長燁「光州の学生問題も後ろで彼らを操っていたのは北の功名主義者であり、彼らは責任を韓国に転化した」

金徳弘（キムドコン）「朝鮮労働党対南政策の担当部署に属していた人々の相当数が光州民主化運動終了後、一斉に勲章を授与された」

【証拠二十五】空挺部隊を悪名高くした写真の撮影現場

十人の軍人が六人の民間人をうつ伏せにさせて銃を構えている。十名中五名はM1小銃を持ち、三人はこん棒を持っている。残りの二名は何を持っているのか識別できない。迷彩柄の軍服と無地の軍服を着た人間がおり、頭髪は短く刈られていない。丸で囲まれた三人の顔には黒い偽装クリームが塗られているが、当時空挺部隊はこのクリームを使用しておらず、このような個別行動もできなかった。

隊列を離脱すると、すぐさま殺害される殺伐とした環境だったのだ。キム・ヤンネ牧師は二〇一七年十月十二日、録取書二十五頁で「この写真に写っている人物は空挺部隊要員ではない、不可解なセット写真だ」と答えている。しかし、この写真は空挺部隊を悪名高くした写真であり、その意味でプロパガンダの道具として大いに力を発揮したのである。とはいえ、彼らは光州人でもなかった。これは典型的な謀略用心理戦の写真であるが、光州人がこのような謀略写真を意図的に撮影したとはまず考えられないのである。

【証拠二十六】五・一八記念財団の謀略

五・一八事態の鎮火後、暫くは全羅道の人々はこれまで通り戒厳軍と全斗煥に好意的で、八五年に実施された第十二代総選挙でも全羅道地域は全斗煥率いる民主正義党に対する支持率が全国で最も高く、全羅南北道で全国最多の十八議席を獲得した。

また、アメリカで実業家として活躍した後に、韓国の政界に進出した全羅道地域の象徴的政治家であり、後に金大中大統領の最側近の一人と言われた朴智元（パクジウォン）も、当初は全斗煥を英雄視していた。

このような当時の全羅道の地域感情が憎悪へと豹変したのは、その背後に大変な理念工作があったとしか考えられないのである。

五・一八記念財団はチョ・サチョンとチョ・チョノ父子の写真（百一頁参照）を戒厳軍の非情さを告発する道具として大いに活用してきたが、上の写真は戒厳軍が彼らの言うような殺人鬼ではなかったことを示す証拠だ。

この財団は長年にわたり、「戒厳軍が光州人に『アカ』のレッテルを貼って無差別に殺害した」と主張している。だが、これらの写真には光州事件終結後光州人のために四十日間光州に留まっていた戒厳軍の兵士が荒廃した市街地を清掃したり、子どもたちが国軍兵士を取り囲んで親し気に何やら話しかけたり、撤収する戒厳軍に多くの市民が拍手を送っている光景が収められているのだ。

【証拠二十七】道庁前広場での発砲事件の真実と映画

五月二十一日の「道庁前事件」の実態を映画『光州五・一八』（二〇〇七年封切）は歪曲した。この映画によると、幻覚剤入りのコーリャン酒を飲まされて鬼畜と化した全斗煥の戒厳軍兵士が無差別に光州市民に危害を加え、同日午後一時には道庁前の広場で愛国歌を歌っている十万人の市民に一斉射撃を行って光州市を血の海にしたことになっている。

これは北朝鮮の朝鮮記録映画撮影所が八〇年に全羅道地域にばら撒いたビデオの内容と同じだ。しかし、『光州事態状況日誌及び被害現況』（国家安全企画部）及び『五・一八事件捜査記録』（『月刊朝鮮』別冊付録）を分析した結果は、次のとおりである。

5・21　銃による死亡者61名の内訳		死亡場所	
カービン・その他の銃器による死亡者	31名	道庁前	8名
M16による死亡者	18名	刑務所付近	4名
轢死、打撲傷、自傷	12名	その他	49名
合計	61名	合計	61名

戒厳軍は道庁正門に集結しており、示威隊は数メートル離れた場所にいた。この状況下で轢死、撲殺、自傷死が発生する可能性はゼロであり、武器庫から奪ったカービンその他の銃器による死亡も戒

厳軍とは無関係である。この日の死亡者六十一名中七十%に該当する四十三名（カービン銃等による死亡者三十一名、轢死・撲殺による死亡者十二名）は、戒厳軍と無縁の遺体なのだ。また、M16による死亡者十八名の死亡場所を調べてみると、道庁や錦南路一帯ではない。従って、道庁前一帯で死亡した人間は八名ということになる。

内訳			
キム・ウヮンボン（13）	M16銃傷	キム・グァンソク（26）学生	M16銃傷
キ・ナミョン（22）店員	打撲傷	チョ・デフン（33）商業	M16銃傷
パク・インチョン（26）運転手	カービン銃傷	パク・ミヌヮン（25）無職	自傷
ホ・ブン（24）理髪師	自傷	イム・ギュンス（21）学生	M16銃傷

M16による死亡者が四名、自傷二名、撲殺された者一名、カービン銃による死亡者一名である。従って、戒厳軍が所持していたM16で死亡したのは四名にすぎず、道庁付近で死亡したからといって、カービン銃、打撲傷、自傷による死亡は戒厳軍が責めを負うべき謂れのないものだ。戒厳軍と示威隊の間には少なくとも十メートルほどの距離があった。自傷や打撲は手や腕によって発生するものだが、このような状況下で戒厳軍の兵士がこのような行為を行うことは不可能である。従って、五月二十一日に道庁付近でM16に撃たれて死亡した光州市民は四名のみで、道庁前で死亡した八名のうち四名は〝身内〟に命を奪われたのだ。

道庁を守っていた戒厳軍は、二十一日午後一時三十分までM16の実弾を所持していなかった。彼らは、同日午後一時三十分三十一師団小隊長のハン・ドンソク中尉から個別的に四十五発の実弾を手渡されたときに初めて実弾を入手したのである。だが、光州事件関連団体と『光州五・一八』は午後一時だと力説している。

（二〇〇九年十月十日付『庾龍源の軍事世界』四頁）

「五・一八当時、三十一師団九十六連隊一大隊所属の中尉で、郷土師団軍の小隊長を務めていたハン・ドンソクです。八〇年五月二十日夜九時三十分頃、示威隊に火を放たれて燃え上がっているMBC放送光州支局から間一髪で脱出した後、午後十一時頃から翌日の五月二十一日の〝道庁前発砲事件〟直後まで（不幸中の幸いですが）空挺部隊と共に道庁前広場に留まり、午後一時半頃にUH-Hヘリコプターで三十一師団練兵場に撤収しました。撤収する際に、自分の判断で、二十日夜まで警護に当たっていたMBC放送局と基督教放送局、全日放送局に配備されていた警戒用実弾三弾筒（一弾筒当たりM16小銃用実弾が十五発装填されていた）を第七空挺部隊の大尉殿にお渡ししました。道庁前広場で起きたことを自ら体験した人間として…私の証言が二十七年前に発生したあの状況の真偽の解明の一助となることを願って本陳述書を提出いたします」

戒厳軍は「軍人服務規律」（一九七〇年四月二十日付）によって「危険な状況に直面した時は何人の指示を受けることなく自らの判断で実行する」自衛権が認められていたが、その自衛権は実弾の支給を禁止することによって実質的に行使が制限されていた。

　実弾がなく、数的にもあまりにも劣勢だと判断した教育司令官の尹興禎（ユンフンジョン）中将は、同期の李熺性戒厳司令官に二度も自衛権の発動を建議し、第二作戦司令部の陳鍾埰司令官も李熺性戒厳司令官に強く進言した。事態を重く見た周永福国防長官は二十一日十六時三十五分緊急会議を開いて自衛権の行使と実弾支給を決定し、午後九時三十分に自衛権を行使せよとの指示が尹興禎司令官に伝えられ、公式に実弾が支給された。

　なお、この自衛権発動のための指揮体系に全斗煥は含まれていなかった（一般国民にも刑法第二十一条で正当防衛は保証されている）。

【証拠二十八】映画『キム君』の結論、キム君は北朝鮮の金昌植農業相

　車両の上部に大型の指令用無線機を設置し、台座に機関銃が据えられた通称「ペッパー・フォグ」（催涙ガスを噴射する車両）と思われる車両の屋根で、左手に戦闘のプロだけがその価値を知る耐熱性機能手袋である石綿製の手袋を着用した鍛えられた体の人物がレーザー光線を放つような冷たく険しい目つきで周囲を凝視している（七十八頁左上写真参照）。韓国軍特戦旅団（特殊部隊）でも滅多に見かけないほどの強者（つわもの）だ。

　映画『キム君』は、上記写真の人物の正体を追跡するドキュメンタリー映画である。
この映画で主演を務めた六十歳の女性チュオクとその父親の証言。

「キム君は、七、八人の仲間と一緒に光州川の橋の下に住んで、屑拾いをしていた。時折、父がやっていたマッコリ屋に顔を出したりしていたが、ある日、光州示威の隊長になっているのを見てちょっとびっくりした。彼に飲み物や食べ物をあげたことがある。ところが、騒動が終わるとすぐに消えてしまった」

ホームレス・ダミョは、鑑定の結果、キム君は北朝鮮の金昌植農業相だと結論づけた。彼が光州で〝キム君〟と呼ばれたのは、それなりの理由があったのだ。

「キム君」は光州事件の象徴的人物だ。だが、彼は、四十年間その行方を突き止めようとしても見つからず、映画製作チームが四年にわたってあの地域をくまなく探し回っても見つからなかった謎の人物なのだ。韓国の政治的環境下でもしも彼が光州に実在する人物であることが判明していたら、彼はこの国の大統領をも凌駕するほどの英雄になっていたはずだ。

光州最高の英雄は銃声を聞いただけで各自身を守ろうと言い残して五月二十四日まで逃げ回っていた尹祥源（本名ユン・ゲウォン）ということになっている。尹祥源は『あなたのための行進曲』の主人公だ。このように銃声を聞いただけで逃げた尹祥源が光州事件最高の英雄に祀り上げられ、その間銃声を発しながら町中を走り回っていた現場の英雄である「キム君」は韓国にはいないのだ。この事実は、光州事件の主役が光州人ではなかったことを証明する決定的な証拠である。

【証拠二十九】清州の遺骨

清州の四百三十体の遺骨は、仁川アジア競技大会の閉幕式に出席した北朝鮮高官とともに、二〇一四年十月四日、金正恩専用機で帰郷の途につくだろう。

二）全南大学五・一八研究所の二つの決定的調査資料

①調査日時一九八九年二月、全南大学五・一八研究所調査資料
証言者　チェ・ボンヒ（当時四十三歳女性）長城邑山城国民学校教師
市立共同墓地で働く人が五月二十九日までに五百九十四もの棺を運んだと語っていたと証言。

「私は五月二十日に錦南路を歩いている時に殴打されました。放送では死亡者が百七十人だと言っていましたが、とんでもありません。市立共同墓地で働く人が昨日（注・五月二十九日）までに既に五百九十四もの棺を運んだと語っていました。行方不明者や身元不明の遺体がまだたくさんあるということでした」

②調査日時　一九八八年七月、全南大学五・一八研究所調査資料
死亡者　アン・ビョンボク（当時二十代　仕立屋）
証言者　キム・クムナン（母）

「息子のアン・ビョンボクは五月二十一日に鶏林洞にある職場に向かっている時に戒厳軍の車に轢かれて死にました。五月二十七日早朝に遺体を載せた何台もの貨物トラックが走っていくのを見ました」

光州で死体を処理した市立共同墓地の関係者は自分が埋葬した遺体は五百九十四体だと述べ、六十代の女性は五月二十七日早朝に軍用トラックに続いて遺体を載せた貨物トラックが走り去るのを目撃したと証言している。当時光州で死亡した民間人は百六十四体であることが公式に確認されており、これに清州市で発見された四百三十体を加えると、五百九十四体になる。

著者の事実照会に対して、清州市は同市興徳区で発掘された遺骨は四百三十体だと回答したが、この数が共同墓地で働いていた人物の証言と公式に確認されている民間人死亡者数の差と合致するところから、これらの遺体が光州から運ばれた遺体ではないかと推測するようになったのである。

二）清州市で発掘された遺骨に関する報道

一九八〇年の光州（夏場の死体から流れ出る強烈な悪臭を放つ液体を覆うために七星板に置いた遺体を白いビニールでしっかりと覆っている。このような遺体の包装方法が行われたのは一九八〇年の光州だけだ）

二〇一四年五月一三日にサッカー場建設工事現場で発見された清州市の遺骨

深さ一メートルの広い地中に、番号の付された白いビニールの包みが整然と並んでいた。包みの中から規格化した七星板（棺の底に敷く薄い板。北斗七星を模した七つの穴が開いている）と白骨化した遺体が発見されたが、遺品はなかった。

三）**清州市からの二〇二〇年十一月六日付回答**

一、遺骨数は四百三十体

二、一九九四年十月十九日から九五年五月まで、過去共同墓地であった地域の宅地開発を行った際に無縁仏となった百九個の墓も掘り起こして遺骨を江西面の墓地に移して改葬した。すべて改葬したつもりだったが、今回発見された遺骨はその一部と考えられる。

三、二〇一四年五月十四日に遺骨発掘の件が報道されたが、清州市に対する嫌悪感を懸念して市は五月十六日に報道規制を行った。

四、五月十七日（土）と十八日（日）に現場に設置された臨時安置所（コンテナボックス）に安置して埋葬を完了した。

五、無名の業者現代葬墓開発と随意契約を行ったが、費用は千五十万千二百八十ウォンであった

六、火葬及び奉安（遺骨を器に収めたり、奉安堂に祀ること）費用は、一体当たり二万九百三十ウォン、合計八百九十九万九千九百ウォンである。

四）清州市が提出しなかった核心資料

火葬証明書、奉安証明書、写真などの核心証拠資料は提出しなかった。

五）疑惑事項

一、市は「無縁仏となった百九個の墓も掘り起こして遺骨を江西面の墓地に移して改葬した。すべて改葬したつもりだったが、今回発見された遺骨はその一部と考えられる」と答えているが、四百三十体の遺骨の状態を見る限り、そのような過程を経たものとは思えない。

二、報道制限が必要な合理的理由がない。

三、調達庁（韓国の行政機関の一つ）の公式な公開入札手続きではなく、無名の小企業と随時契約し、火葬費用及び奉安費用として一体当たり二万九百三十ウォンしか支出しなかったと回答しているが、信じがたい。当時の全国的な火葬単価は一体当たり七十万～百十万ウォンである。

四、火葬し、奉安したと述べているが、その証明書がない。

五、報道記事によると、二〇一四年に忠清北道全体で無縁仏を火葬した件数は十八件で、単価は七十五万七千ウォンだった。

六、火葬するつもりなら、すぐに仮埋葬した場所から火葬場へ運べば済むのにわざわざ臨時奉安を行い、コンテナボックスに臨時埋葬した理由がわからない。

七、コンテナボックスが行方知れずになった。

六）著者による理由ある追跡

一、二〇一四年五月十四日に清州市で遺骨が発見されたことが報じられた時、著者は、その四百三十体が一九八〇年五月に「光州刑務所を攻撃して二千七百名の収容者を暴動化させろ」との金日成の指示を強行し、集団死した朝鮮人民軍の遺体だと直感した。その理由は七星板の規格と遺体の包装方法が同一で、軍隊式に番号を付してきちんと埋葬されていると報じられていたからだ。当時光州にはおびただしい数の遺体があり、気温が高いせいで腐敗が急速に進んだ遺体から流れ出す悪臭を放つ液体を塞ぐために遺体をぶ厚いビニールで幾重にも巻いていた。現に、光州では今でも地中に眠る光州事件の犠牲者の発掘作業が続けられているのだ。

二、同年十月四日、仁川で開催されたアジア競技大会の閉会式に北朝鮮から黄炳瑞北朝鮮労働党中央委員政治局常務委員・朝鮮人民軍総政治局長、崔龍海労働党書記、金養建労働党統一戦線部長）が出席した。これは極めて異例な出来事であり、彼らは韓国側の金寛鎮国家安保室長、柳吉在統一相らと昼食懇談会を開き、閉会式終了後に金正恩専用機で帰った。だが、自国の選手が出場していたとはいえ、金正恩第一書記体制を支える三人衆と呼ばれる大物がなぜわざわざ韓国にやって来たのか著者には腑に落ちなかった。

三、清州市興徳区で保管されていたコンテナボックスが治外法権第一号の

北朝鮮・黄炳瑞、崔龍海、金養建、仁川アジア大会閉会式参加（『聯合ニュース』）

金正恩専用機に載せられていくに違いないと直感し、新聞記事を追跡した。

四、二〇一四年五月二十四日、仁川アジア競技大会の申込締切日に突然北朝鮮が申請したが、そこに何らかの思惑があるのではないかと、アメリカの『FOXニュース』は猜疑の目を向けた。

五、韓国と北朝鮮の実務協議が板門店で実現し、韓国側からはクォン・ギョンサン（アジア大会組織委員会事務総長）、チョン・ギヨン（組織委員会国際本部長）、キム・ヨンイル（組織委員会諮問委員）が出席し、北側からはソン・グァンホ、チャン・スヨン、コ・ジョンチョルが出席した。

六、二〇一四年八月十七日、北朝鮮の金養建（キムヤンゴン）朝鮮労働党統一戦線部長と金大中政権で文化観光部長官を務めた朴智元（パクジウォン）、同じく統一部長官を務めた林東源（イムドンウォン）、金大中の長男・金弘一（キムホンイル）が開城（ケソン）で接触した。金大中前大統領の五周忌に金正恩が花輪と弔電を送ったことに対するお礼の挨拶ということになっているが、著者はこれを清州市の遺骨の輸送作戦のための接触だと考えている。

七、二〇一四年八月十九日、組合せ抽選を口実に北朝鮮代表団八名が仁川を訪れた。抽選のために八人も来る必要はなかったはずで、察するに最後の現場検証用の接触だったと思われる。

八、二〇一四年十月四日、金正恩専用機が仁川空港に到着。随行員ではなく、韓国の公務員が黄炳瑞に密着随行した点も著者の推測を裏づけているように思える。

【証拠三十】スパイ孫聖模―北朝鮮で光州事件の主導者として喝采をあびる

脱北者第一号のアン・チャニル博士は出演したTV番組で次のように語った。

「孫聖模は僧侶に偽装して光州事件当時市民軍の活動拠点として有名だった證心寺で非転向長期囚・柳洛鎮（リュナクチン）の娘・柳ソヨンらと活動し、光州事件の戦術を事実上企画し、主導していた。その結果、北朝鮮で一躍名士となり、北朝鮮で最高位の勲章とされる共和国英雄勲章や国旗勲章一級を授与され、金日成と金正日父子の寵愛を受けた」

ホームレス・ダミョは、孫聖模を第六十四光殊と分析した。

5.18 광주 북한특수군 길안내 및 배후공작지원조
간첩 손성모
제64광수

제64광수 길안내 및 배후공작지원조 조장 간첩 손성모
길안내와 사주경계 및 배후공작지원조의 임무를 수행하는
간첩 손성모

五・一八光州人民軍特殊部隊の道案内及び裏工作支援組。スパイ孫聖模＝第 64 光殊

第 64 光殊（矢印）、人民軍特殊部隊の道案内及び裏工作支援組長。案内、巡警及び裏工作支援を行うスパイ孫聖模

右上：晩年の孫聖模、右下：若い頃の孫聖模

【証拠三十一】信じざるを得ない光殊の存在

(二) **光州に警察官に偽装した光殊がいた**

光州事件当時、わが身に危険が迫っていた警察官は一早く変装して光州から逃げ出していた。これは八〇年五月二十三日頃に撮影された写真だが、この時期に制服を着用した警察官が道庁内に入り、庁内を取り仕切ることなどまずあり得なかったのだ。韓国の事情に精通していない北朝鮮の工作シナリオ作家が誤って書いたシナリオに従って準備された背景や小道具であることが見え見えだ。

全羅南道の警察官に偽装
第 161 光殊・金重浹朝鮮労働党文書整理室長

左：第 546 光殊
右：人民軍部隊副司令官キム・ドゥクス

二）**しゃくれ顔の光殊**

前頁下段の写真を参照してほしい。これほど見事に下顎が細長く突き出た顔は珍しい。一度見たら忘れられないこの顔だちは、北朝鮮人民軍部隊副司令官キム・ドゥクスと瓜二つだ。光州―全羅道一帯でこの人物が見つかる可能性はない。

三）**舌出し光殊**

教練服姿の第四百九十八光殊が道庁正門で舌を出している。写真を拡大してみると、右側の頬に大きな傷跡が見える。ホームレス・ダミョの鑑定結果によると、この人物は香港駐在北朝鮮総領事チャン・ソンチョルである。彼は二〇一七年三月に香港の鳳凰テレビのある番組に出演して二十八分間にわたるインタビューを受けたが、その間三十二回も舌を出していた。ホームレス・ダミョはその一瞬一瞬を全て捉えた。さらに二つの写真に写っている顔の頬にある深い傷も一致した。韓国にこれほど仔細に分析した人物

上：第 498 光殊、香港駐在北朝鮮総領事
チャン・ソンチョル
下：鳳凰テレビ出演時のチャン・ソンチョル

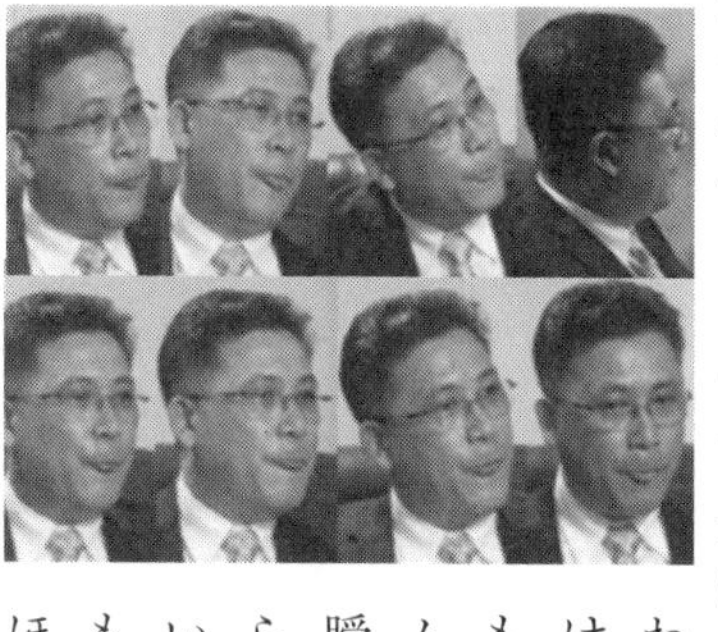

はいない。著者はチャン・ソンチョルの様々な表情を捉えた三十二枚の写真を答弁書で何度も提示したが、本書では紙面の関係上八枚だけに止める。

【証拠三十二】ホームレス・ダミョの粘り強く、緻密な分析作業

著者はインターネットで映像解析の研究機関を探し、やっと専門業者を三社ほど見つけたが、そのほとんどが信憑性に欠ける会社で、信頼できるのは一社だけだったことから、私は次の第二百八十七光殊の写真の鑑定をこの研究所に依頼することにした。

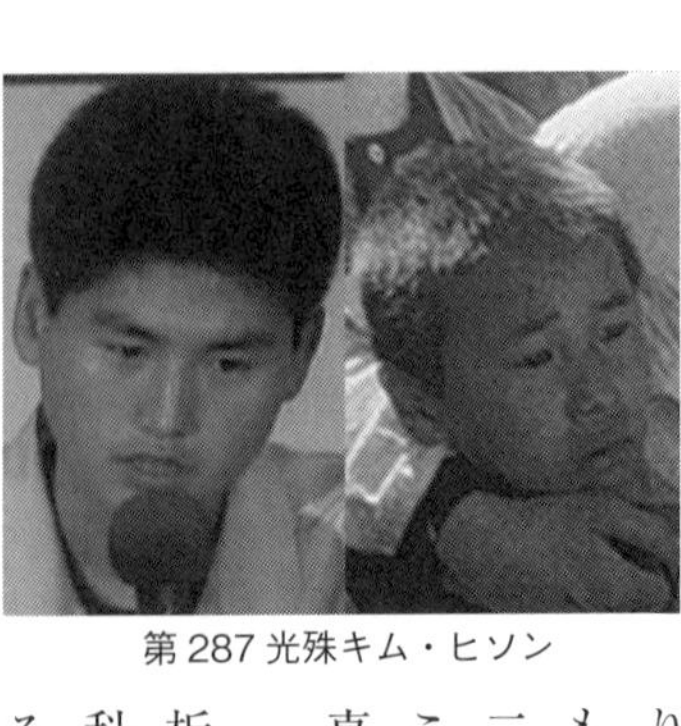

第287光殊キム・ヒソン

二〇一五年十二月二十九日から翌年の一月十九日まで、著者は同社の代表理事とメールで連絡を取り合った。たった二枚の写真を照合する費用として百五十～二百万ウォンも請求されたが、とりあえず写真を送ったところ、「十七年の歳月を経た二つの顔を比較分析した場合の正確度は六十パーセント程度に過ぎない」ことを理由に断られた。正確に解析するには十七年間に写した年齢別の写真資料が必要だとのことだった。

ところで、本件で問題となっている張真晟（本書第五章参照）の映像分析を行ったのは、安養警察のイ・スンギ調査官である。同調査官は「国立科学捜査研究院に脱北者作家・張真晟の写真を送って判読を依頼したところ、判読不能であるとの回答がありました」と述べた。

〈国立科学捜査研究院の鑑定〉

両者が同一の人物か否かを判断するには、顔の特徴（目、鼻、口、耳及び顔の輪郭など）と身体の特徴（身長、体形など）の形態と相対的位置関係を輪郭線の照合や重畳及び計測試験などによって検査しなければならないが、比較対象人物の撮影条件が相違し、解像度が低いことから鑑定物だけに基づいて正確に顔の特徴を比較するのは極めて困難である。また、撮影時期にかなりの差があり、両者の特徴が一致するか否かを比較検討するための情報も不足しているため、精密に比較することが極めて困難である。よって、依頼のあった件についての判断は不能であるとの結論に至った。

左：①の人物（第382光殊）
右：②の人物（張真晟）

《①の人物と②の人物に共通する特徴》

一、概略的に顔の形が類似していることが観察される。

二、共に「顎が発達した形態」であることが観察される。

《①の人物と②の人物の特徴の相違点》

一、②の人物は左右の眉尻が下に下がっているが、①の人物にそのような特徴はない。

二、①の人物と②の人物は鼻尖の形態が異なる（②は下に下がっているように見える）。

三、①の人物は②の人物よりも下唇が厚い。

二枚の写真を六十パーセントの精度でしか対照できないにもかかわらず民間の研究所は高額な費用を請求したが、ホームレス・ダミョは実に六百六十一人もの顔を比較分析した。分析する際のアプローチの仕方も立体的で、分析過程の一つ一つに詳しい説明まで付けてくれたが、分析技法を学ぶ著者としては、一人の人間が膨大な数の写真を丹念に解析したことに驚愕せざるを得なかった。

二）第六百六十及び六百六十一光殊

上：拡声器で人々を扇動する要員
下左：第 660 光殊、下右：詩人ホ・スサン

左：第 661 光殊、右：朝鮮人民軍将軍　氏名不詳

膨らみの形と面積、膨らみ具合など、等高線と等高面が一致し、形状も完全に一致する。但し、金達玄の頬の盛りあがっている部分は周囲の顔の肉がふくよかになったせいで膨らみが目立たなくなっている点を考慮。

両方とも丸い膨らみのすぐ下に連続して同じ形状の小さな膨らみがあり、両方とも二つの膨らみが連なっているように見える。但し、金達玄の頬の盛りあがっている部分は周囲の顔の肉がふくよかになったせいで膨らみが目立たなくなっており、連なりの痕跡だけが残っているように見える。

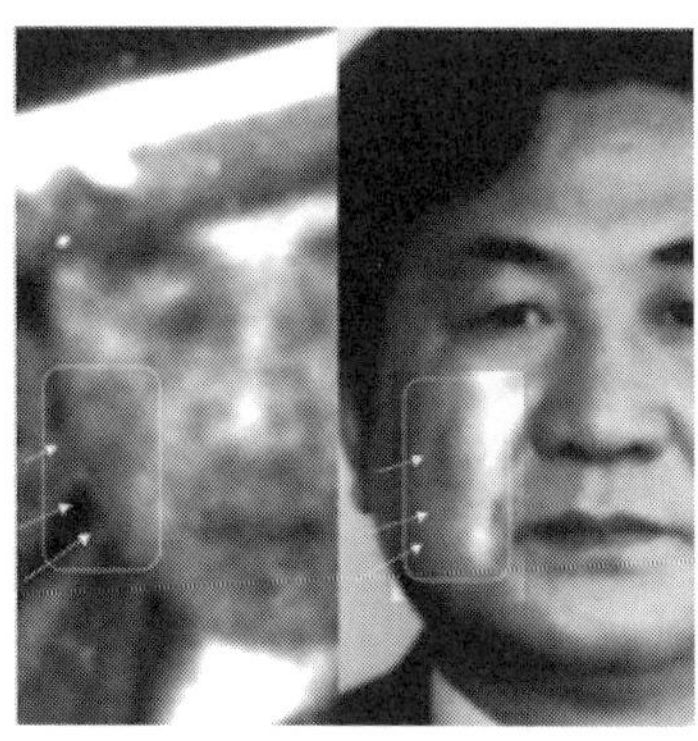

その人物固有の特徴と言える杏形の膨らみとそれに連なる下の膨らみの形状が極めて類似しており、両者は同一人物であると見做すことができる。

第 629 光殊、北朝鮮政務院副総理兼国家計画委員長・金達玄

光州で撮影された車窓越しに顔が写っている人物の顔と金達玄の顔を見比べてみると、両方とも右頬の真ん中に丸く膨らんでいる部分がある。杏の実と同じぐらいの大きさだ。

三）越北画家・尹子善（ユンジャソン）のケロイド性皮膚腫瘍を探り当て、額が変化した理由まで分析

左上の写真の丸で囲まれた六百二十三番の人物が光殊であることを証明する前に、まず左中の写真を見てほしい。これらはケロイド性皮膚腫瘍の一種である火炎状母斑の患者の写真である。街を歩けば時々このような症状を持った人を見かけることがあるだろう。

だが、この四十年間誰にもわからず、皆「いったいこの人物は誰なのか」と首をひねってきたのだ。光州事件の象徴写真の主人公である第一光殊の写真と共に公式に新聞で報道された人物なので、第二光殊と言えるかもしれない。

ホームレス・ダミョは、この不鮮明な写真から額に上掲のケロイド性皮膚腫瘍の一種である火炎状母斑を探り当て、この症状によってこの人物の額が飛び出しているように見えていたことを証明した。

第623光殊　越北画家・尹子善
『奪った軍用トラックに乗って』〔他は判読不能〕
1980年5月24日付『ソウル新聞』より。
市民軍が暴徒と書かれている。

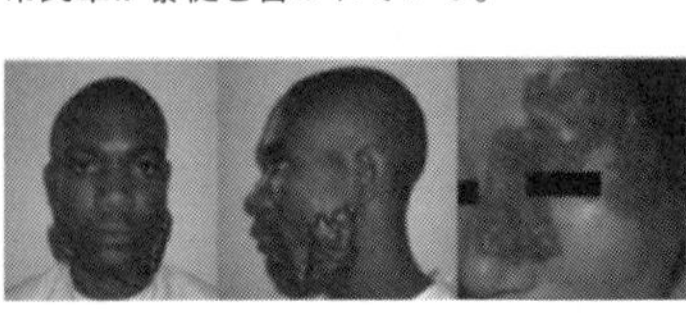

左及び中：ケロイド性皮膚腫瘍に罹患した患者の写真、右：火炎性母斑患者の患部の写真

額が飛び出して見えた理由として、カメラや写し方に問題があった、あるいは、写真がしわくちゃになってしまった等々様々な原因が考えられるが、検証によって、この写真の人物は元々このような容貌だったことが明らかになったのだ。

それでは比較対象人物について考察する。

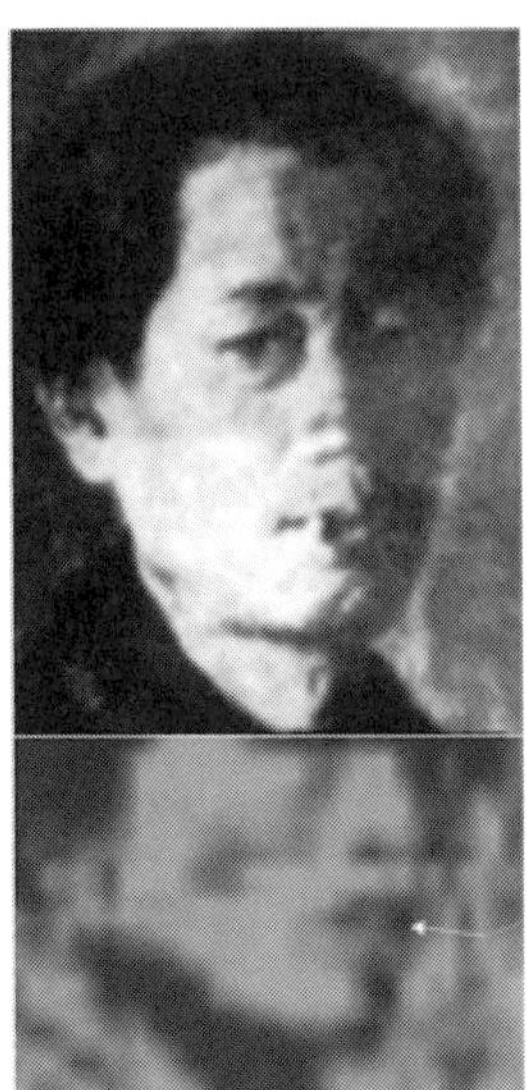

上：尹子善の自画像と光州で写された顔画像。上の光州で撮られた光殊と同じ箇所に驚くほどよく似た異常な形で目に覆いかぶさる広い突出部位があり、輪郭線の形状も一致する。

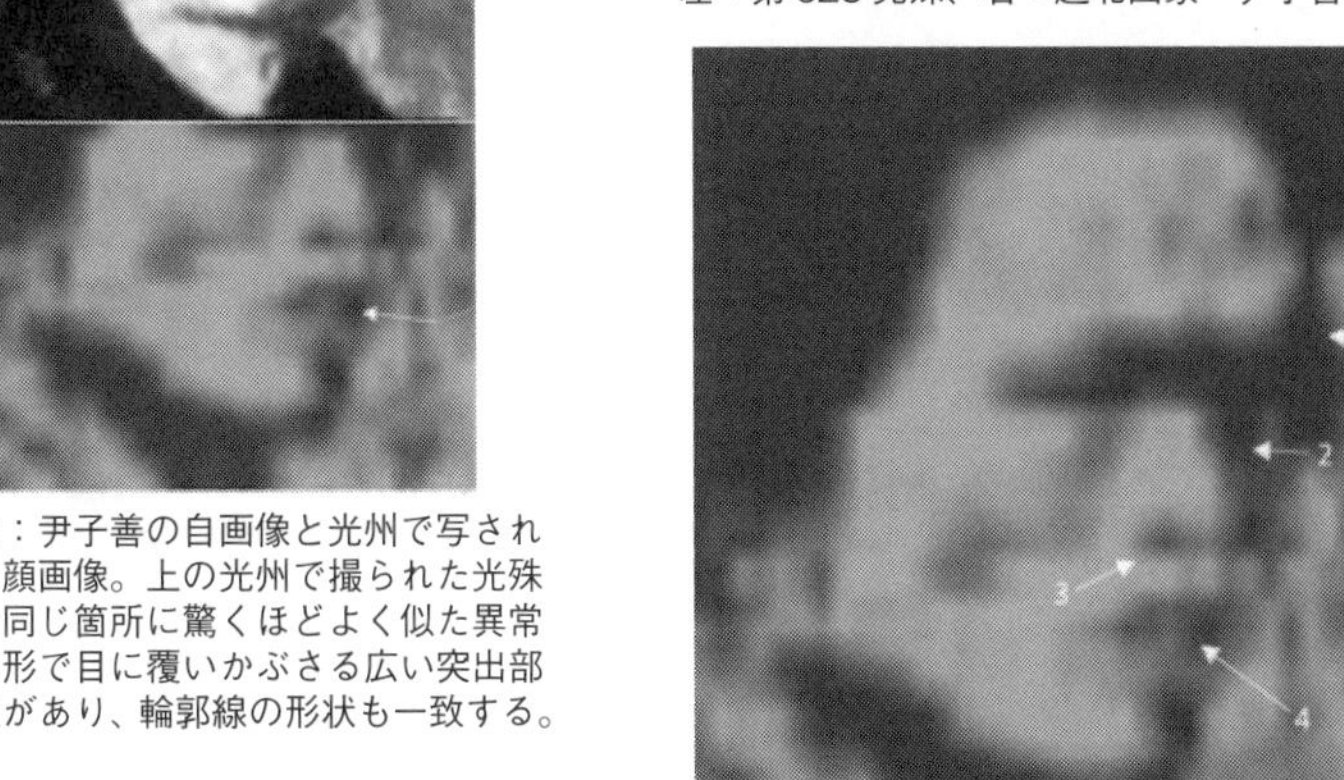

左：第 623 光殊、右：越北画家・尹子善

1．額が飛び出しているように見える。
2．いびつな鼻筋。
3．左上の写真では反対側の鼻翼の斑点のせいで鼻孔に見えたが、実際は鼻孔が極めて狭く、小さい。
4．柱のように長い歯

まさにこの部分がケロイド性皮膚腫瘍だったのだ　↓　↓

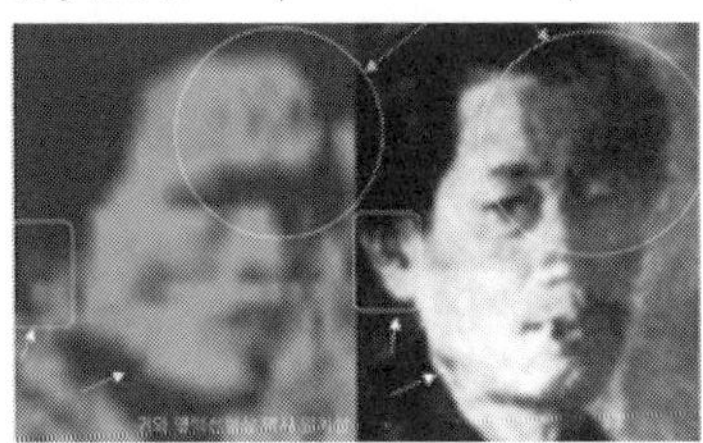

さらに驚いたことに、向かって左側の口元の柱のようなに飛び出た歯まで一致しているのだ。この歯は外に飛び出すかと思われるほど伸びた出っ歯であり、一見煙草をくわえているように見えるが、その形が角ばっていることから煙草でないことは明らかだ。この歯は本人の口元から飛び出した歯だと解釈するしかないのである。

左側の顔画像に火炎性母斑症特有の色が写っていないのは、この写真が遠距離から撮られたせいで光の加減で明るく反射し、大きく窪んだ部分だけ白黒の明暗となって写っているからだ。

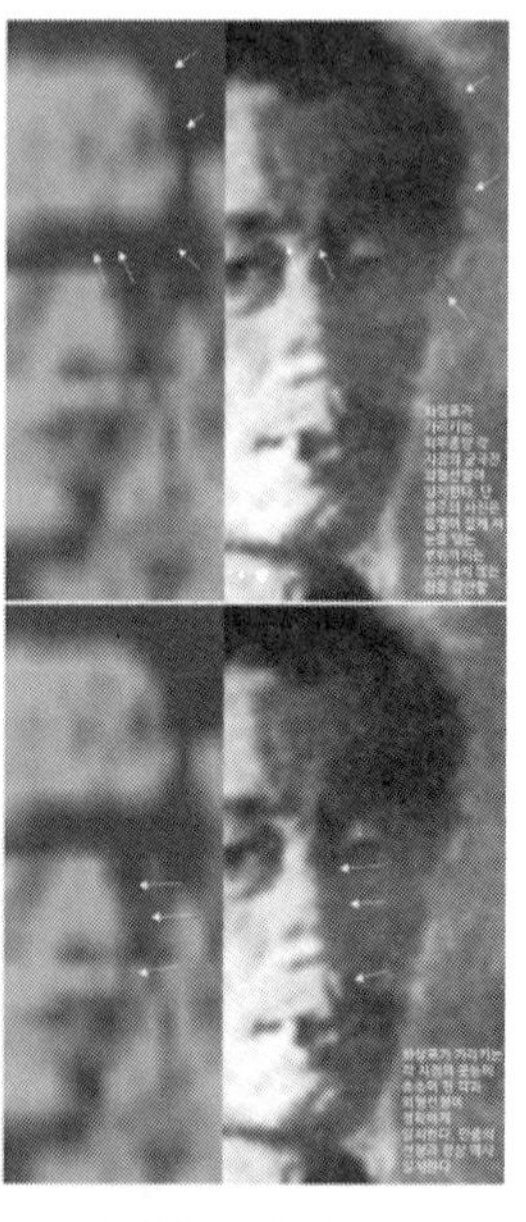

左＝右側：矢印が示す皮膚腫瘍のそれぞれの窪みのある輪郭線の形が一致する。但し、光州の写真は額の下の部分に横長の影が広がっているせいで、目に被さるほど飛び出している部位まではが鮮明に映っていない点を勘案する必要がある。

下＝左側：症状の進行によって母斑の位置に多少変動が生じた可能性がある。

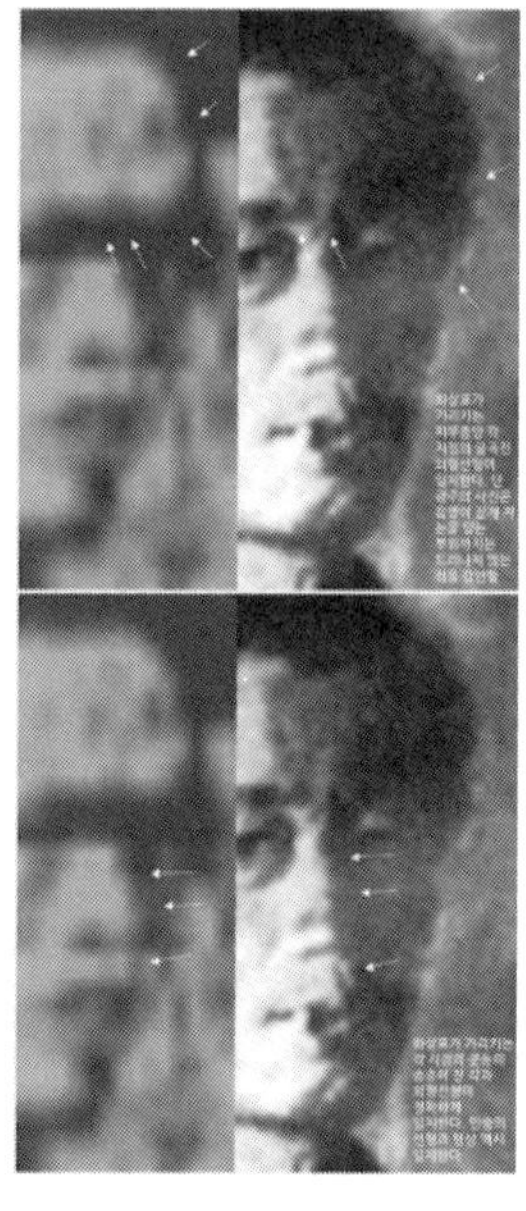

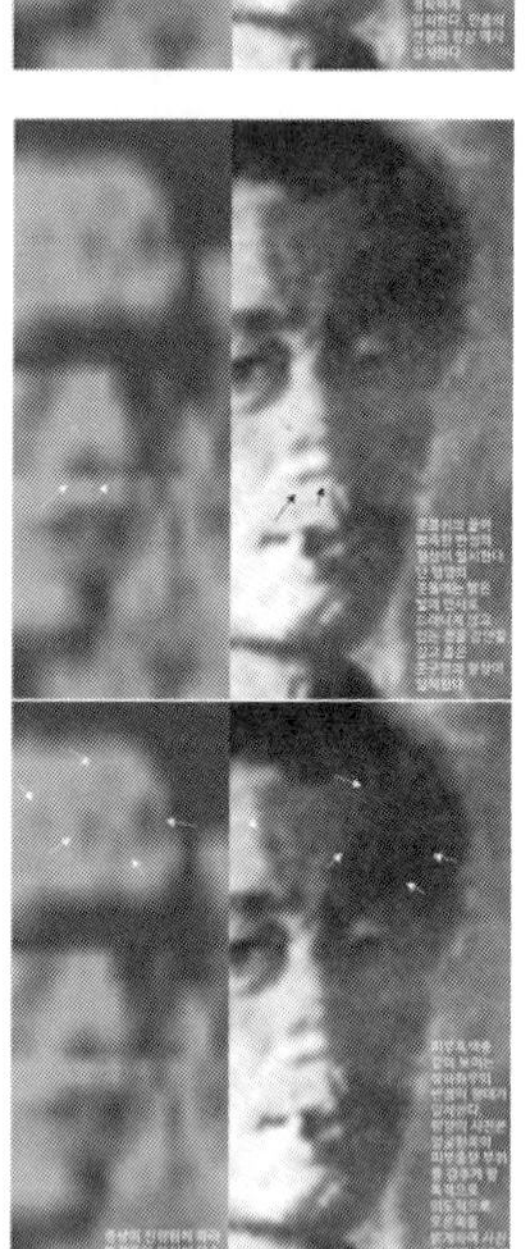

上＝右側：顔の黒い部分の内、上下左右の母斑の形態が一致する。平壌の写真は顔の左側の腫瘍を隠すために意図的に右側を明るくして撮っているように思える。

左：目から額部分にかけて大きく広く突出した腫瘍の形状が一致する。外側に突き出た顎と特徴的な歯から明らかに両者は同一人物である。

第 72 光殊　北朝鮮麗光貿易社長
／脱北者・金徳弘

五）ベトナムの新聞から引用

上：第619光殊　ベトナムのハノイに派遣された北朝鮮外交官　氏名不詳
下：10月30日、ハノイでベトナムと北朝鮮が科学技術協力の覚書（MOU）に署名した。

目の輪郭、まぶたの独特な形など、全体的な目の形状が一致する

右側のまぶたが左側のまぶたよりも膨らんで垂れている独特の形状が一致する。

六）モンゴルの新聞に掲載された晩餐会に出席した外交官の写真から顔画像を採取

上：第618光殊、平壌所在のモンゴル大使館で開かれた晩さん会に出席した外交官　氏名不詳
下：ウランバートル／6月12日／国営モンツァメ通信社／平壌所在のモンゴル大使館でS・ソゲレル大使がハン・ソンニョル北朝鮮外交部次官を招いて晩餐会を催した。

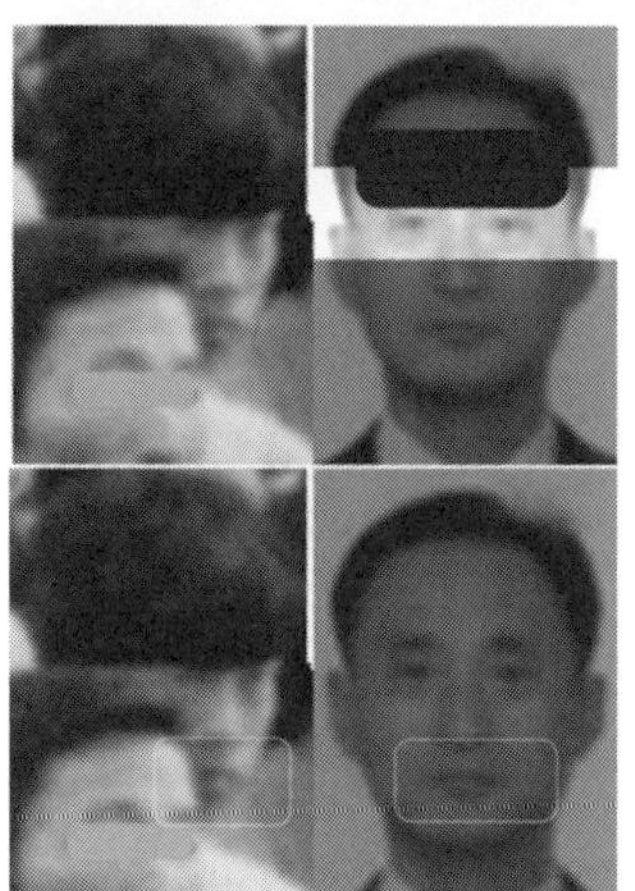

上：左側の写真は髪を伸ばしているが、同じ条件にすると、瞳と目の形状が一層一致することがはっきりとわかる。
下：口を閉じている表情と上下の唇、年齢の割に幼く見える口とその周辺の形状が完全に一致する。

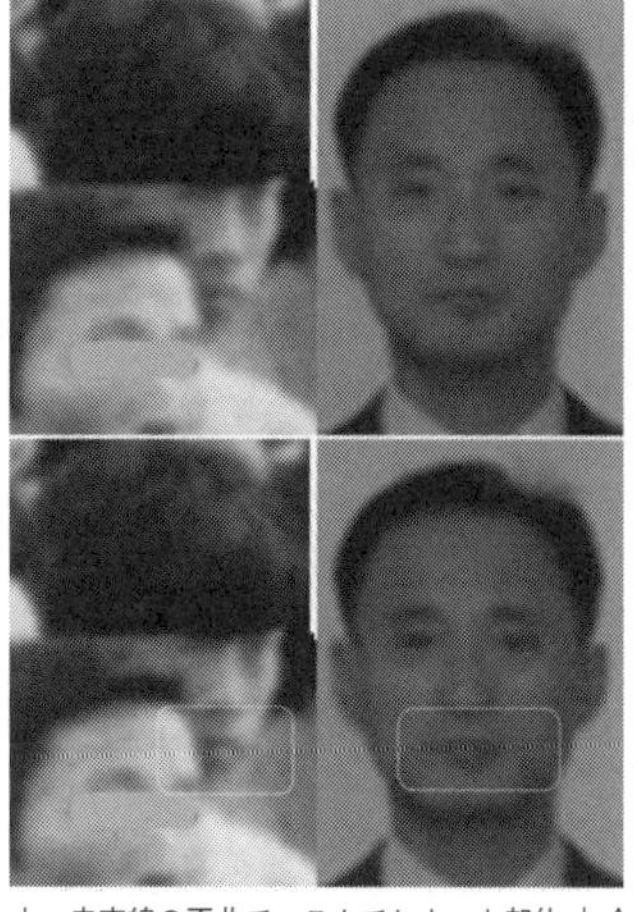

上：走査線の歪曲でへこんでしまった部位。」全体の顔の骨相と顔面の比率が一致し、人中と口の形状が非常に類似している。
下：口を閉じている表情、上唇と下唇、人中面、年齢の割に幼く見える口とその周辺の形状がそれこそ判で押したように完全に一致する。

七）モンゴルの新聞から、モンゴルに派遣された北朝鮮特命全権大使の顔画像を採取

上：第606光殊、モンゴルに派遣されたオ・ソンホ北朝鮮特命全権大使
下：ウランバートル／国営モンツァメ通信社／モンゴル政府とオ・ソンホ北朝鮮特命全権大使とのハイレベル会議

上：右側の、〇で囲まれた口角下の小さく突出した口角下制筋の部位の形状が一致する。
下：オトガイ筋が一致。

上：右側の顔画像は横にいる人物の髪に遮られて耳介全体を確認することはできないが、髪の毛の間から見える面積の広い耳と耳たぶの形状が一致する。
下：頬の同じ部位に二層形状の特徴的な皮膚異常がある。

八）エジプトの新聞から在エジプト北朝鮮大使館員（通訳官）の顔画像を採取

上：2016年1月19日、エジプトのカイロで行われた『デイリーニュース・エジプト』、ＭＥＭＲＩＴＶ等の報道陣との記者会見で核実験に関する北朝鮮のパク・チュニル大使の発表文を通訳する第497光殊（氏名不詳）

九）モンゴルの新聞から、同国に派遣された北朝鮮特命全権大使の随行員の顔画像を採取

上：第６０７光殊、モンゴルに派遣された北朝鮮特命全権大使の随行員（氏名不詳）

下：３月16日、モンゴル政府首脳がオ・ソンホ北朝鮮特命全権大使と会談

（写真）矢印左：舌出し光殊、矢印右：顔が認識された光殊の後姿

左：光州で撮られた光殊の顔画像
右：随行員の顔画像
※きわめて個性的な顔で、特徴的な目、鼻、口、顎の形状がそれぞれ一致する。

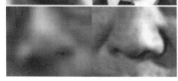

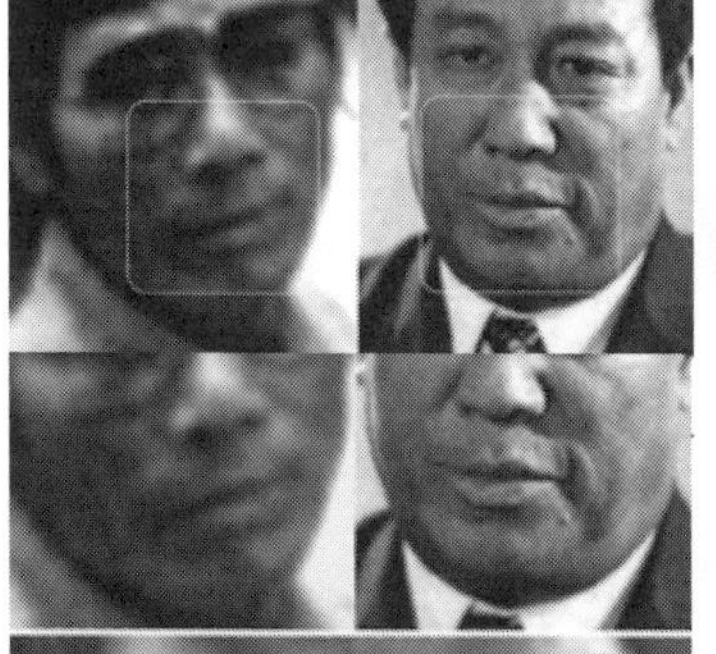

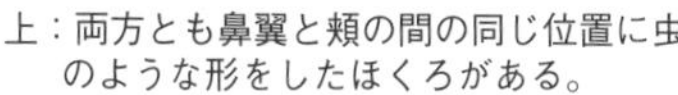

上：両方とも鼻翼と頬の間の同じ位置に虫のような形をしたほくろがある。
中：ほうれい線の端の二列の傷跡が一致する。
下：鼻、鼻孔、人中、上下唇、口の形完全に一致し、そっと微笑みを浮かべた表情もよく似ている。

上：第 602 光殊
下：映画俳優ファン・ミン

上：下唇の中央左の小さなほくろの位置と形が一致。
下：右側の眼下にある斑点の位置が一致。

上：第 604 光殊、人民武力省（現国防省）副相／人民軍中将　カン・スンナム

下：目の形状、若干上に捲れた上唇と膨らんだ下唇の形状が一致。顔の骨格と骨相の立体形状が一致。

上：第 603 光殊、党中央委員会委員、前軍総政治局組織部局長・趙南進

中：目と眉が一致し、中央から左右の口角に向かって弧を描いて下がっている上唇と、下唇のふっくらとした形状が一致。

下：とりわけ、下唇の中央部の下の隆起したオトガイ筋の形状が一致しており、同一人物である確率が極めて高い。

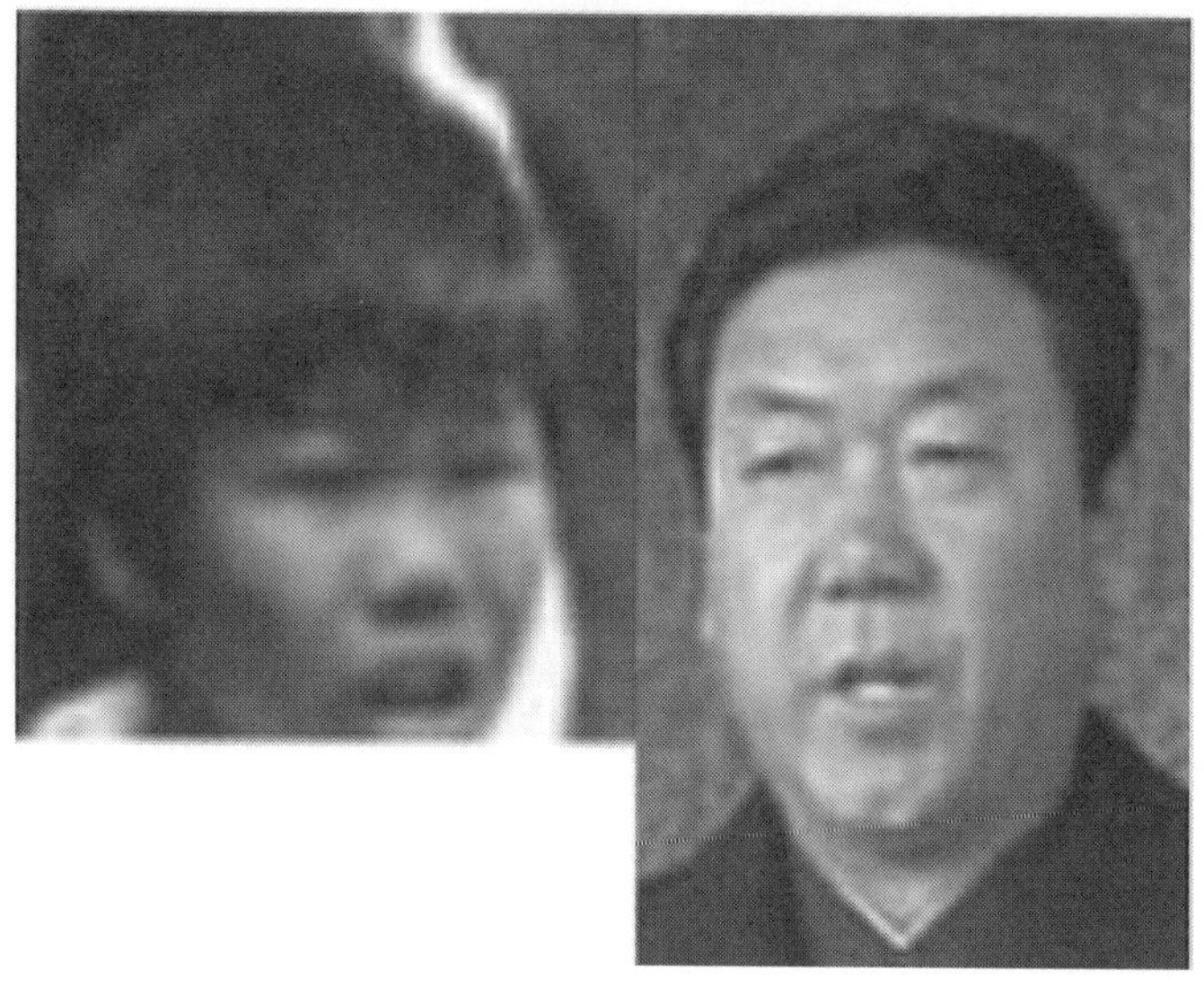

上：第 600 光殊、内閣副総理／農業部長・李哲万
左下：５・18 当時の年齢 11 歳

十三）ミャンマーの新聞から顔画像を採取

上：第584光殊、在ミャンマー北朝鮮大使館員・氏名不詳
下：キム・ソクジェ北朝鮮大使（左から二番目）とサイ・マウ・カンミャンマー副大統領（右隣）、ミャンマー大統領府撮影

上：鼻先部分の丸み、鼻柱、鼻背、鼻孔等、鼻の形状が一致。
下：目と瞳の形状、見つめる時の表情、顔と眼窩が一致。上唇の輪郭と下唇の膨らみ具合、人中と上唇との結節部分、左右の口角など口と唇の形状も一致。

上：1左側の眼がしらのあたりの円形に膨らんだ眼輪筋付近の微細筋肉層の位置と大きさが一致。2下唇と下顎の中間にある円形の突起部分も位置と大きさが一致する。
下：とりわけ、1と2の矢印が指し示す瘤のように突出した筋肉層の位置、大きさ、丸みが一致する。

十四）サイの角の密輸事件で追放された在南アフリカ共和国北朝鮮大使館外務職員のパスポート写真を採取

上：第６５７光殊、在南アフリカ共和国北朝鮮大使館外務職員
　　パク・チョルジュン
下：パク・チョルジュン外交官のパスポート

「アフリカにおける北朝鮮の犯罪行為」
シム・エリザベス『ルポ：北朝鮮外交官がモンゴル経由で奢侈品を密輸』ＵＰＩ・二〇一六年三月四日

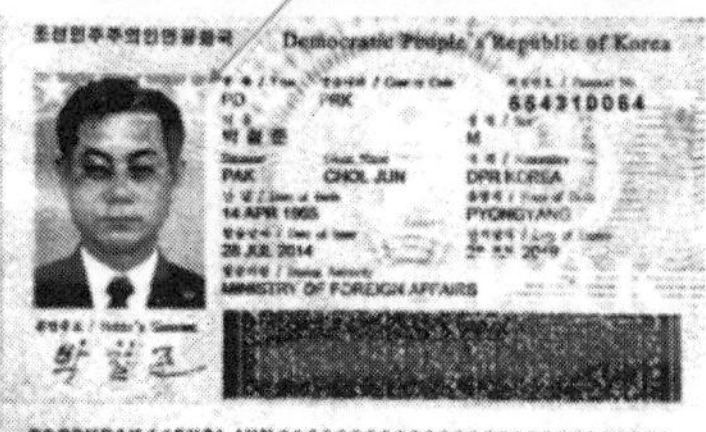

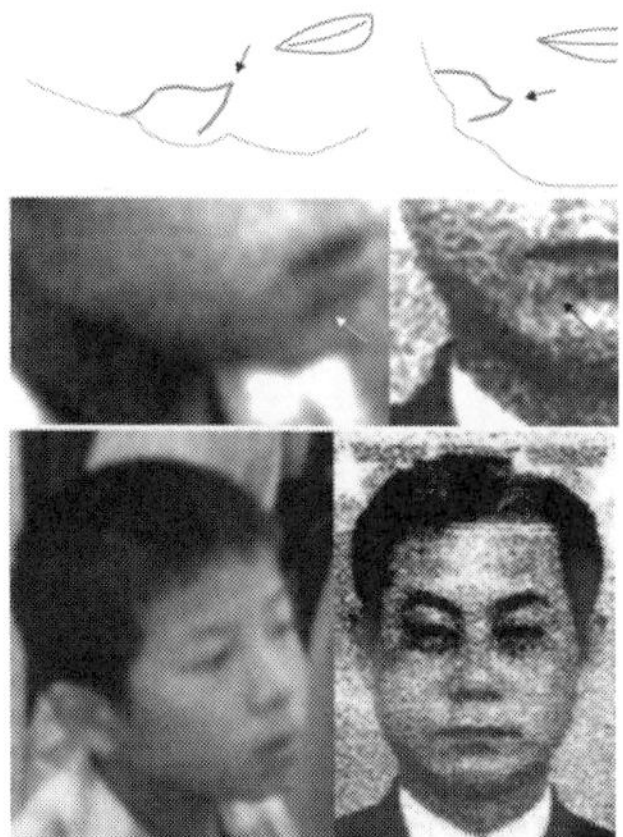

上の図は黒ずんで見える部分の輪郭を描いたものだが、少年（光殊）も外交官も矢印の部分が尖った形をしており、その形状、位置及び面積が一致する。

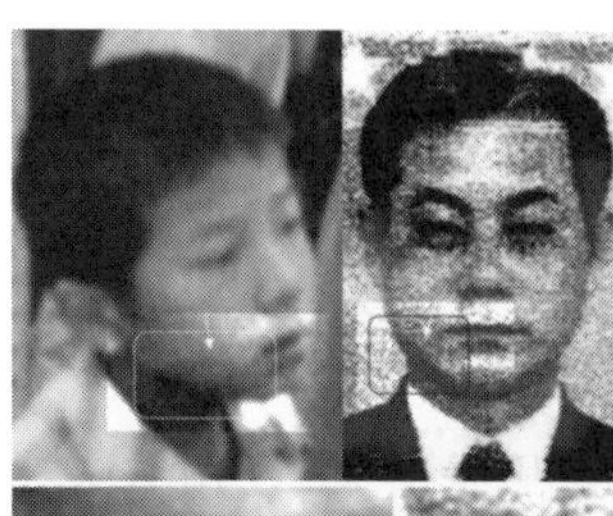

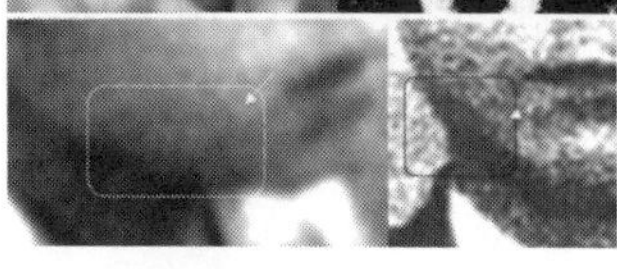

左上：左側の下顎部分に隆起部があり、その表面に数本の濃い線が写っている。
右上：隆起部の腫れは収まったように見えるが、左写真の少年と同じ位置に濃い線が残っており、形状も一致する。
下の写真は、特徴が一致した下顎部分を拡大した顔画像。

十五）ウガンダとタンザニアなど海外の新聞から顔画像を採取

第 508 光殊　北朝鮮外交官　氏名不詳

第 567 光殊、ウガンダに派遣された北朝鮮人民保安省代表団の団員　氏名不詳

第 506 光殊　北朝鮮外交官　氏名不詳

左上：金正日総書記の死去に伴い、弔問に訪れたＪ・マーリンタンザニア外務及び国際協力副大臣を出迎えて挨拶を交わす北朝鮮代理大使

左下：第 501 光殊　駐タンザニア北朝鮮代理大使　氏名不詳

十六）平昌オリンピックの報道から顔画像を採取

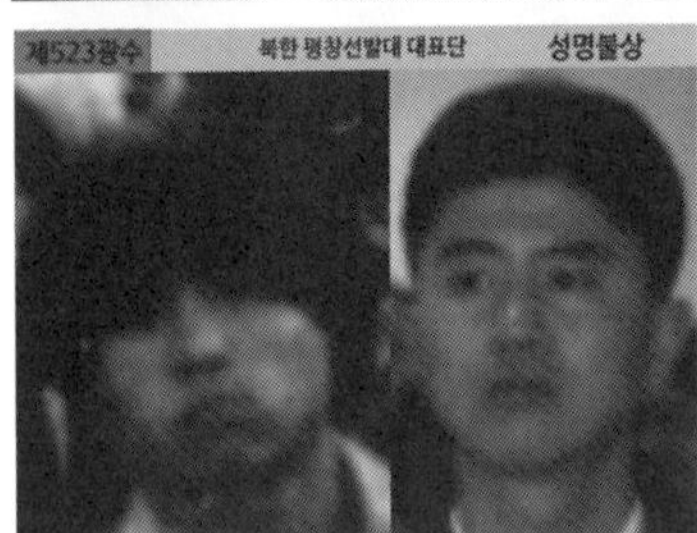

第 523 光殊、平昌オリンピック北朝鮮先発隊代表団の団員　氏名不詳

第 522 光殊、平昌オリンピック北朝鮮先発隊代表団の団員　氏名不詳

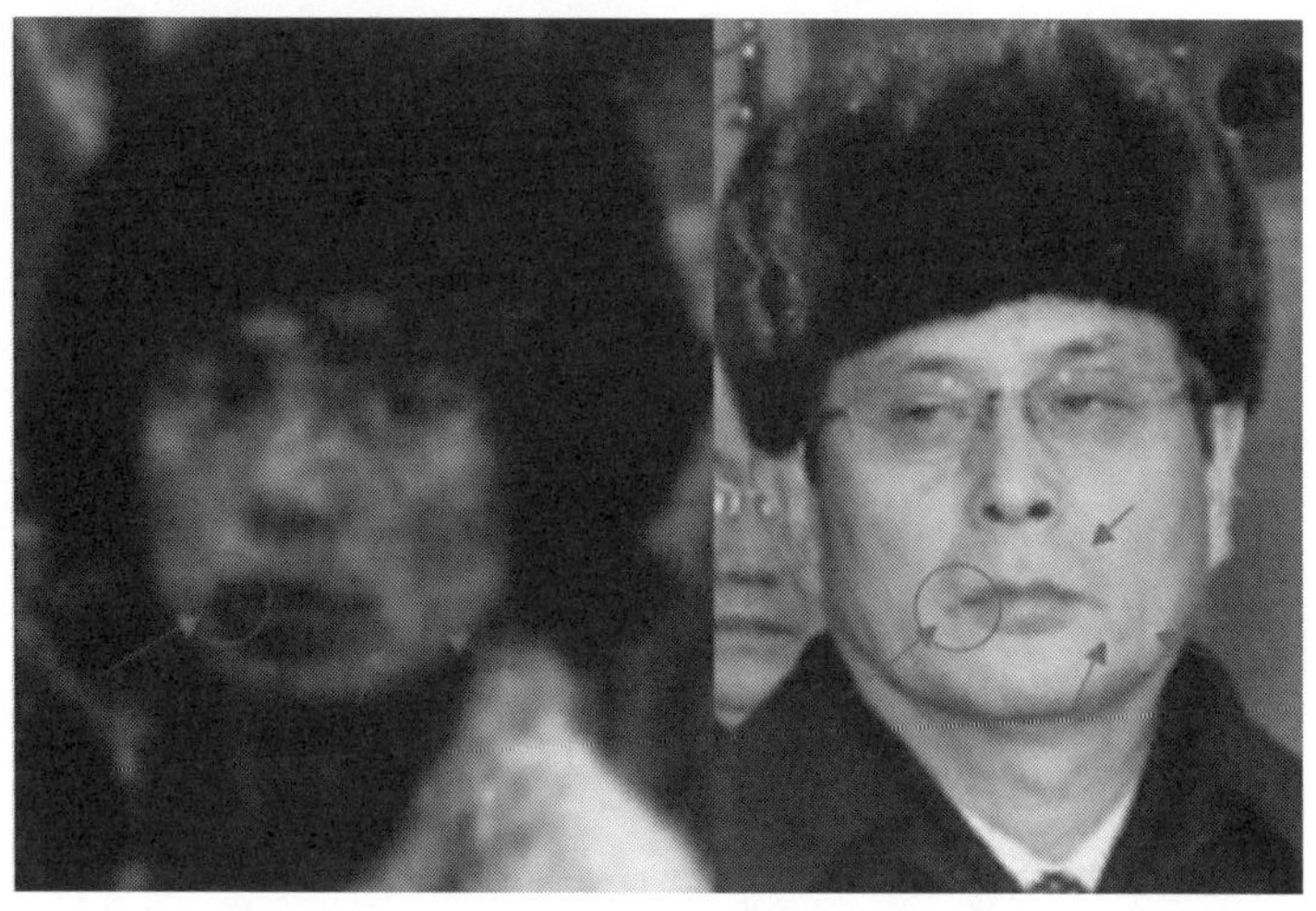

第 515 光殊、北朝鮮平昌オリンピック先発隊長ユン・ヨンボク体育省副局長

제518광수
북한 평창예술단 행정 부단장
김순호

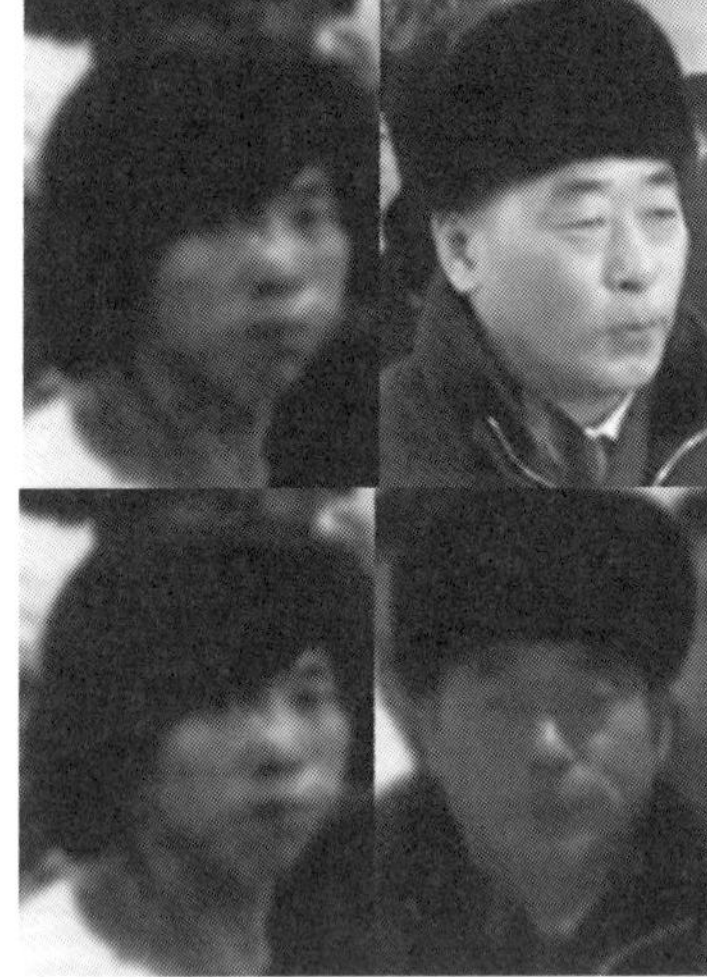

第 518 光殊、北朝鮮芸術団行政副団長・
金淳浩

第 519 光殊、北朝鮮芸術団先発隊の隊員
氏名不詳

第 521 光殊、北朝鮮芸術団先発隊の隊員
氏名不詳

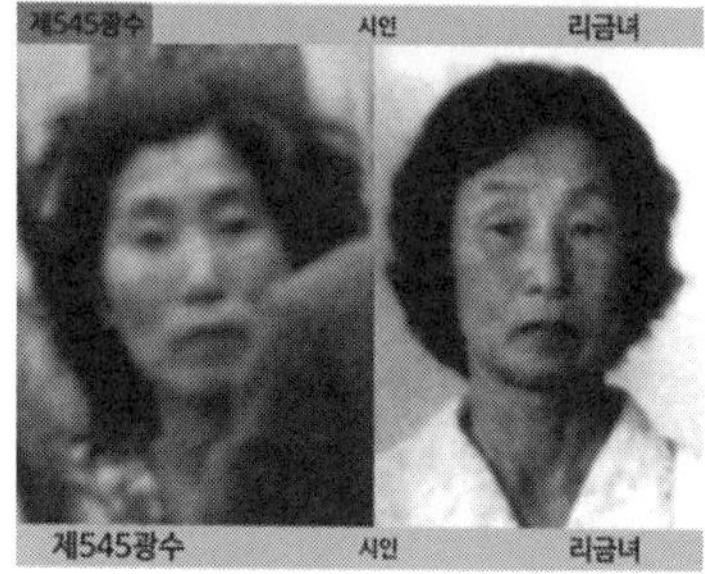

第 545 光殊、詩人・リ・クムニョ

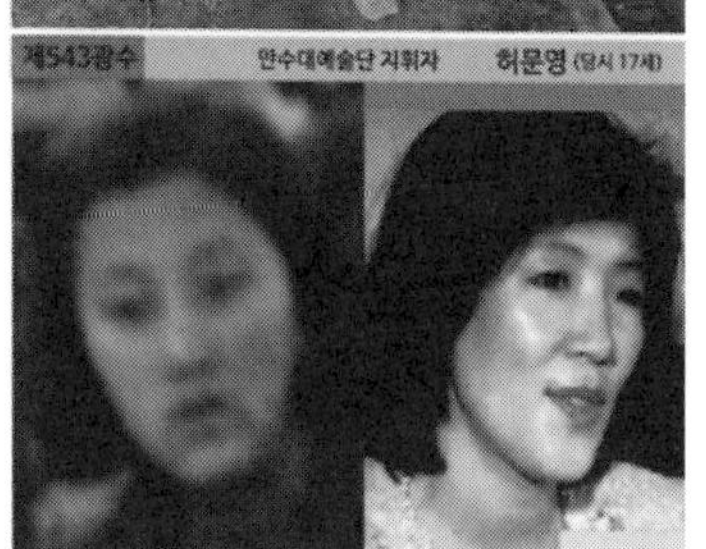

第 511 光殊、詩人・金尙午

第 512 光殊、人民俳優・郭元宇

第 543、544 光殊、万寿台芸術団所属指揮者・許文寧、張龍植

第 558 光殊、在中国北朝鮮大使館外交官・氏名不詳

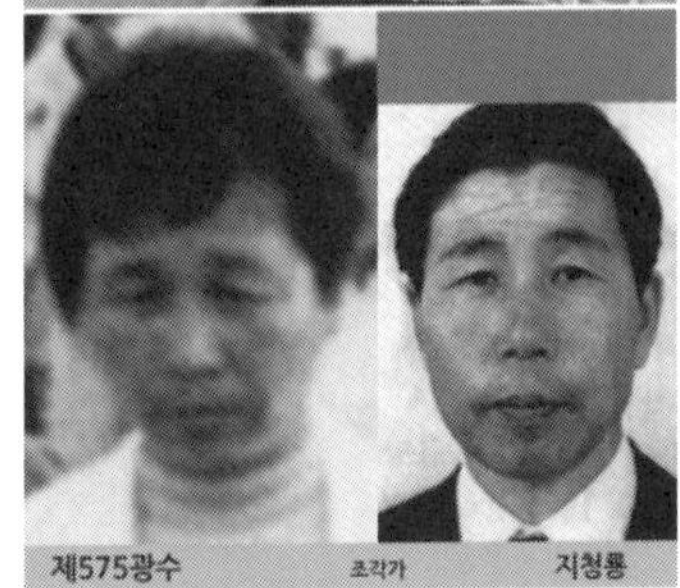

第 575 光殊、彫刻家・池青龍

第 559 光殊、外務次官（副相）申紅哲

第 561 光殊、外務省人権大使リ・フンシク

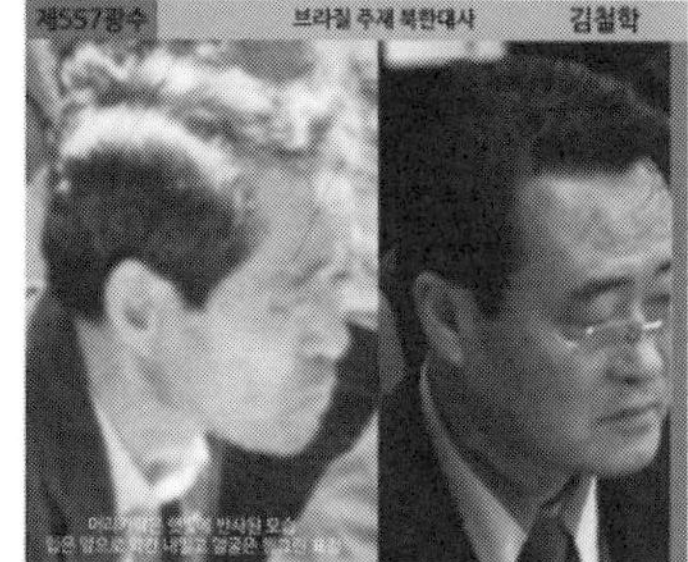

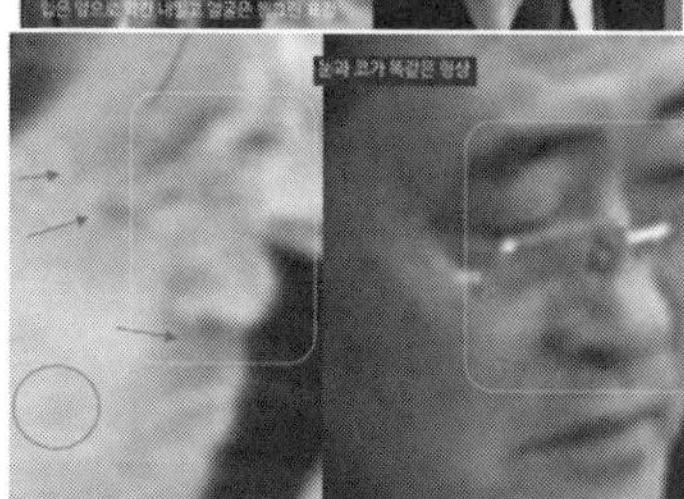

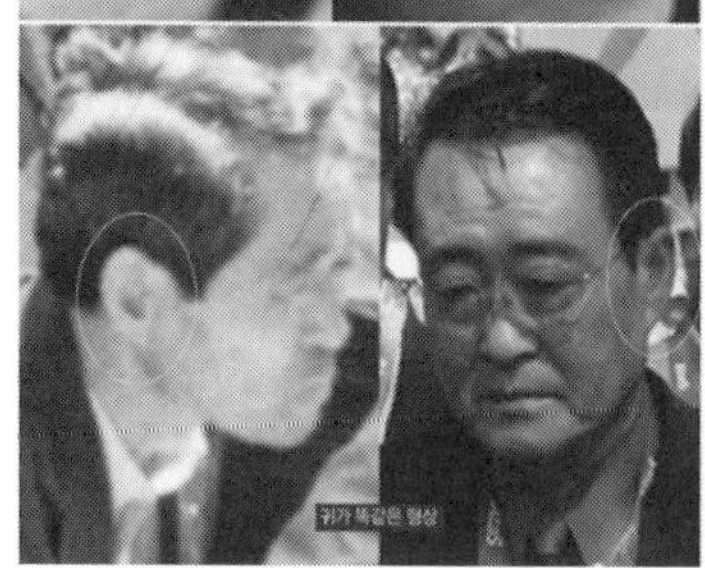

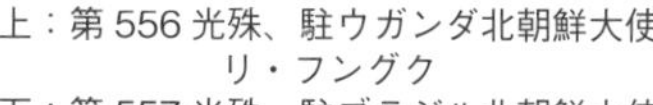

上：第 556 光殊、駐ウガンダ北朝鮮大使
リ・フングク
下：第 557 光殊、駐ブラジル北朝鮮大使
キム・チョラク

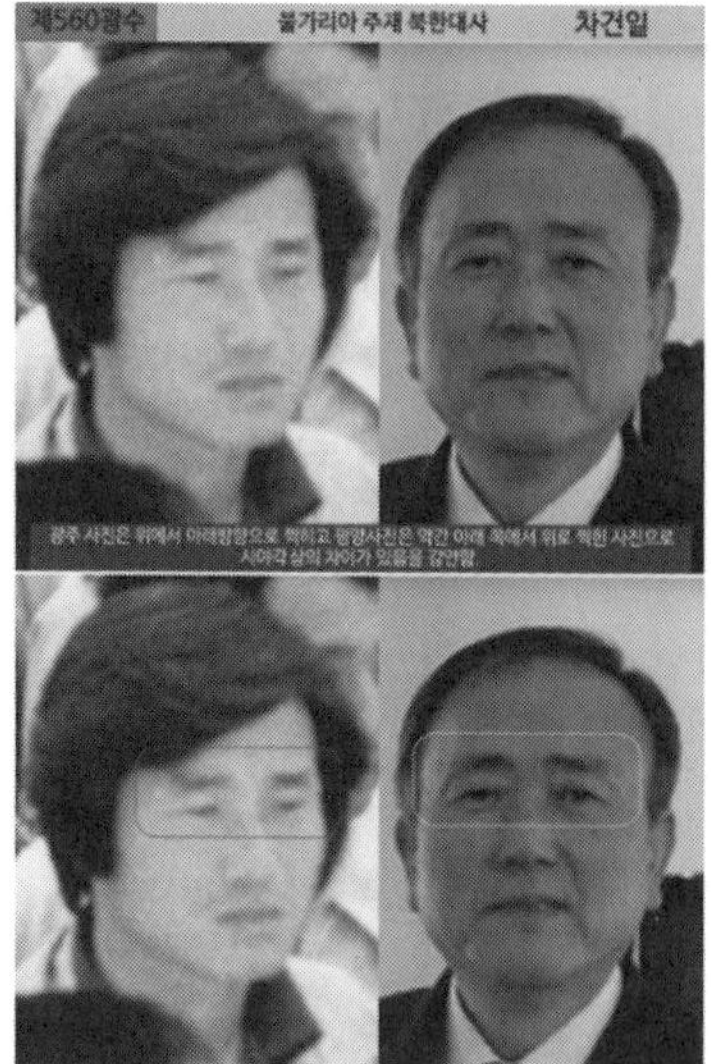

第 560 光殊　駐ブルガリア北朝鮮大使
チャ・ゴニル

第 555 光殊、駐モスクワ北朝鮮大使・孫成弼

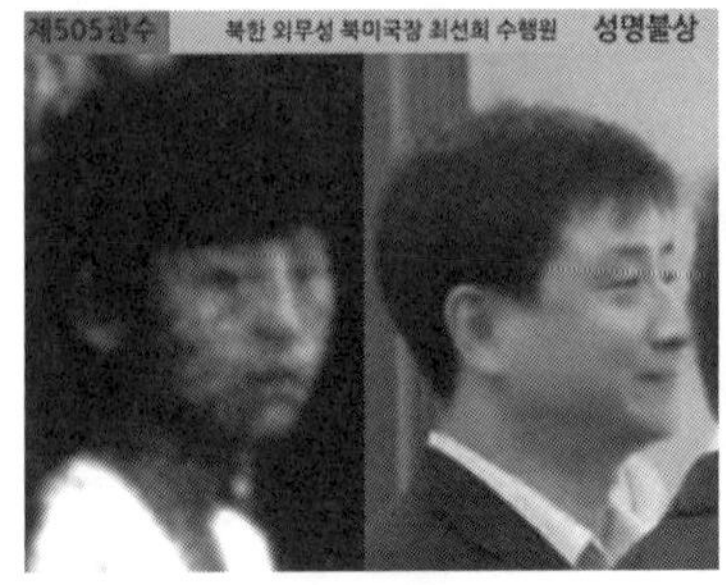

第 505 光殊、北朝鮮外務省北米局長崔善姫の随行員・氏名不詳

第 585 光殊、カラチ（パキスタン）駐在北朝鮮貿易参事カン・ソングン

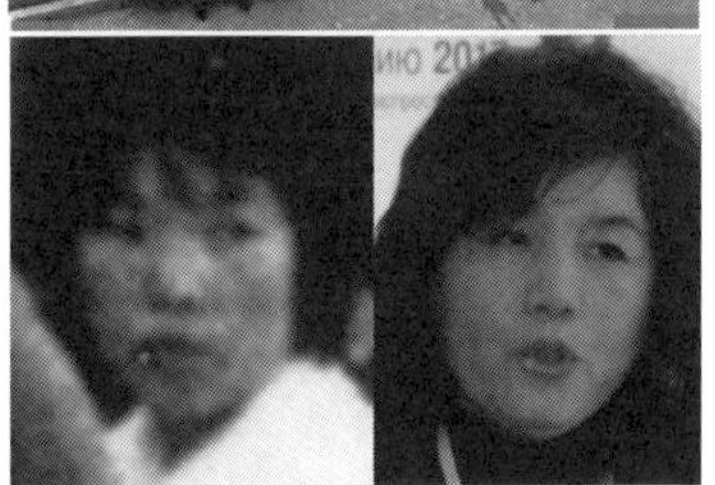

第 502 光殊、北朝鮮外務省北米局長崔善姫

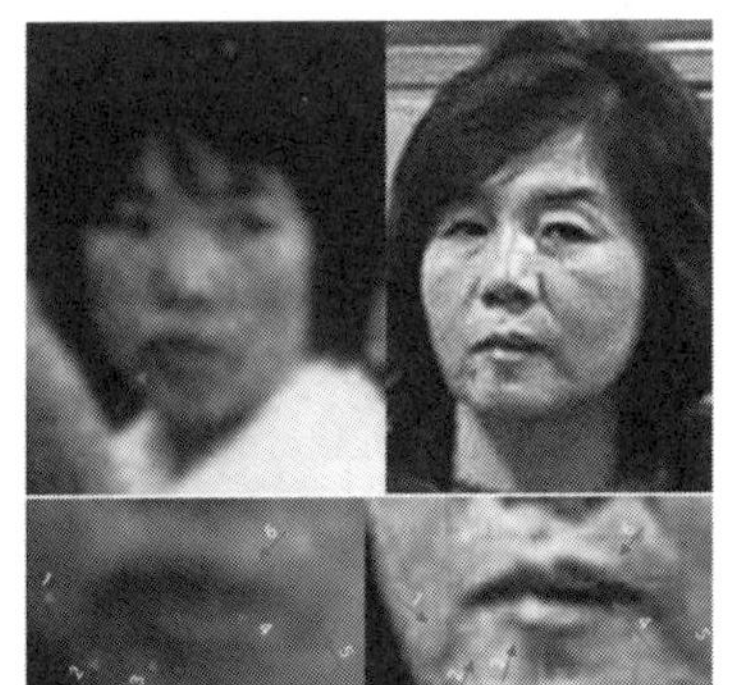

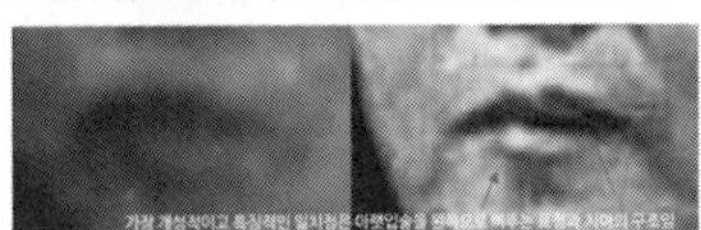

1 左側の大頬骨筋、2 口角下制筋、3 下唇の歪み具合、4 歯の構造、5 右側の口角下制筋、6 右側が厚めな上唇が一致。

もっとも一致している点は、左側の下唇を左にゆがめる表情、歯の構造である。

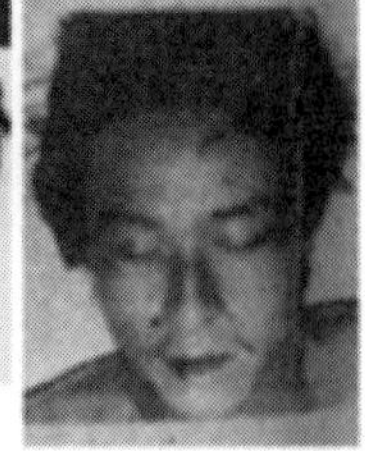

アウンサン廟爆破事件（ラングーン事件）テロリスト第630、631光殊
左下：朝鮮人民軍武力部偵察局所属　カン・ミンチョル上尉（大尉）
右下：同　シン・ギチョル上尉（大尉）

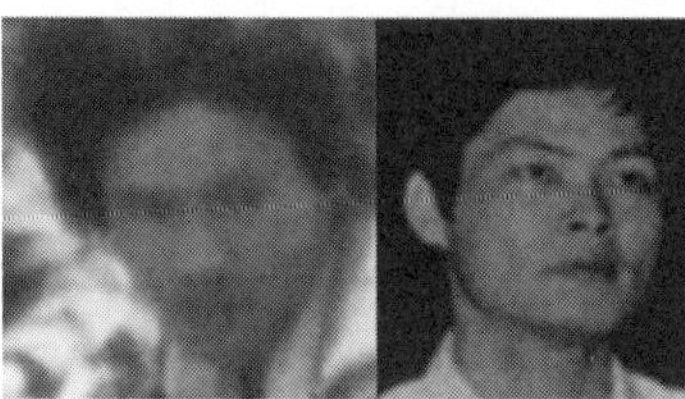

左：光州で撮られた光殊、中：83年10月事件当時のカン・ミンチョル
右：98年11月面談時のカン・ミンチョル
尖った鼻尖の形状、右側の顎の先が若干突出して角ばって見える不均衡なあごの形状が同一だ。額の形状と髪際の輪郭線も一致する。

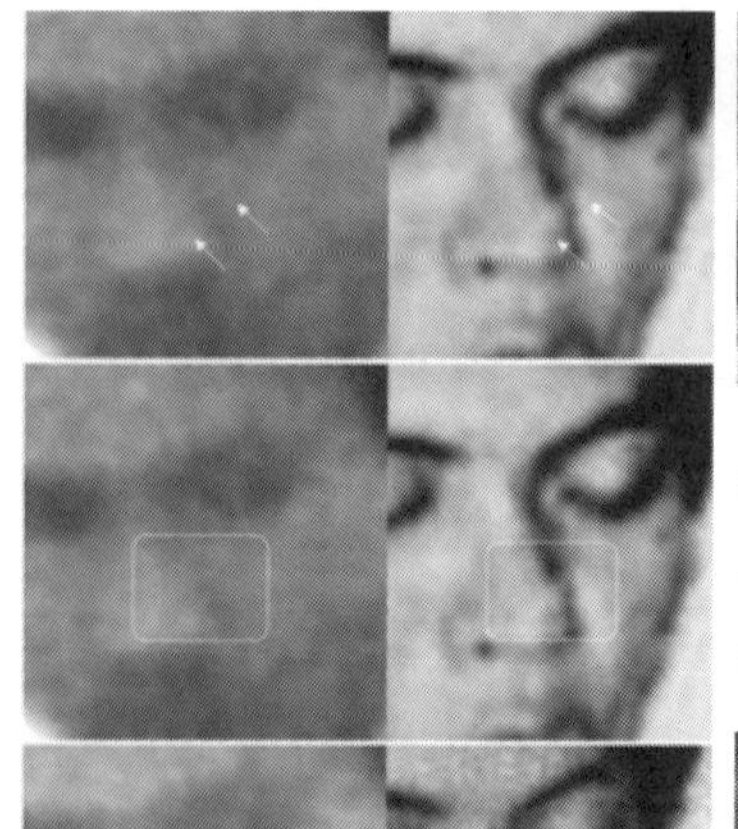

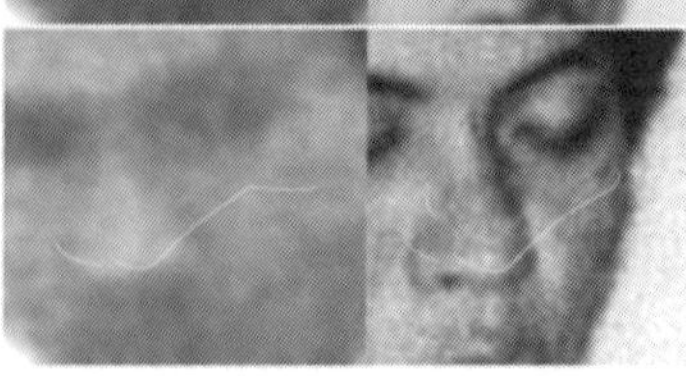

右側の下眼瞼付近から鼻背に向かって45度の角度で横切る傷跡が一致。
その傷跡は鼻背を横切って反対側の鼻翼まで続いている。まるでミミズのような形状であり、その位置と線形、そして形状が一致する。
この線形の一致は前述のT字形で交わる傷跡と同様、第630光殊とカン・ミンチョルが同一人物であることを証明する決定的な証拠である。
上述したT字形で交わる傷跡と鼻背を横切る傷跡は、ともに生後に獲得した特徴であり、誰もまねたり造作したりできないものである。上記顔画像を照合した結果、これらの傷跡が双方に認められ、かつ位置、形状等も一致する。これは偶然の一致とは考えられず、両者は同一人物であると考えるべきだ。

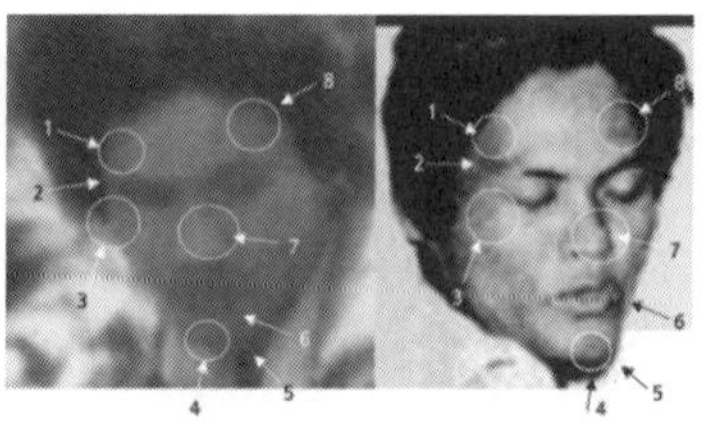

全体的に八か所の部位の特徴的な形状が一致する。このうち同一人物であると断定できる決め手となったのは丸で囲まれた1、3、4、7、8である。
特徴が一致する部位を逐次照合してみる。

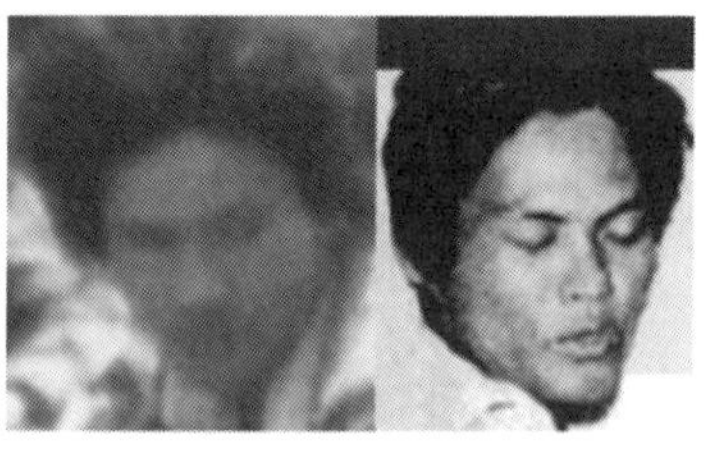

まず、骨相から見ていくことにする。顔面の骨格と顔の骨相が同一である。顔の各部位の等高線と等高面角が一致し、目・鼻・口の比率と形状、方向角等が一致する。眉間と鼻背が一致する。とがった鼻尖と角ばった小さな鼻翼の形状も一致する。

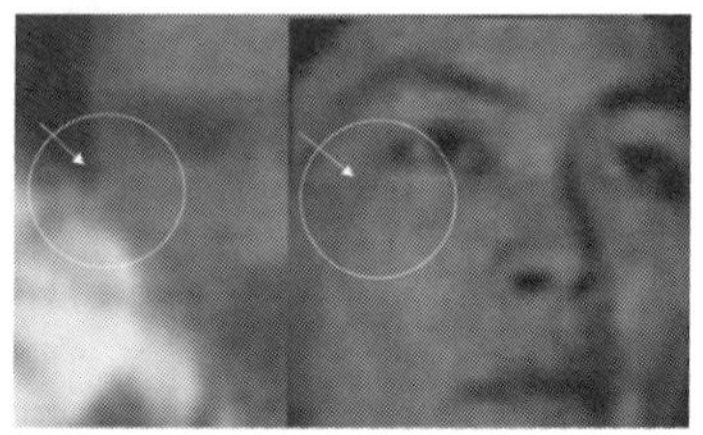

右側はラングーン事件後に撮られたカン・ミンチョルの他の写真から採取した顔画像であるが、左右の顔画像の矢印が指し示す部位に目の下に続く角度45度の隆起部位が存在する。

【証拠三十三】秩序正しく列をなす光殊たち

光州で秩序正しく行動する集団があれば、そこには統率者がいることを意味し、光州市民ではない。

【証拠三十四】目視のみで識別可能な人々

第 480 光殊 体育省副総理 ウォン・ギル	第 228 光殊 脱北光殊 キム・ユソン	第 134 光殊 朝鮮労働党 統一戦線部長 金仲麟	第 1 光殊 農業相 キム・チャンシク
第 481 光殊 内閣副総理・財政相 朴壽吉	第 231 光殊 脱北光殊 朴相学	第 161 光殊 朝鮮労働党 中央委員会委員 金重浹	第 8 光殊 朝鮮人民軍上将 崔慶星
第 482 光殊 陸海運省参謀長 車善模	第 233 光殊 脱北映画監督 チョン・ソンサン	第 163 光殊 内閣総理 金英日	第 13 光殊 朝鮮人民軍大将 辺仁善
第 483 光殊 国家体育指導委員 会委員長 崔輝	第 237 光殊 陶芸家 金東玉	第 186 光殊 朝鮮ボクシング 協会委員長 李勇善	第 37 光殊 朝鮮人民軍上将 朴勝元
第 489 光殊 元耀徳 政治犯収容所被収 容者・脱北者 チョン・グァンニル	第 266 光殊 元耀徳 政治犯収容所被収 容者・脱北者 アン・ヒョク	第 198 光殊 脱北光殊 チョ・ミョンチョル	第 62 光殊 朝鮮人民軍元帥 李乙雪
第 490 光殊 元金正日警護員 脱北者 イ・ヨングク	第 283 光殊 元耀徳 政治犯収容所被収 容者・脱北者 キム・ヨンスン	第 199 光殊 国防委員会副委員長 張成沢	第 71 光殊 北朝鮮労働党秘書 黄長燁
第 491 光殊 元会寧政治犯収容 所警備兵・脱北者 安明哲	第 334 光殊 朝鮮人民軍将校 氏名不詳	第 200 光殊 脱北光殊 康明道	第 72 光殊 麗光貿易社社長 金徳弘
第 492 光殊 国家宇宙開発局科 学技術開発部長 玄光一	第 339 光殊 朝鮮人民軍上佐 氏名不詳	第 204 光殊 朝鮮テコンドー 委員会委員長 キム・ギョンホ	第 75 光殊 朝鮮人民軍大佐 李善権
第 493 光殊 駐インドネシア 北朝鮮大使 アン・グァンニル	第 382 光殊 脱北光殊 張真晟	第 211 光殊 元北朝鮮外交官 脱北者 ホン・スンギョン	第 79 光殊 朝鮮人民軍上佐 チョン・チャンジェ
第 494 光殊 駐メキシコ 北朝鮮大使 キム・ヒョンギル	第 388 光殊 収買糧政相 文応朝	第 224 光殊 元北朝鮮外交官 脱北者 高英煥	第 90 光殊 朝鮮人民軍少将 クァク・チョリ

【証拠三十五】予備軍は示威に参加しなかった

少なくとも予備軍で軍事訓練を受けた一団がいなければあり得ない光景を捉えた現場写真が散見される。高度の軍事訓練で心身ともに鍛え上げられ、銃器の取り扱いに習熟していることが一目でわかる人々からなる統制のとれた戦闘組織による軍事行為が写っているのだ。

ところが、後述の抗争本部総司令官・金宗倍の証言からもわかる通り、光州市民の示威に予備軍出身者は参加しておらず、五月二十五日に抗争委員会を組織した核心有功者たちも道庁で会うまで互いに全く面識がなかったという。

（『五・一八抗争証言資料集』より金宗倍の証言）

「抗争最終日となった二十五日夕方過ぎに最後の闘争委員会を開きました。私たちは道庁内で学生収拾対策委員会をつくっていたのですが、我々だけでは難しいので、外にいる一般の青年を仲間に加えました。ちなみに、学生収拾対策委員会を組織したのは二十二日で、朝鮮大学校から五人、全南大学校から五人、専門大学から二人ずつ参加し、宋基淑（ソンギスク）教授と明魯勤（ミョンノグン）教授に指導をお願いしていました。お二人と相談しながら収拾案を練り、戒厳軍側と市民の要求事項を折衷した案が出来上がりました。年輩の方々の意見も伺ってから戒厳軍に要求を伝えましたが、戒厳軍側は我々の要求に耳を貸そうとせず、市民の抵抗の激化と相まって我々の力ではどうにもならなくなりました。それで、二十五日に予備軍も動員して組織的な闘争を行うしかないという結論に至り、名称を闘争委員会に改めました。

（中略）

大学生のみならず、一般の青年や高校生も参加していました。一般の青年まで含めたのは、当時鄭祥容（チョンサンニョン）委員やユン・ガンノク氏が学生ではなかったからです。市民軍抗争指導部企画室長だったキム・ヨンチョル氏、民員部長だったチョン・ヘジク氏もそうでした」

【証拠三十六】 集団虐殺されたとされる四百七十五体

北朝鮮は、戒厳軍が集団虐殺した四百七十五の遺体を道庁前に並べたと主張している。彼らがそのように言い立てるからには何か根拠があるはずだ。著者は北朝鮮が四百七十五体を強調する媒体を五つ見つけた。これに加えて、脱北者から、登校時に学校が拡声器で「無等山（ムドゥンサン）のチンダルレ（ツツジ）」という歌を流していたという話を聞いた。

（**『主体の旗の下に前進する南朝鮮人民の闘争』五百九十一頁**）

光州市の道庁の地下室に見分けがつかなくなるほど顔を火炎放射器で焼かれたり、引き裂かれた四百七十五体もの遺体が積み上げられていた事実を見ただけで、奴らの殺戮蛮行がどれほど凄惨だったかがわかる。

（**『光州の憤怒』八十六頁**）

〈民主闘争委員会〉は、新任傀儡国務総理が光州に来るという知らせを蜂起軍に知らせた。〈闘争委員会〉は〈空挺部隊〉の奴らが〈道庁〉の地下室に隠していた四百七十五体の蜂起軍の遺体を〈道庁〉の噴水台の前に安置した。

次の文章は、金日成勲章を授与された朝鮮記録映画撮影所が編集した「軍事ファッショ徒党に反対する光州人民抗争」なる四十二分の謀略用ドキュメンタリー映画、即ち全羅道人がこっそりと集まって鑑賞していた『光州ビデオ』の三十七分前後の部分を録取したものだ。

（**『光州ビデオ』**）

慶尚道の傀儡空挺部隊の奴らは、装甲車はもちろん、ミサイルまで持ち出した。野獣のような人間屠殺者・全斗煥は、光州市民の七十パーセントを必ず殺せと命じた。若い奴らは皆殺しにしろ。寛容と人情は軍隊には禁物だ。傀儡軍の兵士は幻覚剤を飲まされ、老若男女を問わず突き刺し、撃てと命じられた。民族の殺人に狂奔した傀儡軍、同族同士の争いを商売とする南朝鮮の軍事ファシストとその手先は、国民学生を始め、三つの幼子、老人まで無差別に殺戮し、妊婦の腹から胎児を引きずり出すという身の毛もよだつような蛮行まで働いた。汚れを知らぬ女学生の乳房をむき出しにして切り取り、残忍性こそが軍隊の道だと豪語し、命令を発した。血に染まった光州は残酷な人間屠殺場と化し、一面血の海となった。道庁の地下室に連行して一日に四百七十五人もの人々を殺した。女学生や女子供を生き埋めにした。虐殺された人は二千人を超え、負傷した者は一万五千人を超える。

全斗煥一党の殺人蛮行は未来永劫許されることはない。統一よ早く来い、民主化と祖国統一のために闘った光州市民の英雄的な闘争は永遠に勝利するであろう。光州人民が流した血の価値を百倍千倍で受け取り、統一に向かって前進しなければならない。民主、自由、統一への熱望がほとばしった光州、全斗煥を永遠に葬り去る新たな闘争の嵐を準備している。人民の意思を踏みにじった全斗煥は悲惨な最期を迎えるであろう。

光州事件直後の八〇年六月五日、「天主教正義平和協議会」は日本で記者会見を行い、「引き裂かれた旗――あるキリスト者の目撃した証言」なる文章を公表したが、そこにも四百七十五人が一瞬にして集団殺戮されたと記された次のような一文があった。

（『**引き裂かれた旗**』 **朝鮮労働党出版社**　三百二頁）

彼らは遺体を道庁の地下室から外に運び出し始めた。彼らは、軍隊が自制と忍耐をもって行動しているという報道がどれほどいい加減な報道であるかを総理に見せてやろうと口々に声を上げた。地下室に降りて四百七十五の遺体を見ると、見分けがつかないほど顔を焼かれた人もいて市民は改めて怒りに身を震わせた。五時になり、六時になると市民たち（以下略）

（李命英著『統一の条件』一九八九　鍾路書籍　百六十三頁）

地下党の仕業と見なすべき事件が一九八〇年五月の光州事態でも起きた。それは、光州事態直後に日本のメディアや教会関係者に広く配布された「引き裂かれた旗」なるパンフレットの件だ。光州から天主教系の組織を通じて日本に送られたと言われるこの光州事態に関する報告書は、〝目撃者の証言〟となっているだけで筆者も発行元もない正体不明の文書である。だが、その内容は実におぞましいものばかりだ。空挺部隊の兵士が銃剣で妊婦の腹を切り裂いて胎児を取り出し、母親に投げつけたなどという想像もできない身の毛のよだつような話を始め、空挺部隊の兵士が三人の女子大生を裸にして走れと命じたがその場にしゃがみこんでしまったので銃剣で背中を突き刺して殺し、乳房を切り取って清掃車に投げ捨てた、あるいは、道庁前の広場に四七五体の遺体が展示されていたなどといった類の数多くの〝証言〟が載せられているが、これらの〝証言〟は全て嘘だった。外国の特派員は十九日から（以下略）

子どもたちは学校から拡声器を通して流れてくるこの歌を聞きながら登校していたという。

「無等山のチンダルレ」

光州よ、
無等山で冬を耐えたきれいな薄紅色のチンダルレが咲いた
分断された祖国を再び統一しよう

果敢に闘い、屍の山となった彼ら
愛する父母兄弟姉妹を死んでも忘れられず
その魂が花となって無等山で咲いている

光州よ、
無等山に春を呼ぶ真っ赤なチンダルレの花が咲いた
引き裂かれたわが民族の血を一つにしよう
果敢に闘い、屍の山となった彼ら
愛する父母兄弟姉妹を死んでも忘れられず
若き魂が花となって無等山で咲いている

（**『白い野バラの花』要旨**）

五月二十二日刑務所近辺の昌平（チャンピョン）で村の人々が見守る中、見知らぬ人々がリヤカーに棺を二つ載せてあたりをきょろきょろ見回しながら里山に登って行った。棺には摘んだばかりの野バラの花が挿されていた。

五月二十五日、尚武館（サンムグァン）に安置されていた棺にも野バラの花が手向けられていた。昌平の人々が見た棺に挿されていた花と色や大きさまで一緒だった。

光州事件で死亡した光州市民はわずか百五十四名であり、彼らの多くは思春期の若者や二十歳前後の下層階級の青年だった。彼らは統一を実現しようと立ち上がった人々ではなく、たまたま危険区域に入り込んでしまった人々だった。そして、百十七人もの人々が銃で撃たれて亡くなったが、その七十五%に当たる八十八名はカービン銃など市民が所持していた銃で撃たれていた。また、残る人々も自動車事故や自傷、打撲傷で亡くなったのである。

しかし、北朝鮮がこうした人々の死を悼むために、わざわざ分断した祖国を統一させるために闘い、無念の死を迎えたという歌をつくって拡散させるだろうか？　射殺された光州市民に北朝鮮に愛する父母兄弟がいるという歌詞まであるのだ。

四百七十五名が光州で集団殺戮されたとすると、その中の四百三十体は清州で見つかった遺骨であり、十二体は身元不明の遺骨、二体は昌平で人々が見かけた遺体だ。残りの三十一体は、棺に納められたものの清州にこっそりと移すことができなかった遺体や重傷を負って撤収し、船の中か北朝鮮で死亡した者の遺体だと考えられる。

【証拠三十七】事件当時、合同参謀議長の指示で全羅南道の海岸一帯はがら空きだった

大勢の北朝鮮の子どもや女性、民間人が光州に潜入できたのは、軍が全羅南道の海岸一帯をがら空きにしたからこそ可能だったのだ。

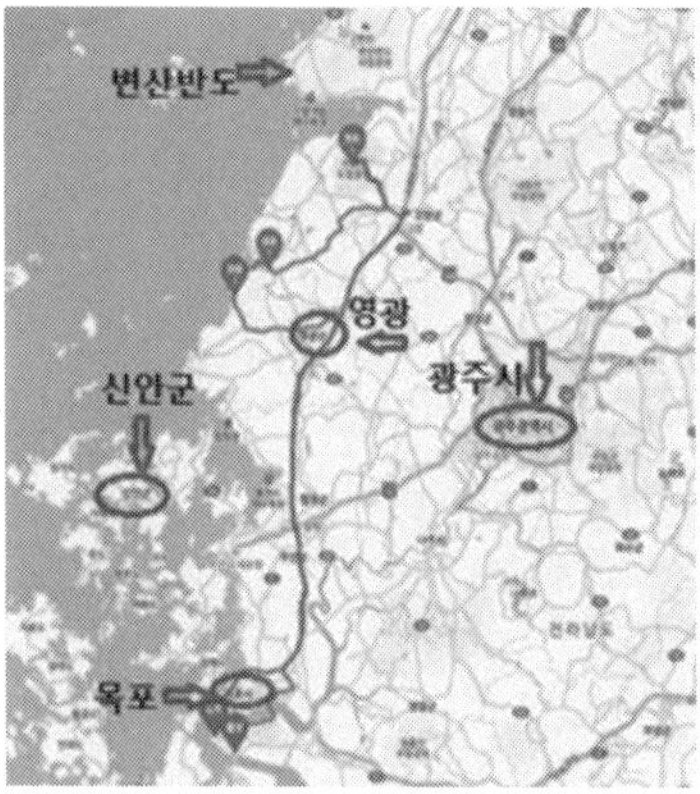

（『リュウ・ビョンヒョン回顧録』）

北朝鮮の武装ゲリラは、通常、辺山半島に上陸して光州や智異山地域に潜入する。だから、海軍参謀総長に、海軍の最大限の戦力を辺山半島方面に回して特殊部隊が潜入しないように念入りに警備をして頂きたいとお願いした。

軍司令部にスパイが紛れ込んでいることは安保の専門家の世界では常識だ。一九四八年四月三日に済州島で武装暴動が発生し、同年十月十九日には麗水・順天地域で第十四連隊の反乱事件が起きた。李承晩政権は、同年九月から陸軍情報局の中に特別捜査課を設置して四九年七月末まで四回にわたって粛軍作業を行って、四千七百四十九人を処分した。暴動に加担した軍人は、山中に逃げ込んでゲリラ活動を行ったり、二個大隊分にのぼる兵士が四九年五月に越北したりした。反乱軍の鎮圧を行った鎮圧部隊の宋虎聲陸軍総司令官は、朝鮮戦争が勃発するとソウルで朝鮮人民軍に捕らえられ、ＫＢＳで韓国軍に降伏を呼びかけたり、人民軍に投降した捕虜から成る部隊の副隊長になったりしたあげく、遂には越北してしまった。朝鮮戦争前後に軍首脳部が執った奇妙な処置を陸軍大将だった李亨根が「十の謎」の一つとして記録しているが、同じ現象が八〇年に起きたのである。

→辺山半島
霊光郡←
光州市↓
新安郡↓
木浦市→

李亨根将軍が残した「十の謎」

一、前線部隊からの南侵兆候報告を軍首脳部が黙殺ないし無視
二、朝鮮戦争勃発二週間前に断行された各級主要指揮官の大規模な人事異動
三、六月十三日から二十日まで断行された前後方部隊の大々的な交代
四、六月十一日に発令された非常戒厳令を六月二十四日零時をもって解除
五、非常戒厳令解除とともに全将兵の半分に休暇、外出／外泊許容
六、六月二十四日夕刻に開催された陸軍将校クラブでのダンスパーティー
七、ソウル北方への逐次的兵力投入により、不要な犠牲者の発生を招来
八、六月二十五〜二十七日間の国軍後退を、反撃・北進中と虚偽の報道を行った中央放送
九、漢江（ハンガン）橋の早期爆破を断行
十、漢江橋を爆破したチェ・チャンシク大佐に対する早期死刑執行

【証拠三十八】放送三社と光州市が再三再四呼びかけたが、誰も現れなかった。

（一九九九年五月十八日付『ハンギョレ新聞』）

放送各社は、光州民衆抗争が十九周年を迎えるのを機に「氏名不詳の顔探し」に乗り出した。色褪せた映像画面や写真の中の顔の持主たちは今どうしているのか。そして、遺体のない石碑の主人公である行方不明者はどうなったのか。彼らの現在の人生と死の実態を明らかにすることに

よって我々の現代史で決して忘れられてはならない五月抗争の意味を改めて思い起こしてみようという企画である。

文化放送「PD手帖」は、十八日、『八〇年五月、この顔をご存知ですか』（夜十一時）で当時の写真や映像資料の画面に収められた「あの時あの人たち」の現在の姿を紹介する。下着姿のまま手を頭にのせて戒厳軍に引き立てられていく長髪の青年、勝利の軍歌を歌う戒厳軍の隊列でただ一人うつむいていた前列の軍人など…。

1999 05 18 한겨레

이들은 지금 어디에…

방송3사, 5·18현장 이름없는 주역들 추적

彼らは今どこに…
放送三社、五・一八現場の氏名不詳の主役を追跡

文化放送は、光州・麗水・木浦などの全羅南道地域の地方放送に「八〇年五月、この顔を探しています」をスポット放送（番組の間に入るコマーシャルのような放送形式）で何度も流して視聴者からの情報提供を呼びかけ、彼らの行方について聞き込み調査を行った。制作陣は彼らと会って未だに解明されていない発砲命令権者や行方不明者の処理問題などを解明しようと試みている。

韓国放送公社（KBS）第二テレビジョン（「KBS第二チャンネル」）の「公開手

配事件二十五時」（夜九時五十分）では、政府が認定した五・一八行方不明者六十四名（当時の届け出は二百十八名）の遺骨探しを試みる。画面を通じて行方不明者の行方に関する手がかりを探し、「光州」の最後の真実を明らかにするのだ。この間遺体探しのためにつらい思いをしてきた遺族の涙が見る者の涙を誘う。また、制作陣は光州刑務所前の里山で発見された仮埋葬された遺体が秘密裏に埋められた遺体ではないかという疑惑を提起して、国立科学捜査研究所を訪れて遺骨の鑑定結果の公開如何について尋ねている。

この他、ＳＢＳは十八日午前十一時十五分に特集ドキュメンタリー「頸木」で五・一八の軍人死亡者の家族の心の痛みを取りあげ、ＫＢＳ第一テレビジョン「水曜企画」（夜十二時十五分）では、十九日に「十九年ぶりの再会」で精神疾患などに苦しめられている五・一八の負傷者を取材している。

クォン・ジョンスク記者

二〇一三年五月二十四日に「五・一八民主化運動歪曲対策委員会」が設立された。五・一八記念財団、光州市民団体協議会、宗教系など三百三十八機関と市民団体が参加。設立当時の構成は、常任委員四十名、委員三百三十八名であった。

【証拠三十九】表現の自由、学問の自由を阻む権勢勢力

文在寅政権が法で「光州事件」を聖域化するようになった。

「五・一八について虚偽事実に基づいて悪意をもって歪曲または中傷したときは、五年以下の懲役、または五千万ウォン以下の罰金刑に処す」

（『**聯合ニュース**』）

「五・一八歪曲処罰法」が来月五日（二〇二一年一月五日）から施行

これ以降、職場を持つ光州事件批判者が現れる度に権勢集団が煽動と脅迫で弾圧するようになった。

一例として、二〇一四年十月、韓国観光公社の子会社の教育院長ホン氏（女性）はセウォル号と光州事件を批判する発言をＳＮＳに投稿したことが原因で、光州出身の国会議員・朴恵子（パクヘジャ）ら「共に民主党」議員の圧力で解雇された。

（『**ＳＢＳニュース**』二〇一**四年十月十七日**）

「公共機関の教育院長、セウォル号遺族に放言」

韓国観光公社の子会社であるグランド・コリア・レジャー（ＧＫＬ）の教育院長ホン・ウンミ氏が、セウォル号の遺族に対する問題発言及び五・一八光州抗争と全羅道に対する侮蔑的発言をＳＮＳに投稿したことが発覚した。

新政治民主連合の朴惠子議員は本日公開した資料で上記事実を公開し、ホン・ウンミ氏を解任すべきであると主張した。

ホン氏がSNSに投稿した書込みの中に「死んだのは子どもなのに、なぜ親に補償金をあげるの？　老後の保障のために子どもを産んで育てたの？」というセウォル号の遺族を誹謗する内容が含まれていた。

また、「断食すると決めたら、黙ってそのまま死ねばいいんじゃないの？」等とセウォル号遺族のキム・ヨンオ氏の断食についても暴言を吐いた。

さらに、同氏は「五・一八は北傀金日成が背後で操っていた国家転覆、反乱事態だった」との書込み、歌手の金章勳（キムジャンフン）氏の断食について「日本人のように切腹する勇気もなく」と同氏を嘲笑する内容の書込みもあった。

また、二〇一六年、講義中に光州事件に言及した建国大学女性教授を学生が退室させるという事件が起きた。

五・一八民主化運動に対する侮蔑的な発言を行った教授が学生の抗議に遭い、教壇から追い出された。

六月三日、フェイスブック・建国大学テナムスプ（竹林）ホームページに、ある教養学部の教授が「五・一八民主化運動に北朝鮮（以下不明）」、「あなたのための行進曲は北朝鮮と関連のある曲だ」と発言したことを知らせる匿名の情報提供があった。

慶州市威徳大のパク・フンタク教授が、講義で光州事件に言及して解任されるという報道もあった。

（オンライン新聞『プレシアン』）

慶州市威徳大パク・フンタク教授「五・一八は民主化運動ではなく暴動、朝鮮人民軍が行った犯罪行為」

放送通信審議委員会、光州事件を投稿したユーチューバーに警告、削除。

（二〇二〇年七月三十一日付『ＫＢＳニュース』）

放送審議委員会、ＹｏｕＴｕｂｅの五・一八を歪曲した二十九件を「削除措置」

【証拠四十】光州事件関連団体の物理的暴力

二〇〇八年に行われたソウル教会の李鍾潤（イジョンユン）牧師の説教の中に「光州事件に北朝鮮の特殊軍が介入していた」という発言があったことが五月団体（五・一八民主有功者遺族会、五・一八民主化運動負傷者会、五・一八拘束負傷者会）に伝わった。これに対し、同団体は同年十月以降三回にわたってバスを連ねて教会に押しかけ、泥酔状態の数十人の人々が信徒の目の前で乱暴狼藉を働いたり、恫喝したりした。礼拝堂に乱入して小競り合いまで演じたが、長老が光州の光州事件関連墓地を参拝することで一連の騒動がひとまず終息した。また、光州事件関連団体が提起した損害賠償請求訴訟は、一審から三審まですべて敗訴した。

（『**聯合ニュース**』）

ソウル教会李鍾潤牧師、「五・一八は北朝鮮の特殊部隊が投入された」

「誤解を解く」ソウル教会長老が五・一八墓地を参拝

（**ソウル**『**Newsis**』）

「五・一八北主導」主張、虚偽だが名誉棄損には当たらない

著者は、光州事件関連団体と左翼議員による訴訟攻撃にさらされた。

二〇一九年二月八日に国会で開かれた公聴会で行った著者の証言と李鍾明（イジョンミョン）議員、キム・スルレ議員、キム・ジンテ議員らの光州事件に関する発言が気に入らなかった薛勳（ソルフン）、閔丙梪（ミンビョンドゥ）、崔敬煥（チェ・ギョンファン）議員及び光州事件関連団体関係者四百名が著者らを告訴した。

二〇一九年二月、光州事件有功者の薛勳議員、閔丙梪議員、崔敬煥議員及び光州事件関連団体関係者四百名は、国会の公聴会で光州事件について意見を述べた著者並びに李鍾明議員、金順禮（キムスルレ）議員及び

金鎮台(キムジンテ)議員をソウル南部地方検察庁に告訴したが、二年後に不起訴処分となった。

李鍾明議員の発言：五・一八事態を発生当時は「五・一八暴動」と呼んでいたが、時が流れて「民主化運動」に変わった。だが、これは科学的事実に基づいて変わったわけではなく、政治的・理念的に利用する勢力によって「暴動」が「民主化運動」に変えられたのだ。

金順禮議員の発言：李承晩、朴正熙前大統領が「漢江の奇跡」で築いた自由な大韓民国の歴史の汚点だ。従北左派が牛耳る五・一八有功者などという怪物集団をつくり、我々の税金を無駄遣いしている。

金鎮台議員の発言：池萬元博士を尊敬し、支持する。

著者の証言内容：五・一八は北朝鮮が行ったゲリラ戦だった。全斗煥の行ったことは尊敬に値する。

原審判決書二十九頁には「五・一八民主化運動は大韓民国の民主主義と人権の発展に貢献し、子々孫々に伝えるべき崇高な愛国―愛族の鑑であり、恒久的に尊重されねばならない歴史的記念塔だ」と記されている。

光州地方裁判所の判決

これに関連して、既に「五・一八民主化運動等に関する特別法」、「五・一八民主有功者礼遇に関する法律（以下「五・一八有功者法」と言う）」、「五・一八民主化運動関連者の補償等に関する法律」の制定過程で法的・歴史的評価は確固たるものとなった。特に、五・一八有功者法は、五・一八民主化運動が民主主義の崇高な価値と正義を実現するための市民運動として大韓民国の民主主義と人権の発展に貢献したと評価し、我々とその子孫に崇高な愛国・愛族精神の鑑として恒久的に尊重されるようその理念を継承・発展させなければならないと宣言し、五・一八民主化運動に貢献し、犠牲となった五・一八民主有功者とその遺族らがその栄誉に相応しい生活を維持できるよう支援している（上記法一乃至三条）。

ところが、政権と光州事件関連団体は、光州事件を聖域化するために様々な手段を駆使して民主主義と人権を破壊している。結局のところ、彼らにとって光州事件は民主化運動ではなく「特定勢力が暴力と権勢を動員して政治的、経済的利益を追求する利権事業」なのだ。

【証拠四十一】光州事件関連事件を光州地方裁判所が独占

二）**光州は「裁く側」ではなく、「裁かれる側」**

光州人は、「あなた方の被害は、間違いなく全斗煥と空挺部隊の蛮行によって発生した」と言うと喜び、「北朝鮮によって発生した」と言うと獣のように牙をむく。この事件も野獣に噛みつかれた事件なのだ。光州事件と光州と北朝鮮が太い綱で結ばれた運命共同体であることをこれ以上説明する必要があるだろうか。

二〇一八年に光州事件真相究明委員会が設置され、調査が行われている。光州事件は光州が行った民主化運動だったのか、それとも北朝鮮と光州との野合だったのか？　今や光州事件と光州は審判台に立ち、裁きを受けているのだ。公正な審判を期するなら、裁判所であれ、調査委員会であれ、光州と関わりのあるものはすべてその構成員から排除されなければならない。にもかかわらず、なぜ光州裁判所が光州事件の関連裁判を独占しているのか？　これは占領軍のような横暴であり、公正な裁判を目指す司法のあるべき姿ではない。

他の地域や国民から睨まれ、後ろ指をさされてまで、光州事件の関連裁判を独占する凄まじい理由は何か。二つの理由が挙げられる。一つ目は、他から後ろ指をさされるよりも、光州事態が民主化運動ではなく「暴動」とされ、自分たち光州人が反逆者の立場においつめられるほうが怖いからであり、二つ目は光州事件関連の刑事事件の判決が光州以外の裁判所では無罪になることをよく知っているからだ。

二）二〇〇二年の頃のように著者を光州に連行できなかった理由

著者が二〇〇八年に告訴された裁判も光州事件にかかる刑事裁判だった。ではなぜ光州がこの事件を光州の裁判所に持っていくことが出来なかったのか。二〇〇八年に著者が全四巻からなる歴史書を出版したところ、またもや光州事件関連団体が著者を告訴し、光州地方検察庁から出頭するように命じられたのである。彼らは、二〇〇二年と同様、私を問答無用で光州に連れて行くことも可能だった。だが、彼らはそうしなかった。なぜか？　著者の説に賛同した人が十人ほどいたからだ。光州地検は彼らにも光州で調査を受けるように命じたが、彼らが事件を自分たちの住所を管轄する検察庁に移送するように申し立てて、それが認められたのだ。そのおかげで著者の事件も著者の住所を管轄する水原地方検察庁安養支部に移送され、無罪判決を勝ち取ったのである。

二〇一五年に告訴された本件裁判も何の連絡もなく光州で審理されるはずだった。ところが、本件告訴状が提出される少し前に、木浦大学のイ・ドンチュン教授が著者を身に覚えのない横領の罪で光州地検に告発し、その事件がソウルに移送されたおかげで、その直後に提出された本件告訴状もソウルの検察庁に移送されることになったのである。「川でクジラが釣れた」のだ。著者は二〇〇八年と二〇一五年の告訴事件が光州地検の手に渡らなかったことを天に感謝している。光州で裁かれていたら、私は間違いなく両方とも有罪になって刑務所に収監されていたはずだ。思わぬ手違いで事件を逃してしまった彼らは、本件の四番目の裁判長としてキム・テホ判事を据えたが、その後の経緯については前述の通りである。

三）全斗煥前大統領に対する刑事事件の管轄について

全斗煥前大統領に対する刑事事件を光州裁判所で審理するのは、刑事訴訟法第四条の土地管轄規定及び第十五条二項の「犯罪の性質、地方の民心、訴訟の情況その他の事情で裁判の公平を維持しがたい虞（おそれ）がある時」に該当し、妥当ではない。齢九十歳となった高齢の前大統領を光州に引きずり出して裁判を行おうとする真意はどこにあるのか？　言うまでもなく、著者のようにソウルで裁判を行えば無罪判決が下されることを知っているからだ。

四）全斗煥前大統領に対する謂れのない罪と恣意的判決

全斗煥元大統領を死者の名誉棄損罪で告訴したのは、八〇年五月二十六日に戒厳軍の武力鎮圧に抗して丸腰で「死の行進」を行い、金大中とともに投獄された故曺ビオこと曺喆鉉（チョチョリョン）神父の甥チョ・ヨンデ神父だ。全斗煥が彼の回顧録で曺ビオ神父について「聖職者とも思えない破廉恥な嘘つき」だと述べたことが問題となったのだ。当時、学生活動家やメディアはヘリコプターからの銃撃をまるで既成事実であるかの如く言いふらしていた。ソウル地方検察庁と国防部検察部がこの問題を十四カ月間調査した結果が、『五・一八関連事件捜査結果』（九五年七月十八日発行）に詳細に記載されている。この報告書によると、ヘリコプターから機銃掃射が行われたと述べた曺ビオ神父の証言は虚偽事実とされている。従って、全斗煥元大統領の右の発言は単に事実を述べたにすぎないのである。

ところが、光州裁判所は、二〇二〇年十一月三十日、「ヘリコプターからの機銃掃射は歴史的事実」だとして、全斗煥に懲役八カ月、執行猶予二年の刑を言い渡した。「目撃者の証言、軍の関連文書を総合的に分析すると、八〇年五月二十一日に500MDによる機銃掃射があり、これを曺神父が目撃したことが認められる。全氏はヘリコプターからの射撃はなかったと述べた自分の主張が虚偽であることを知りつつ、故意に曺神父を回顧録で非難した」として有罪を言い渡したのだ。

光州裁判所の判断材料となったのは、国立科学捜査研究院のキム・ドンファン銃器安全室長と国防部特別調査委員会に調査官として参加していた全南大のキム・ヒソン教授の証言だった。当時のヘリコプターの操縦士も全員光州裁判所に出頭してヘリコプターからの銃撃を否定したが、光州裁判所は実体すらない光州人の〝証言〟のみを採用したのである。以下のニュース記事は、二〇一七年一月十二日付『ニューシス（NEWSIS）』に掲載された記事の抜粋だが、「全日ビルディングからM16

（五・五六ミリメートル）とM60機関銃（七・六二ミリメートル）の弾痕が発見された、500MDヘリコプターに搭乗した軍人が全日ビル十階の事務室だけをめがけて機銃掃射を行ったことを証明する弾痕が、十階の事務室から百四十二個、外壁と他の階の室内から四十三個発見された」と報じている。

「全日ビルディング内外から発見された弾痕は合計一八五個であり、外壁から発見されたのは三十五個で、五・五六ミリメートル（M16）または〇・二二インチ（七・六二ミリメートル）の弾痕と推定される。十階の室内から一四二個の弾痕が発見されたが、外壁と同様五・五六ミリメートル（M16）または〇・二二インチ（七・六二ミリメートル）の弾痕と推定される。M16の弾窓倉に一度に装填できる弾が二十〜三十発であることから、一人が弾窓倉を取り替えてもう一人の人間が撃つか、多数の兵士が同時に撃ったと思われる」

だが、七・六二ミリメートルの実弾はM1小銃、AR小銃、LMG30にも使用される。これらの銃器は武器庫に大量に保管されていた（『光州事態状況日誌及び被害現況』（国家安全企画部一九八五）。

従って、全日ビルの弾痕は、「戒厳軍が撃った弾と暴徒が武器庫から奪った銃器の弾の弾痕が入り混じっている」と考えるべきである。まず、戒厳軍上層部が攻撃用によりによって500MDなどという指揮官用の小型ヘリコプターを選ぶはずがない。一体全日ビルディングの十階に何があったのかわからないが、安定性に欠けるこの小型ヘリコプターに二人以上の射撃手を乗せて、一人にM16小銃を撃たせ、もう一人に据置台が必要で、重く、性能も良くないポンコツ機関銃で攻撃しろなどと馬鹿げた命令を発したとは到底考えられないのだ。従って、全日ビル十階の弾痕は、ヘリコプターから撃ったものでなく、建物内で戒厳軍と暴徒が交戦した際に生じたと考えた方が状況に合致するのである。しかも、状況日誌を見ると、全日ビルで交戦が行われたのは五月二十一日ではなく、戒厳軍が鎮圧のためにビルに突入した二十七日なのだ。

五）戒厳軍の情況日誌に証拠能力を認めなかった光州地方裁判所

全斗煥は、裁判で、全日ビルに対するヘリコプターからの機銃掃射を命じた責任を問われた。軍にはそれに適した最新式のバルカン砲を搭載した武装ヘリコプターが配備されていた。光州人の〝証言〟が本当だとすると、戒厳軍はわざわざ格段に見劣りする手段を選んだことになるが、そんな軍人がいるだろうか？　第一、500MDには二人の射撃手が同時に発砲できる空間などないのだ。ヘリコプターから機銃掃射を行ったということは、国家自らが直接国民に銃を向けたということになるが、そのような荒唐無稽な主張を認めた裁判は、一貫して当時の国家を国家として認めてはならないと主張してきた共産主義者に奉仕する国家反逆裁判だ。

光州事件の研究者である著者は、「ヘリコプターからの機銃掃射」は当時の情況と全く合致しないと考えている。ひと言で表現するなら「牽強付会」だ。その理由は次のとおりである。

まず、発砲命令に基づいて無差別射撃が行われたとされる八〇年五月二十一日に死亡した民間人は六十一名であり、この中に全日ビルディングで死亡した民間人は一人もいない。一方、全日ビルで死亡した三名は五月二十七日の死亡者であり、同日ヘリコプターは飛んでいなかった。国立科学捜査研究所のキム・ドンファン室長は、ヘリコプターからビルの七階、八階、九階、十階めがけて機銃掃射が行われたと証言したが、仮にそれが真実だとすると、軍側に全日ビルの各階に多数の暴徒がいて彼らが戒厳軍にとって脅威となっているという情報が入っていたはずである。だが、二十一日にビル内での死亡者が皆無であったことを見ても、そのような事実がなかったことは明らかだ。また、暴徒があちこちのビルの屋上に機関銃を据えて銃撃を行っていたにもかかわらず、なぜ戒厳軍は全日ビルだけを標的にしたのか？　このビルの十階に機関銃を設置して銃火を浴びせていたという記録はない。ヘリコプターから無差別攻撃が行われたと言うのであれば、そこに何があったのか説明するべきである。

次に、戒厳軍が五月二十七日早朝に光州市奪還作戦に突入した際、全日ビル内で四十名ほどの暴徒と三十七名の戒厳軍特攻組が百分間にわたって銃撃戦を行ったことが軍の情況日誌に記されている。

この日、戒厳軍は暴徒に占領されていた光州市を奪還したが、戒厳軍は選りすぐられた少数精鋭の特攻兵力を道庁、全日ビル及び光州公園に極秘に潜入させた。状況日誌によると、全日ビルに潜入したのは第十一空挺特殊作戦旅団第二支隊（三十七名）である。彼らが二十七日午前四時三十八分頃にビル内に潜入すると、四十名の暴徒は機関銃を乱射するなどして激しく抵抗した。双方の熾烈な銃撃戦は午前六時二十分頃まで続き、劣勢となった暴徒はビルの上階に逃れて十階に達すると、逃げ場がなくなった彼らは最後の力を振り絞って必死に抵抗した。この過程で特攻組が二名負傷し、暴徒が三名射殺されている。

これが五月二十七日の状況日誌に記されている記録だ。全斗煥側はこの資料を裁判所に提出したが、裁判所は「軍が作成した状況日誌を証拠として認めない」とけんもほろろに退けた。これでは司法部の裁判ではなく、人民裁判だ。

最後に、五月二十一日と二十二日の日誌に記録されているヘリコプターは三台だけである。

「五月二十一日午前十一時頃、張炯泰(チャンヒョンテ)全羅南道知事がヘリコプターで避難」、「同日午後二時、道庁前にいた第三十一師団所属の小隊(ハン・ドンソク中尉)がヘリコプターで撤収」、「同日午後四時、暴徒が全南大学附属病院の十二階屋上にLMG(軽機関銃)を二挺設置してヘリコプターめがけて発砲し、道庁や市街地にも発砲。第十一空挺特殊作戦旅団と任務を交代しようと二十師団六十一連隊長がUH―Hヘリコプターでやって来たが、道庁上空で偵察している時に搭乗していたヘリコプターに示威隊の銃弾が六発命中。光州統合病院上空で宣撫放送を行っていたヘリコプターも六発被弾。被弾したヘリコプターで戻ってきた六十一連隊長は戦闘兵科教育司令部に任務交代不能である旨を報告」。

状況日誌に記載されたヘリコプターに関する記録はこれだけだ。茶番としか言いようのない裁判であり、筋違いも甚だしいこんな裁判をするために光州が光州事件関連事件を独占しているのだ。

六)『全斗煥回顧録』の発売頒布禁止仮処分決定

『全斗煥回顧録』(全三巻)は、二〇一七年四月三日に刊行された。第一巻(副題:混沌の時代)で、一〇・二六事件(朴正熙暗殺事件)、一二・一二事件(粛軍クーデター事件)、光州事件などについて時系列で言及している。第一巻が出版されると、光州事件関連団体とチョ・ヨンデ神父らは光州裁判所に出版及び配布禁止仮処分決定を求める申立てを行い、裁判所は同年八月に一部を除いて認容した。

全斗煥側が当該箇所を削除した改訂版を出版すると、またもや彼らは同年十二月に同様の申立てを行って、四十カ所の記載が虚偽だと主張したのである。これらの禁止仮処分決定後の本案訴訟を担当した光州裁判所は、二〇一八年九月十三日、原告勝訴の判決を言い渡した。裁判所は、前年四月に出版された回顧録と同書の改訂版に虚偽と認められる箇所が合計六十九あり、これらは光州事件の犠牲者の名誉を毀損するものであるから削除しろと命じたが、これでは出版を禁じたのと同じだ。

ところで、削除を命じられた項目は具体的にどのようなものだったのか？　これらの項目を見れば、この裁判の性格がどのようなものか手に取るようにわかる。

結論から言うと、次に掲げる当初問題とされた三十三項目の中に虚偽事実は一つもない。単に光州人にとって気に入らないだけなのだ。

1、私は光州事態の怨恨を晴らすための御祓いを行うクッ（ムーダンが行う祭祀）の犠牲者だ。
2、光州の作戦を私が指揮したという端緒を未だに見つけられずにいる。
3、意図的で無差別な射撃はなかった。
4、ヘリコプターから射撃を敢行したというのは、愚にもつかない作り話だ。
5、私の存在は光州に実在しなかった。
6、我々国軍は国民の軍隊だ。愛する善良な国民に銃口を向けたことはない。
7、国軍は決して国民に銃口を向けなかった。

8、光州事件の発端から終結まで私が関与できることはなかった。
9、あの頃私は中央情報部長の職務代理と保安司令官をしていた。どちらの職務も光州に口出しする権限はなかった。
10、亜細亜自動車から数百台もの車両と装甲車を奪取して運転する、北朝鮮特殊軍のにおいがする。
11、指揮系統にいない人間はどんなに偉くても作戦に関与できない。
12、示威隊が軍の装甲車に火炎瓶を投げて火がついた瞬間、他の装甲車が軍に突進して二名の死傷者が出た。
13、ヘリコプターからの発砲発言は意図的な歪曲だ。牧師ともあろうものが偽物の写真まで持ち出して陥れようとしている。（聖職者の）仮面をかぶったサタンそのものだ。
14、ヘリコプターの火器の性能を知らないからそんなことを言うのだ
15、曺ビオ神父、ピーターソン牧師は聖職者の仮面をかぶって破廉恥な嘘をついている。
16、おぞましい写真に写っている人々がいつ誰に殺害されたのか証拠がない。これは殺人マシーンの仕業だ。
17、私が元凶だと目星を付けられたのは、当時の私が権力者で、後に大統領になったからだと思う。
18、刑務所への攻撃は北朝鮮の介入を感じさせる。
19、戒厳軍を貶めるために写真を撮ったのは国軍でも、光州市民でもないはずだ。
20、機関銃や装甲車などの特殊装備の扱いに慣れた人々、軍用車を運転する数百人もの人々が全員光州人であるはずがない。

21、殺害された経緯がわからない無残な死体で心理戦を行うのも専門家のやり方であり、第十一空挺特殊作戦旅団六十三大隊と歩兵学校教導隊との誤認射撃にも工作があったはずだ。
22、五月二十二日午前、道庁―錦南路に現れて消えた覆面をかぶった正体不明の数百人の人間が延世大と高麗大の学生なのか、それとも北朝鮮の特殊軍なのか未だに取りざたされている。
23、スパイが通話する無線交信が大量に捉えられた。
24、組織的に動いていた五、六百人もの人間や、覆面をした人間については、私は発言できない部分だ。
25、無線の通話内容を盗聴した結果、現場には無数のスパイがいた。しかし、正体を暴くために軍を投入できる立場ではなかった。投入すれば内戦になり、内戦になったら北が侵略する。
26、それでも空挺部隊が作戦を緻密に遂行して光州を「失地回復」した。北朝鮮の特殊軍は既に光州から撤収していたはずだ。
27、残念だが真相究明は未完の課題として残さざるを得なかった。
28、光州事件は北朝鮮がひき起こしたということに関する脱北者の陳述は極めて具体的だ。実際に光州に潜入した人間もいたという報道もあった。
29、朝鮮人民軍特殊軍の存在は池萬元博士や何人かの研究者によって詳細に研究されている。
30、朝鮮戦争の頃に国を守るために数多くの犠牲者を出しながらも屈することなく戦ったように、光州事件を鎮圧したのも国家転覆を画策した武装革命勢力から大韓民国を守ろうとする正当かつ不可避な措置だったことが明らかになったのだ。

31、何が真実か？　崔圭夏政府を転覆するための暴動だったのか、民主化の暴動なのか？　北朝鮮の特殊軍の暴動なのか？

32、池萬元とキム・デリョンは膨大な資料に基づいて十数年間研究し、光州事件は北朝鮮特殊軍の暴動だという結論に至った。この研究結果が正しいことは、脱北した北朝鮮の高位高官の発言が裏付けている。

33、池博士による科学的映像分析の結果、光州の現場写真の中の顔が北朝鮮の高級幹部だという結果も出た。歴史学者はなぜ沈黙しているのか？

七）光州裁判所が著者に対する仮処分及び損害賠償請求事件を独占

二〇一五年、ホームレス・ダミョが立て続けに光州の映像を投稿すると、その都度ネチズンは喝采した。著者はこの映像分析の内容をいち早く世間に伝えようと、『ニュースタウン』の協力を得て四頁建ての号外を三回発行した。一号当たり十万部印刷して、全国に拡散した。これに対抗すべく、「五・一八民主化運動歪曲対策委員会」は著者に対する損害賠償請求訴訟と号外紙の発行禁止仮処分を申し立てた。この委員会は二〇一三年五月二十四日に光州市長が三百三十八の団体と彼の地の弁護士数十人を総動員して結成した事実上の「池萬元対策班」だが、例によって光州裁判所はこの委員会の主張を全て認容した。

この事件で、キム・サンニョン裁判長は著者に八千二百万ウォンの支払いを命じた。そして、二〇一六年に著者が『五・一八映像告発』なる画報を発行すると、この対策委員会は再び訴訟を提起して、著者はこの事件でもキム・ソンフム裁判長から九千五百万ウォンの賠償金の支払いを命じられたのである。著者はこの二つの事件で二億四千万ウォン(元利金合計額)もの大金を「五・一八記念財団」に送金せざるを得なかった。みすみす虎の子を巻き上げられたのだ。

二〇二〇年六月十日に著者が光州事件にかかる歴史書『無等山のツツジ四百七十五輪』を出版すると、対策委員会はまたもや発売頒布等の禁止仮処分を申し立てた。これで三回目だったが、この事件を担当したシム・ジェヒョン裁判長は、この本の内容が既存の認識と相反するという理由で著者に発売頒布の差止を命じた。この仮処分後の本案訴訟は現在も継続中だが、対策委員会の請求額は一億二千万ウォンである。著者にとってこれらすべてが国家反逆裁判なのだ。彼らは官民一体となって自らの見解に異議を唱える者を異端視し、学問の自由、表現の自由を一切認めようとしないばかりか、生活基盤まで奪い取ろうとしているのである。

【証拠四十二】五・一八民主化運動真相究明調査委員会の構成と跛行的業務遂行

五・一八民主化運動真相究明調査委員会が二〇二〇年五月二十日から稼働している。もしも、この委員会が「光州事件は北朝鮮と光州の合作」なる調査結果を発表したら、光州はもちろん、文在寅政権全体が「国家公認の逆賊」となるのだ。光州事件が北朝鮮と光州の野合作品だという世論が日増しに急膨張している。この政権を筆頭とする五月勢力はこうした事態を招かないよう〝選りすぐりの〟委員を選任し、北朝鮮が国際裁判所で裁かれる事態を遮断しようとした。

この調査委員会の九名の委員は、文在寅大統領が自ら選んだ人々だ。従って、この委員会が提出する調査報告書の結果は言わずもがなである。九名の内三名が常任委員で、六名が非常任委員であり、二名の委員長は長官クラス、副委員長は次官クラスだ。委員長（常任委員）のソン・ソンテは光州事件に関わって服役したことがあり、副委員長（常任委員）のアン・ジョンチョルは光州事件関連資料をユネスコに登録させた推進委員長で、朝鮮人民軍の介入を否定する本を書いた人物だ。いずれも委員会の公正さを保つために定められた五・一八真相究明法十四条の除斥事由に抵触する人物なのだ。これに加えて、委員の九名中六名が〝光州っ子〟だ。どんな組織であれ、上に立つ者の影響力は大きい。光州事件と縁の深い二人が率いるこの委員会は、二〇二〇年一月二十日に全員で光州事件民主墓地を訪れて参拝まで行っているのである。

光州勢力は彼らが望む答案に「国家」というゴム印を押してお墨付きを与え、これに反する発言を行う国民を五年以下の懲役刑を科そうとしている。そうしなければ光州と文在寅勢力が公式的に反逆者となってしまうからだ。文大統領が五・一八真相究明委員会を作った理由はただ一つ、「北朝鮮と光州のコラボ犯行を隠ぺいするための合法化工作」だ。これ以上でもこれ以下でもない。この委員会は既に「光州御用委員会」へと転落しており、彼らが提出する報告書は「五・一八光州御用報告書」と呼ばれるに違いない。著者は、第三者的な立場の国民で構成された「五・一八分析国民委員会」の調査結果に期待を寄せている。この二つの委員会が提出する報告書の結論が相反する可能性が高く、さらなる対立へと繋がることが予想されるが、それは正に大韓民国の運命がかかった対決なのだ。

「ホームレス・ダミョ」による科学的な画像分析

ホームレス・ダミョの分析は科学的

原審は、「分析するまでもなく、明らかに〝光殊〟と告訴人らは同一人物である」等と述べて、ホームレス・ダミョの鑑定結果を一蹴した。

だが、ホームレス・ダミョは科学的分析によって光殊と告訴人が同一人物ではないことを余すところなく暴露している。

「第四回公判準備期日調書」（二〇一八年八月十六日）と原審判決の齟齬

一、右期日調書の第二項に、裁判所が検察側に対して、「被告人（著者）は、顔画像の人物は被害者（告訴人）ではなく朝鮮人民軍だと主張しており、公訴状にはその主張が虚偽事実の適示に当たると記載されているが、その理論的根拠について釈明せよ」と命じたことが記載されている。だが、検察と被害者はこの点について釈明しなかった。

二、このような状態であるにもかかわらず、原審は判決中で「現場の状況に関する被害者の陳述は具体的かつ詳細で矛盾がない」と原告側を身びいきした。そして、「朝鮮人民軍介入」を立証するために自らの全ての著作物、キム・デリョン博士が著した歴史書『歴史としての五・一八』

全四巻など二百六十件は下らない証拠資料を提出した著者は「証拠を全く提出しなかった」ことにされたのである。

三、また、この調書の第二項には、裁判所が検察側に対して、顔画像の人物と被害者（告訴人）が同一人物であることを立証する客観的資料を提出するように求めたことも記載されているが、公訴状に「被害者」と書かれた人々は解像度の低い識別困難な写真しか提出せず、「肉眼で見ても自分の顔だとわかる。これは私の顔だ。自分で自分の顔が分からないはずがないだろう」と繰り返し述べただけだった。

四、著者は本人尋問や答弁書等を通じて、顔画像の人物が〝被害者〟ではなく、朝鮮人民軍であると考える根拠について証拠を示しながら説明した。だが、裁判所は単に判決書二十八頁で「被告人（著者）が光殊と指摘した北朝鮮の高位高官の写真と光州事件当時に撮られた写真を、撮影時期、撮影場所、顔画像の視線、顔の形状、姿勢、着用した衣服、頭髪などに基づいて肉眼で照合したが同一性は認められない」と判示した。原審は、お粗末な〝証拠〟しか提出せず、「これは自分の顔に間違いない」と繰り返すだけだった〝被害者〟の主張を採用し、「被告人（著者）が提出した分析は信憑性に欠ける」としてホームレス・ダミョの鑑定結果を一蹴したのだ。

以下はこの判決に対する反論である。

ホームレス・ダミョと原審裁判所の映像分析法の比較

(一) 原審裁判所の肉眼判断のアルゴリズム

一、写真の撮影日時　二、撮影場所
三、写真に写っている人物の視線　四、顔の形状
五、人物の姿勢　六、着用した衣服
七、髪型

一～七に基づいて裁判部が判断

(二) ホームレス・ダミョの顔面認識技術

一、顔、指紋、幾何学分析
二、法医学的骨相分析
三、表面の等高線及び等高面角並びにそれぞれの形状方向角を分析
四、陰影ピクセルの濃淡の差による高低、形状幅、二次元の平面点と三次元の立体各点の長さと部分各面の同一点及び相違点の分析
五、顔の特徴点についての形状造形分析
六、３Ｄ立体面相及び比率分析

七、生体人相の表情による観相学的分析

八、老化による皮膚細胞の物理化学的変化と位置移動分析

九、写真撮影時の動的状況の形状と現在の静的状況の形状との差が二つの写真上の姿と一致するか否かを判断する総合的な客観性分析

十、顔の各部位の形状と特徴点、個性的な面についての一般的な視覚上の客観性分析

ホームレス・ダミョの分析は、先端科学技術のコンピュータープログラムを使用して同一の顔を探知し、二つの顔が同一人物の顔か否かを特徴分析や幾何学的図面等に基づいて分析し、結果を導き出した科学的な分析方法である反面、原審で用いられ得た方法は非科学的であり、その分析結果も恣意的である。

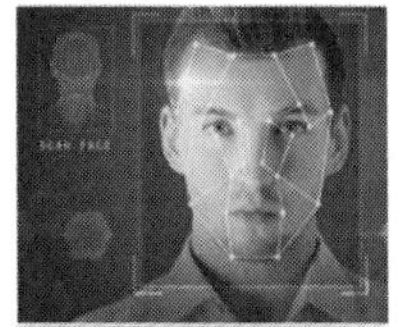

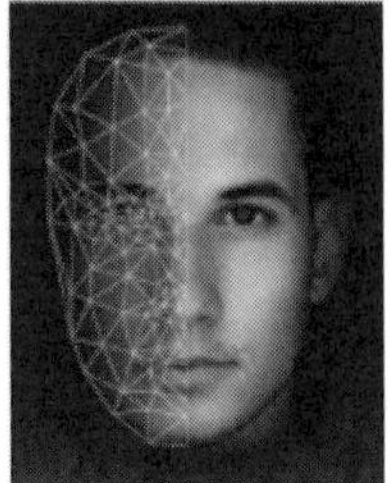

幾何学的顔図面（例）

〈그림2〉 얼굴 이미지 전처리 과정

얼굴 검출

얼굴 특징점 검출

정규화

数百万人の中から同じ顔を見つける…進化する顔認識アルゴリズム
〈図二〉顔のイメージの全処理過程
○→　顔の検出　→　顔の特徴点検出　→　定規化
2021 年 1 月 27 日付『韓経ＢＵＳＩＮＥＳＳ』誌から引用

キム・ジンスンの場合

キム・ジンスンは一九三〇年生まれ光州育ちの女性で、現在は木浦で暮らしている。彼女は二〇一六年に著者を告訴した。告訴後、検事が彼女を証人尋問するために三回ほど呼び出したが、高齢（八十七歳）で体調がすぐれないことを理由に一度も出頭しなかった。その結果、彼女に関する部分は無罪となった。

だが、控訴審で検事が彼女を熱心に説得した結果、二〇二一年五月十四日に開かれた公判手続きで齢九十二歳となった彼女に対する証人尋問が行われた。彼女は耳が遠く、自分が何を聞かれているのかわからないことが多かったせいで検察官は尋問に手間取り、裁判官を始め法廷にいた者全員がもどかしい思いをさせられたが、写真に写っている泣いている女性は自分で、息子の死は警察署のガラス管に入った息子の遺品を見て初めて知ったと述べた。

キム・ジンスン

あろうことか五・一八記念財団は彼女を悪用して詐欺訴訟を提起していたのである。財団は、頼みの綱の大事な息子を失った彼女を、一九八〇年五月二十三日に撮られた写真に写っている棺にしがみついて泣いている女性にしたてあげていたのだ。しかも、二〇一六年五月十七日付『ハンギョレ新聞』によると、彼女が息子のイ・ヨンチュンの死を初めて知ったのは八〇年六月三十日である。同日警察から連絡を受けて警察に行き、署内に陳列されていた息子の遺品と写真を見て、初めて息子の死を知ったと記録されているのだ。

（『**サイバー参拝**』）

氏　　名：イ・ヨンチュン
出生年度：一九五四・〇四・十八
死亡日時：一九八〇・〇五・二一
改葬日時：一九九七・〇一・〇二
職　　業：自営業（青果商）
死亡場所：光州刑務所
死亡原因：頭部銃傷
内　　容：――全斗煥から表彰状まで貰ったのに

良洞（ヤンドン）市場で青果業を営んでいたイ・ヨンチュン氏は率先して貧しい人々に救いの手を差し伸べていた。一九八〇年五月二十一日、同氏は市内に出かけて柳洞交差点で軍用トラックが箱を載せていくのを目撃した。彼はすぐに人でにぎわう市場に駆けつけてその

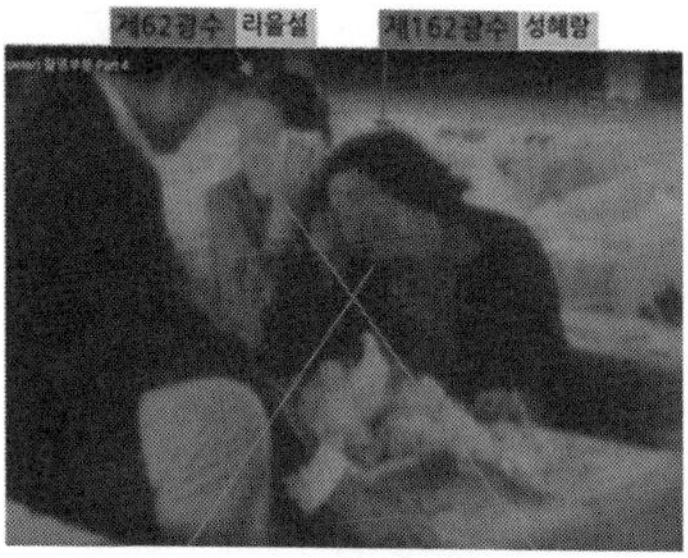

五・一八当時の写真
第62光殊：李乙雪、第162光殊：成蕙琅

ことを知らせて、デモ隊と共に亜細亜自動車に行き、車で全南大の正門に向かった。彼の乗った車が全南大正門前の高架橋にさしかかった時、突然銃声と共に発煙弾が炸裂した。

弟のイ・ジャンチュン氏は兄のイ・ヨンチュン氏が運転する車の後ろを走っていた。イ・ヨンチュン氏が全南大前の高架橋にさしかかった時に、銃声が響きわたり、発煙弾が炸裂するのを目撃した。ところが、煙が収まるとイ・ヨンチュン氏は車ごとどこかに消えてしまっていた。イ・ジャンチュン氏がこのことを父親に知らせると、父親は息子を見つけようと光州と全羅南道地域をくまなく探し回った。鞄まで背負って歩き回ったが、息子の行方はようとして知れなかった。イ・ヨンチュン氏は既に亡くなっていたのである。同氏は光州刑務所で亡くなり、北区望月洞に葬られていたのだ。後にこのことを知った家族は光州警察署に駆けつけて同署に保管されていた遺体の写真や衣類、金歯などからイ・ヨンチュン氏本人であることを確認し、死因を知った。父親とともに一家を支える大黒柱であったイ・ヨンチュン氏の死に衝撃を受けた弟さんの一人が落胆のあまり自殺し、イ・ジャンチュン氏まで不慮の事故で亡くなった。（証言者：イ・ジャンチュン）

（二〇一六年五月十七日付『ハンギョレ新聞』）

この日、全羅南道木浦で会った金氏は、「悔しくて、悔しくて…私は告訴せずにはいられなかったの。話すだけでも腹わたが煮えくり返る」と語った。金氏の長男であるイ・ヨンチュン氏（当時二十六歳）は、七九年に運転兵として軍の服務を終えてから良洞市場で青果商を営んでいた。八〇年五月の戒厳軍の情け容赦のない弾圧に憤った同氏は示威に参加し、五月二十一日に亜細亜自動車（現起亜自動車）工場から示威鎮圧用のペッパーフォッグ車両を持ち出した。その翌日、光州刑務所前の道路で行われた空挺部隊との銃撃戦で眼部盲管銃創（三カ所）を負って亡くなった。その遺体は遺棄されたが、改めて光州市北区望月洞にあった旧墓地に埋葬された。金氏は、同年六月三十日になって警察から長男の死を知らされた。チェック柄のジャンパーと午後一時二十三分で止まっている腕時計から息子であることがわかったという。

シム・ボンネの場合

シム・ボンネは一九四〇年生まれの海南郡に住む農家のおかみさんである。彼女はイロハのイの字も知らないと言った。身長が百四十五センチメートル程の非常に小柄なこの女性は、法廷での意思疎通がほとんど不可能だった。そのため一回目の尋問は中断を余儀なくされ、日を改めて再度行われたが、この女性もインターネットとは全く縁がなかった。ところが、五・一八記念財団は彼女を被害者に仕立てて「彼女はインターネットで名誉を傷つけられた」と代理告訴を行い、併せて光州裁判所に損害賠償請求事件を提起したのである。名前だけ借用したのだ。この財団が九五年に彼女を「第六十二光殊（李乙雪）」に仕立てて提訴した左の民事事件で、光州裁判所のイ・チャンハン裁判長は彼女が「第六十二光殊」だと認定して、著者に賠償金の支払いを命じた。ところが、記念財団は、その四十日後に開かれた別件事件の裁判で、「彼女は第六十二光殊ではなく、第百三十九光殊だ」と平然と言ってのけたのである。このようなとんでもないことを言い出したにもかかわらず、光州裁判所の判事はまたもや財団に肩入れした。この事件を担当した光州一高出身のキム・テホ裁判長は、判決でシム・ボンネの主張を全て認容し、著者に賠償金を払わせたのである。

シム・ボンネは法廷で「本件事件で被告人（著者）が第百三十九光殊と呼んでいる人物が私だ。これは、夫が銃傷で死亡したという通知を受け取って光州にやって来た私が夫の棺の前で泣いているところを撮られた写真だ。私は第六十二光殊ではない」という趣旨の陳述を行った。『証拠記録』四百十三頁に、「海南に住むシム・ボンネが面（行政区画の一つ）の事務所の職員から夫の死亡通知を受け取ったのは、五月末ごろだった」と記載されている。ところが、彼女が自分だと述べた写真が撮られたのは、八〇年五月二十三日なのだ。

次頁下の写真は『朝鮮日報　写真ＤＢ』（大韓民国建国時から『朝鮮日報』社が保有している二百九十万余りの写真が収録されているデータベース）からダウンロードした写真で、登録日は八〇年五月二十三日となっている。同年五月三十日午前八時に海南から全羅南道庁に到着したシム・ボンネが五月二十三日に道庁で棺にしがみついて泣いていたと主張するのもあきれ返った話だが、それを鵜呑みにして判決を下した裁判所も裁判所だ。裁判史上稀に見る珍妙な判決に違いない。

（**『証拠記録』四百十三頁**）

墓域区分：一墓域

墓域番号：一―四
氏　　名：キム・インテ
出生年度：一九三三・〇一・〇二
死亡日：一九八〇・〇五・二〇
移葬日：一九九七・〇五・〇九
職　　業：農業
死亡場所：全南大付近で負傷した後、光州刑務所付近の山で発見
死亡原因：打撲傷（右側頭蓋骨圧迫骨折）
内　　容：今も変わらぬただ一人の夫

海南で農業を営んでいたキム・インテ氏と光州との縁は、長男が光州の高等学校を終えて、下宿していることぐらいであった。同氏は男児に恵まれなかった両親が待ち望んでいた一人息子であり、結婚したシム・ボンネ氏との間に息子四人、娘二人を設けて農業を営みながら幸せに暮らしていた。キム・インテ氏の長男は光州の高等学校に通い、一九八〇年二月に卒業したが、下宿代を滞納して家に帰ることができずにいた。キム・インテ氏はようやく仕事が一段落したので、一九八〇年五月十九日に滞納している長男の下宿代を払おうと妻や子を家に残して一人で光州に出かけた。家を出たキム・インテ氏から十日以上連絡がなかったが、シム・ボンネ氏はそれほど深刻に受けとめず、夫の帰りを待ち

要　約：登録日 19800523 ／写真の大きさ 1396 × 924 ピクセル／ファイル容量 401759 バイト
著作権：朝鮮日報社
出処：『朝鮮日報』
撮影者：イ・ヨンベ

続けた。五月末頃、シム・ボンネ氏は買い物をしようと市内に出かける途中で、偶然出会った面の事務所の職員からキム・インテ氏の死亡通知書が事務所に届いていることを知らされたのである。

「望月洞　仮埋葬」と入力して検索すると、一九九九年五月にシム・ボンネ氏が夫の遺体について証言を行った記録が出て来るが、彼女は、「夫に会おうと全羅南道庁に到着したのは五月三十日午前八時だ」と答えている。

「木浦で光州行のバスに乗って道庁前に着いたのが、朝八時頃でした。道庁前には私と同じ境遇の人が集まっていましたが、すぐに市で手配してくれたバスに乗って望月洞の墓地に出発しました。望月洞には既に穴が掘られていて、棺は片側に並べて置かれていました」

キム・インテ（一九三三・一〇・二八‐一九八〇・五・二〇）
職　業：農業
死亡場所：全南大付近で負傷した後、光州刑務所付近の山で発見
死亡原因：打撲傷（右側頭蓋骨圧迫骨折）
墓地番号：一‐四〇

「証言録」証言者：シム・ボンネ（妻）一九九九・五

長男の下宿代を払いに行った夫の代わりに帰って来た死亡通知書

死亡者キム・インテは海南で農業を営み、四男二女を養育する平凡な家長だった。一九八〇年五月十九日に滞納していた長男のキム・ジュンヒョンの下宿代を支払うために光州に行き、戒厳軍に捕まって死亡した。

夫は海南で農業を営み、私と六人の子どもを養いながらつましく暮らしていた本当に平凡な一家の大黒柱でした。夫は、五月十九日、家の事情で延び延びになっていた長男のジュンヒョニの下宿代を払いに光州に出かけました。長男はその年の二月にサレジオ高等学校を卒業していたのですが、下宿代を払うことができなかったので、それ以上先延ばしにすることができなかったのです。「農繁期で忙しいから下宿代を払ったらすぐに帰って来る」と言って出かけた夫から十日間連絡がありませんでした。他に連絡する方法もない時代だったし、男の人は外に出かけたらあれこれ用事もあるだろうしと思って、じっと待っていました。長男の話によると、光州に着いた夫はまず下宿屋に寄って滞納していた下宿代を払ってそこを出たそうです。このことは八二年頃に長男が下宿屋に行っておかみさんから直接確認しました。十日ほど経った頃（五月二十九日と思われる）、一番下の息子をおぶって面事務所のすぐ横に肥料を買いに出かけたのですが、バスの停留所で偶然山二（サニ）面の事務所の職員と会いました。その人が、「奥さん、面の事務所に旦那さんの死亡通知が届いているから急いで行ってください」と言ったので、すぐに面の事務所に行きました。死亡通知書には、夫が望月洞に仮埋葬されているから二十九日までに遺体を確認するようにと書かれていました。夫のポケットに入っていた住民登録証を見て通知書が海南郡山二面の事務所に届けられたようです。

あの当時は光州に行く交通手段が大してなかったので、仕方なく三十日朝六時に義姉と村のお年寄りに付き添ってもらって三十万ウォンで借りたポンポン船で木浦まで行きました。木浦で光州行のバスに乗り換えて道庁前に着いたのが、確か朝の八時頃です。道庁前には私と同じ境遇の人が集まっていましたが、すぐに市で手配してくれたバスに乗って望月洞の墓地に出発しました。望月洞には既に穴が掘られていて、棺は片側に並べて置かれていました。一日当たり遺体を十五体ずつ確認して埋葬しているということでしたが、夫の遺体を確認してから一緒に来た義姉、村のお年寄りと一緒に葬式をすませました。

二）「被害者」に従順な光州裁判所

シム・ボンネは、光州地方裁判所で第六十二光殊だと主張して認められた。その一カ月後、彼女は、「私は第六十二光殊ではなく、第百三十九光殊だ」と述べて、損害賠償請求事件で勝訴した。しかし、前述のごとく、五月二十三日に彼女がいたのは光州ではなく、海南である。従って、「朝鮮日報ＤＢ」に写っている人物が別人であることが明らかであるにもかかわらず、光州裁判所は、臆面もなく、彼女の主張と証言が具体的かつ詳細で、矛盾がないと述べたのである。

三）シム・ボンネと洪一茜の映像比較

著者は、二〇一八年十二月十七日付総合答弁書でホームレス・ダミョの分析内容を元に説明した。三カ所に決定的な違いが認められる。

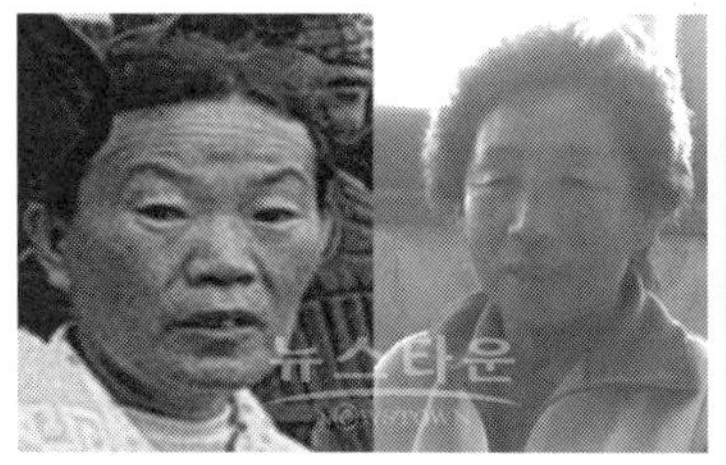

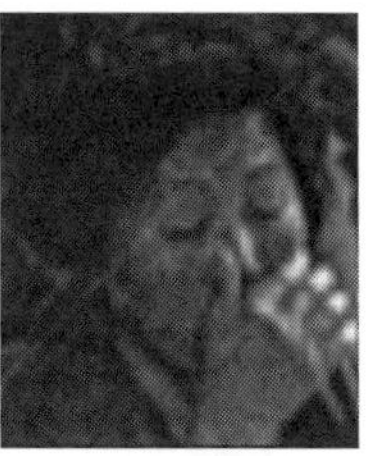

第62光殊
(1980)

シム・ボンネ
(2016)

第139光殊
(1980)

第62光殊、朝鮮人民軍元帥・李乙雪

第138光殊→金成基、第64光殊→孫聖模
第137光殊→金鉡星、第144光殊→金貞淑
第139光殊→洪一茜、第62光殊→李乙雪

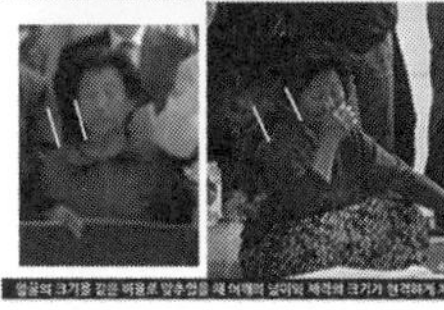

横断幕：5.18真実歪曲　池萬元二次告訴
記者会見　2015.10.20

中央の女性がシム・ボンネ
シム・ボンネは、背が極めて低く、肩幅が狭く、小作りだ。
顔の大きさを同じ比率に合わせると、肩幅と体格が明らかに異なる。
横と後ろにいる人物の身長が平均身長（170センチメートル程）だとすると、シム・ボンネの身長は150センチメートル以下と推定される。

まず、シム・ボンネの顔面の形は顎の下に向かって後退するパガジ（ひょうたんを二つに割った）形である。

次に、洪一茜の顔面は後退した部分がなく、上下に長く、いわゆるうりざね顔である。

さらに、シム・ボンネの額の髪際線は水平であるが、洪一茜の髪際線には円形の曲線がある。

もう一つの決定的な違いは、シム・ボンネの山根（骨相学で鼻柱と眉間を指す）低点が極めて上方に位置する点だ。

髪際の輪郭が異なり、シム・ボンネの鼻背がより長く、山根低点、顔面の形に決定的な違いがある。

また、額の曲率角にも若干の違いがあり、人相も異なることから、同一人物とは言えない。

左上→２顎が上顎部から下顎部にかけてより前方に伸びている。
顔の下側の形状が後ろ側に入り込んでいる。
年老いたシム・ボンネの額の髪際線は若い頃と同様に水平である。洪一茜の髪際は若い頃と同じ細胞核のような円形の曲線が認められ、これは光州で撮られた第139光殊の顔画像と一致する。

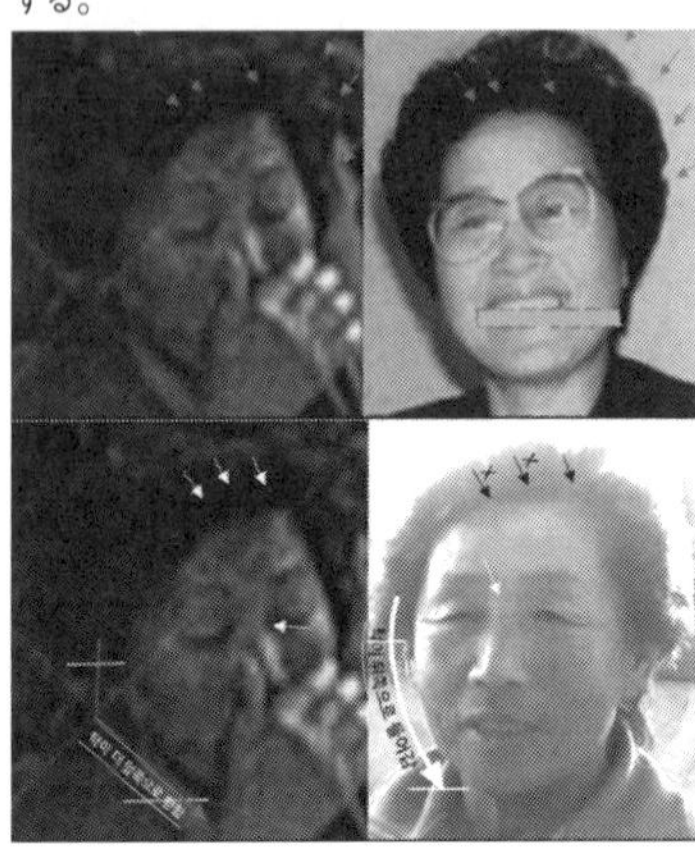

額の対面角と曲率、髪際の輪郭が一致し、髪型も全く同じだ。表情は異なるが、全般的な顔の形状と角度、醸し出すイメージが同一である。

三) ホームレス・ダミョによる顔の分析の要約

シム・ボンネと洪一茜（金正日の最初の妻）の決定的な違いは次の三通りである。

一、シム・ボンネの顔面の形はいわゆるパガジ形である。だが、洪一茜の顔面は直線状で、比較的面長なうりざね顔である。

二、シム・ボンネの額の髪際の輪郭は直線状である。一方、洪一茜の額の髪際には円形状の湾曲がある。光州の写真と平壌の写真にその特徴が認められる。（決定的な差異点）

三、もう一つの決定的な相違点は、シム・ボンネは鼻背が長く、山根低点の位置が極めて上にあることだ。これはこの人物固有の特徴であり、他の人間と識別する上で極めて有力な手掛かりとなる。これに対し、洪一茜の山根低点はもっと下の位置にある。（決定的違い）

四、本文二百二十五頁左下写真からもわかるように、シム・ボンネは身長が低く、非常に小柄だ。横と後ろに立っている男性の身長が平均身長（百七十センチメートル程）だとすると、シム・ボンネの身長は百五十センチメートル以下で、洪一茜とは骨格や体格が全く異なる。とりわけ、肩幅の差が顕著である。頭部を除けば洪一茜とシム・ボンネの体格は大人と子供ほどの差がある。シム・ボンネが若い頃家族と一緒に撮った写真からもわかるように、非常に背が低く小作りだ。だが、洪一茜は肩ががっしりとしていて、男性とそれほど変わらない体格である。彼女の後ろに立っている男性と比較することによって、彼女の肩と体格の大きさが分かる。

パク・ナムソンの場合

パク・ナムソンは一九五四年生まれで、光州事件発生当時は建設資材の販売の仕事をしていたようである。一九八〇年に戒厳普通軍法会議検察部に出頭して陳述した「被疑者審問調書」（一、二回）によると、彼は、一九八〇年五月二十日は鶏林洞、山水洞、豊郷洞など〝騒動の核心地域〟以外の場所で街頭デモに参加していた。そして、五月二十三日十四時頃に赤十字病院に安置されていた十九体の遺体を道庁に運ぶ作業に動員された時に初めて全羅南道庁に足を踏み入れたのである。

その後、道庁に集められた遺体を近くの尚武館に移す作業にも参加したが、上部から動員されて参加したにすぎなかった。だが、五月二十五日午前五時まで穏健派のキム・チャンギルが委員長を務めていた「市民学生収拾委員会」の副委員長だった金宗倍の推薦で情況室長になった。情況室長となった後も大してやることはなく、四十五口径の拳銃を肩に下げて歩き回り、若い学生を見かけると思いつくままに指示を与えていたにすぎない。五月二十六日午後六時頃、金宗倍から、キム・チャンギルらが自分たちを戒厳軍に引き渡そうとしているという話を聞いた彼は、会議が開かれている副知事室に押しかけてキム・チャンギルをピストルで脅して追い出した。そして、二十七日早朝に道庁二階の会議室から出て戒厳軍に投降して、逮捕されたのである。彼は、情況室で一緒に活動していたのは六人だと述べている。世間的には彼は光州事件で大いに活躍した人物だと受け止められ、本人もそのように自負しているようだが、著者には大いに疑問の余地があるように思える。そんな人物が二〇一八年六月二十一日に本件事件の証人として出頭し、「六百人の民間戦闘部隊を指揮した」と悪びれる様子もなく豪語したのである。

（『パク・ナムソン**録取書**』二**頁**）

検事：証人は当時武装した市民の総指揮官でしたか？

パク・ナムソン：はい。

（『パク・ナムソン**録取書**』**七頁**）

問：すべての市民軍を証人が指揮したのですか？

答：はい、そうです。

被害者パク・ナムソンは、本法廷で、「証人は、光州事件当時、二十七歳でした。これは、市民軍の総指揮官だった証人が写真を撮っていた不審者を捕まえて道庁内の市民情況室に連れて行くところを撮った写真で、当時の私はこの写真のように銃と無線機を持ち歩いていました」と陳述した。

二）ホームレス・ダミョの黄長燁の顔の分析

パク・ナムソンは著者が第七十一光殊の顔を捏造変造したと主張したが、その証拠はない。だが、それを否定する証拠はある。

パク・ナムソンは、「上の写真の第七十一光殊とされている人物は自分だが、著者が黄長燁の顔と

パク・ナムソン
（1980）

第 71 光殊
（1980）

黄長燁
（1998）

パク・ナムソン
（2016）

同じ顔になるように頭部を合成した」、「被告人（著者）が自分の顎の部分を黄長燁に似せて角ばった形に修正した」と述べた。

左の写真は『朝鮮日報写真ＤＢ』に収められている一九八〇年五月二十四日に撮られた写真だが、これが著者が原本写真に手を加えなかったことを証明する証拠である。

二）黄長燁とパク・ナムソンの顔の比較分析

二〇一八年十二月十七日に提出した『総合答弁書』三十四～五十二頁は、パク・ナムソンに関する部分である。この内容を見れば分かるが、彼の陳述は矛盾する部分が多く、状況や事実資料と相違する内容がほとんどで、信憑性に欠ける。また、前述のとおり、パク・ナムソンと光殊は頬の特徴が明らかに異なっており、パク・ナムソン自身も第七十一光殊の顔と黄長燁の顔が似ていると述べているのだ。にもかかわらず、原審はこれらを不問に付したまま彼の陳述が真実だと判示したのだ。

" 저작권 이용약관"에 동의하셔야 사진 구매가 가능합니다. 저작권 이용약관 보기
" 저작권 이용약관"에 동의합니다. □ (체크하기)

출판용으로 구매하기 | 상업용으로 구매하기

요 약	등록일 : 19800524 | 사진크기 : 840 x 1212 픽셀 | 파일용량 : 315147 Byte
저작권	조선일보사
출 처	조선일보
촬영자	이명배

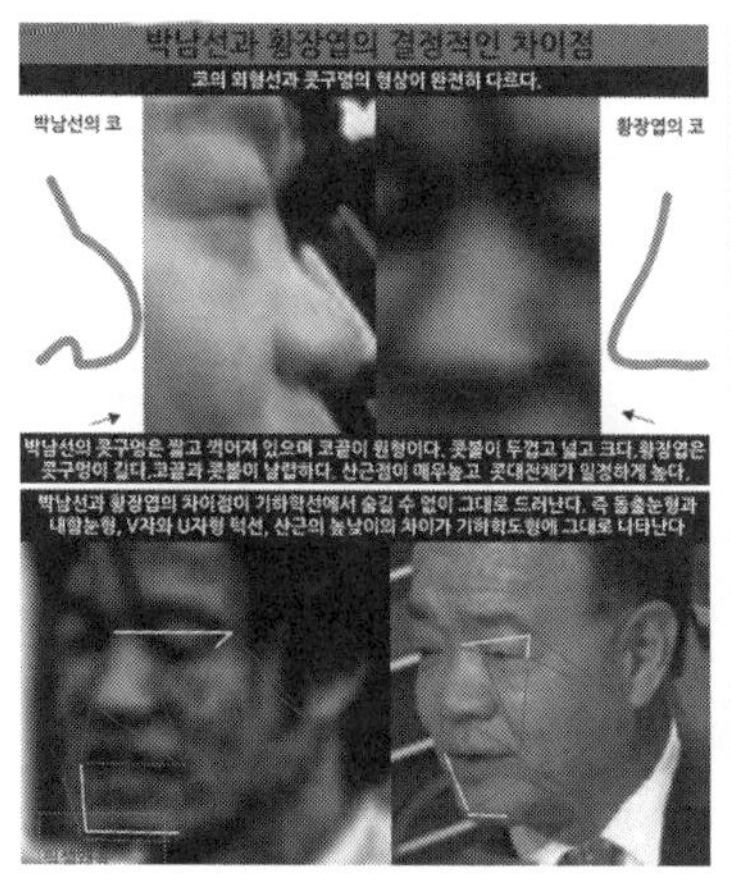

左：パク・ナムソンの鼻、右：黄長燁の鼻
パク・ナムソンの鼻孔は短くて湾曲しており、鼻尖は円形だ。鼻翼は肉厚で広く大きい。？長燁は鼻孔が縦長で、鼻尖と鼻翼がすらりとしている。山根点が高く、眉間から鼻尖にかけて鼻梁が高い。幾何学線を描くと、パク・ナムソンと？長燁の相違点がはっきりとわかる。即ち、上眼瞼の形状、顎の輪郭、山根の高さの違いが顕著に表れるのである。

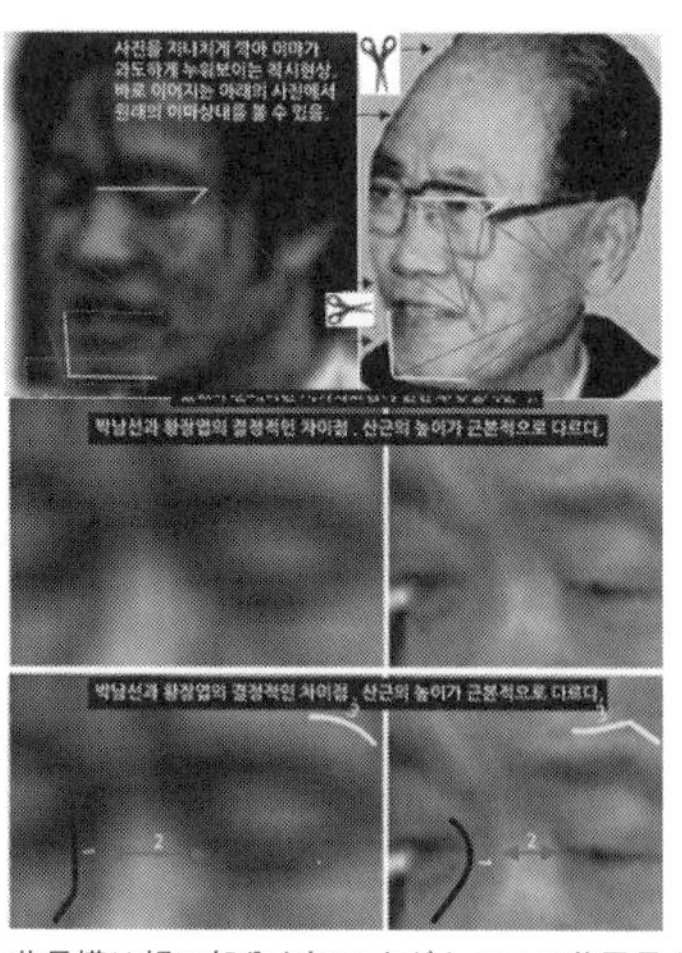

黄長燁は額の部分を切りすぎたせいで若干長さの違いが生じたが、全体的な幾何学図形はが完全に一致する。
中：パク・ナムソンと黄長燁の決定的な相違点は、山根部分の高さだ
下：パク・ナムソンと？長燁の決定的な相違点は、山根部分の高さだ「一」の線形が異なる。「二」の高さが非常に異なる。眉の形が異なる。

彼は、「被告人（著者）が自分（パク・ナムソン）の写真を光殊の顔画像の顎の部分を修正して黄長燁に似せた」と荒唐無稽な主張をしたが、自分の顔写真を提出せず、著者がどの部分をどのように加工したのか具体的な説明もしなかった。そして、渋々光殊の顔画像と黄長燁の頬にあるS字状のカーブが自分にはないことを認めたのである。

一九八〇年八月十八日に作成された戒厳軍法会議の『被疑者審問調書』に彼の経歴と逮捕されるまでの彼の行動等にかかる記載があるが、その概略は前述の通りだ。

また、彼が持ち歩いていた武器は拳銃で、第七十一光殊が持っていたM16榴弾発射機ではない。無線機で指示したり、現場の写真にある第七十一光殊のように屈強の男たちを統率した記録も全くない。

彼が状況室長としてやったことは『被疑者

審問調書』にきっちりと記載されている。

（私は一九八〇年五月二十五日金宗倍から頼まれて状況室長となったがその前は）キム・ファソンが自称総司令官、作戦本部長だと名乗って無線機を持ち歩き、道庁の後門警戒や巡察組に指示を出していたようです。私は状況室長になった後も道庁正門の警備兵を統率していただけです。

（『**被疑者審問調書**』三頁）

第七十一光殊の写真は一九八〇年五月二十四日に朝鮮日報DBに登録された。第七十一光殊は黒い短靴を吐いて無線機とM16榴弾発射機を持って、壮健でたくましい体格を持った者たちを指揮したが、『被疑者審問調書』の記録にはどこにもこのような姿を連想させる状況記録はない。この写真の中で第七十一光殊が所持していた銃は間違いなくM16榴弾発射機である。これはM16小銃にM23榴弾発射機を結合させ、手榴弾程度の爆発力を持った榴弾を最大四百メートルまで飛ばせる特殊火器であり、訓練を受けた人間のみが使える武器なのだ。

二〇一七年七月七日。彼は光州法廷に現れ、彼が持って歩いたと主張するM16榴弾発射機に関して最も初歩的内容の照準及び激発装置がどこについているかすら知らないと言った。眠る時にも「ウォーカー」を履いて寝たと言うが、第七十一光殊は〝黒色の短靴〟を履いていた。だが、パク・ナムソンは光州現場写真の中の主役たちを自分が指揮したと主張した。

従って、一九八〇年五月二十五日以降、所謂抗争司令官として振舞ったのは金宗倍であり、彼パク・

ナムソンは、一九八〇年五月二十六日に金宗倍の依頼で初めて拳銃を持ち歩いて、戒厳軍法会議の『被疑者審問調書』のとおり、正門前にいる学生に指示を出したり、遺体を運んだり、入棺の際に酒を注いだりといった補助的な仕事をしていたにすぎないのである。

（『パク・ナムソン**録取書**』**六〜七頁**）

弁護人：証人は被告人（著者）が証人の写真を黄長燁の顔に似せて顎を角ばった形にしたと主張しましたね。

パク・ナムソン：はい。

問：証人は二〇一七年七月七日に光州地方裁判所で行われた損害賠償請求事件の当事者本人尋問でも同様のことをおっしゃいましたね。

答：はい。

問：額、鼻、頬、口、耳は変形されていませんか。

答：私は専門ではないので、どこからどこまで変形されているのかわかりません。

（『パク・ナムソン**録取書**』**九頁**）

問：証人は被告人池萬元が第七十一光殊の顔を捏造したと主張なさったにもかかわらず、捏造されていないオリジナルの写真を提出されていませんね。

答：全部提出したはずですが。第七十一光殊だと被告人（著者）が指摘している写真と比較してくれということで、私が刑務所から出てから写した写真を三枚提示したはずですが…。

M16榴弾発射機と榴弾を入れる袋の写真を見せてもM16榴弾発射機だと認識できなかった。

（『パク・ナムソン録取書』十一頁）

問：写真の○で囲まれた人の胸にある膨らんだ袋が何かわかりますか？

答：服を見ると、私の写真ではありませんね。他の人の写真なので、わかりません。

問：本人でなくても、あれが何かわかりますか？

答：あの写真を見てどんな武器かわかると思いますか？　他の人の写真なので、胸にあるのが何かなんてわかりません。

ごつい手にM16榴弾発射機
胸には榴弾の入った袋

（『パク・ナムソン録取書』十二～十三頁）

問：以前、本弁護人が下の写真を示して、五・五六ミリメートルの実弾と榴弾を発射するときにそれぞれどの引き金と照準器を使用するのかお尋ねした時、証人は「（使い方を）聞いたけれども使ったことがないのでわからない」と答えられましたよね。

答：はい。

（『パク・ナムソン録取書』十三頁）

問：当時、空挺部隊は下の写真のように実弾が装填されていないM16を背中に担いでいました。証人が主張されるようにM16榴弾発射機は空挺部隊と戦闘した際に奪ったものだとすると、いつ、どこで闘い、どのような経緯で奪ったのかお話しいただけますか？

答：三十八年もたった今、何月何日何時にどこで銃を手に入れたか、詳しく覚えていると思いますか。

パク・ナムソンは五・一八民主化有功者の下位級（第十級）だと述べた。

（『パク・ナムソン録取書』十九〜二十頁）

問：キム・チャンギル、金宗倍、ホ・ユジョン、チョン・サンヨン、証人などは五・一八有功者の中の最高の等級にある人々ですね。

答：私は一審で死刑宣告を受けたにもかかわらず、十四級まである五・一八民主化有功者の十級です。

判事：一級が一番上ですね。

答：はい、そうです。

ペク・ジョンファンの場合

ペク・ジョンファンは一九六二年生まれで、光州事件当時は十八歳の最下層労働者だった。ホームレス・ダミョの鑑定結果によると、第百光殊は一九四一年生まれの北朝鮮の体育相・朴明哲(パクミョンチョル)だが、ペク・ジョンファンはぼやけた写真二枚を提出して、「誰でも一目見ただけで第百光殊が自分の顔だとわかるはずだ」と述べて著者を告訴した。第百光殊は次頁の左上の上下二枚の写真に写っている。これらに写っている第百光殊は、同じ服と軍手を身に着けている。ところが、ペク・ジョンファンは、「上の写真に写っているのは自分だが、下の写真は自分ではない」と主張したのである。

ただの十八歳の靴磨き少年が銃を持ち、覚悟を持って戦っていると見られる集団の中にいるのが理解ができない。

公判検事は顔の主要な部位が見えないように加工されたペク・ジョンファンのぼやけた写真のコピーしか著者側に渡してくれなかったが、ホームレス・ダミョは誠心誠意分析を行った。一枚は一九八〇年に撮影した古い写真で、もう一枚は四十代の頃に写した運転免許証の写真である。

上のシールドのない写真を参考にして両者の左右の目の眼尻から眼尻までを結んだ線の長さを合わせると、両者の顔の大きさと幅が異なるのは、顔の中で左右の目が占める比率が一方は大きく、もう一方は小さい

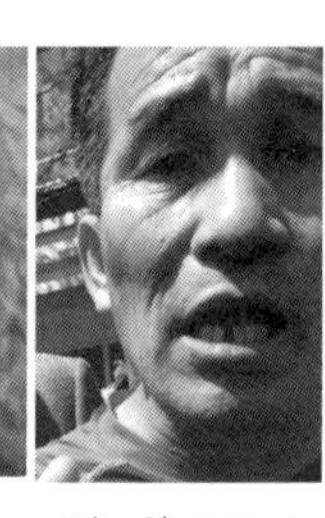

ペク・ジョンファン（2016）

ペク・ジョンファン（1980）

ペク・ジョンファン（運転免許証）

第 100 光殊、朴明哲

朴明哲（当時 40 歳）

ことを意味する。これは、二次元的な写真像の物理的対照方法である。

反対に顔の大きさを合わせると、目の幅と長さが上の場合と逆の状態になる。このことからも両者の目の占有率が異なることがわかる。

ここで写真上の顔の大きさを合わせるのは、俯いたり後ろを振り向いたりすると表面積が縮小化するので上下幅は比較対象外となってしまうが、大きく顔を回さずに顔の両端が見える正面顔画像であれば、それを同じ大きさにして顔の両端を結ぶことによって顔の物理的大きさを比較することが可能になるからだ。

次頁の比較写真の両端に矢印のついた線は同じ長さである。この線を用いて平面的な顔画像の顔の大きさを比較することができる。

従って表面的に顔の大きさを合わせた時に同一人物であれば、顔の各部位の占有率がほとんど同じでなければならない。ところが、この両者は、顔の各部位の占有率が著しく異なり、外見的にも各部分の形状や骨格の構造が異なる。

額の幅と高さの占有比率が全く異なり、額の表面等高角、髪際の輪郭線も全く異なる。

左右の目の眼尻から眼尻までの長さ、眉と目の形状、眼窩の骨格及び眼窩の形成筋肉層が異なる。

この二枚の写真の人物が別人であることは、次の比較写真からも明らかである。これらにより、両者が別人であることが幾何学的、物理的に証明されるのである。

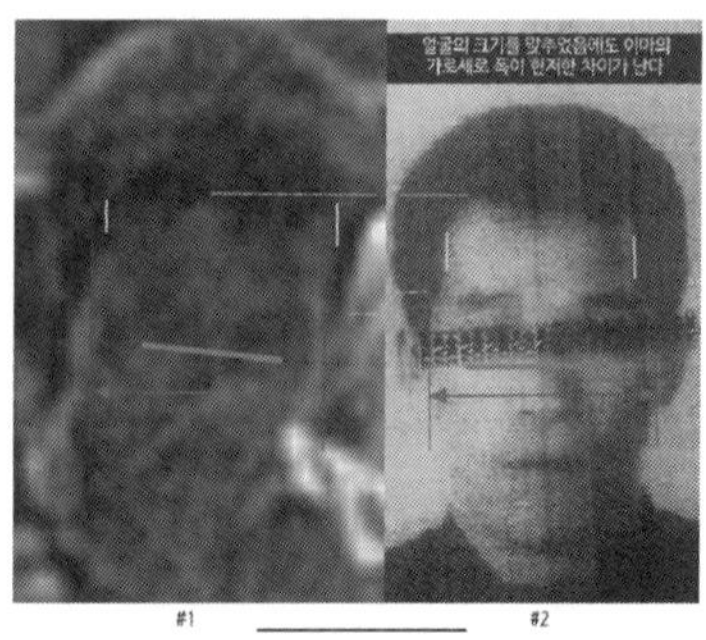

顔の大きさを同一にすると、明らかに額の縦横の幅が異なる。形状と比率が顕著に異なる。

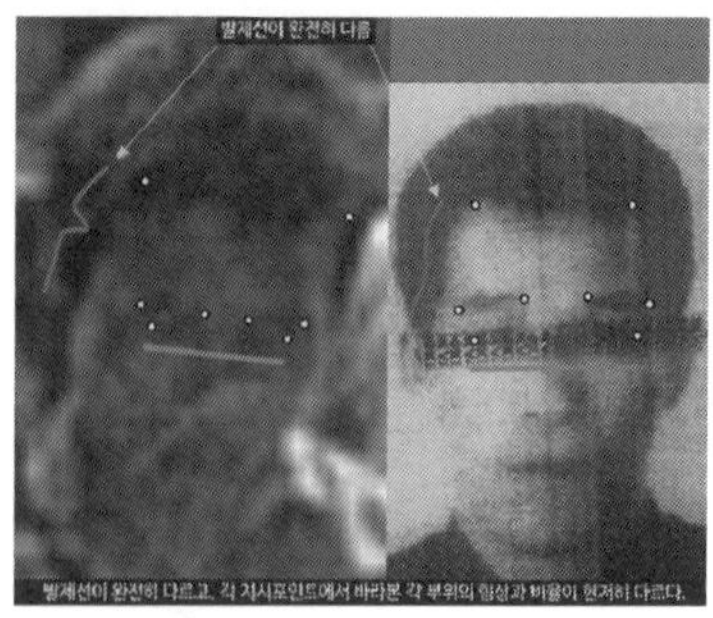

左側の髪際の輪郭線が完全に異なり、各指示ポイントが付された顔の各部位の形状と比率も全く異なる。

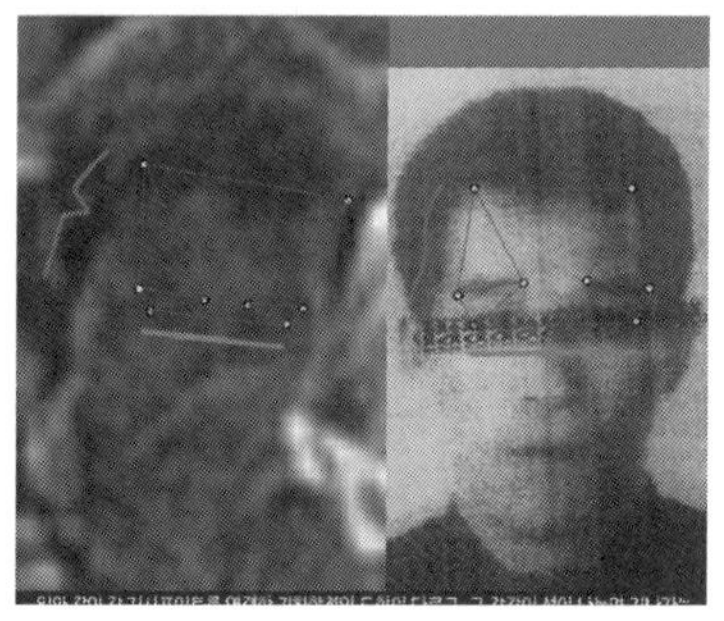

各ポイントを線でつないで出来上がった幾何学的な図形が全く異なる。そのそれぞれの線が示している左右の形状と比率が違うということは犯罪現場に残された指紋が違うというのと同じように法医学捜査上最も確実な科学的証明となる。

パク・チョルの場合

パク・チョルは、光州事件当時、十八歳だった。彼は左の写真を提出して「被告人（著者）が第三百八十八光殊だと指摘した人物は私だ。誰が見ても一目で同じ人間だとわかるはずだ」と述べて、著者を告訴した。二〇一八年八月十六日付公判準備手続の期日調書に、裁判官が検事に対して、「提出されているパク・チョルの写真が識別困難なのではっきりと写っている写真を改めて提出せよ」と命じたことが記載されている。だが、写真は提出されなかった。

しかし、ホームレス・ダミョは不鮮明な写真を仔細に分析してパク・チョルと第三百八十八光殊が別人であることを明らかにした。これに対し、パク・チョルはその鑑定結果や著者の主張を否認するだけで、自らの主張を裏付ける証拠を提出しなかった。にもかかわらず、原審はパク・チョルの陳述は具体的で仔細であり矛盾がないと判決したのだった。

第 388 光殊、文応朝収買糧政相

著者は、二〇一八年十二月十七日付『総合答弁書』の百十七頁〜百二十一頁でパク・チョルの主張が非現実的で矛盾が多いことを指摘したが、原審はこの答弁書の部分を一顧だにせず、またもやパク・チョルの主張を全面的に認めたのである。

第三百八十八光殊：文応朝(ムンウンジョ)収買糧政相とパク・チョルの比較

まず全体的姿を一瞥すると、

一、若い頃のパク・チョル（③）の目は、光州で撮られた写真の光殊（文応朝＝②）よりも大きい。

二、③（パク・チョル）の眉は、②（光殊文応朝）よりも濃く、幅も広い。全体的な印象と顔立ちからして異なる。

三、②（光殊文応朝）と③（パク・チョル）が別人であることを確実に示す部位は人中の形状だ。右の対照写真でもわかるように②（光殊文応朝）の人中面角は内側に曲線を描いた内角の形だが、③（パク・チョル）は外側に曲線を描いた外角の形である。人中面角は終生変わることがない。②（光殊文応朝）は内角へ放物線を描いているのに対して、③（パク・チョル）は外角のへ放物線を描いていることから、両者は明らかに別人である。

四、②（光殊文応朝）と③（パク・チョル）は、額の広さと形状が異なる。②（光殊文応朝）の額は対面角が後ろに傾き、等高面角はひょうたんの表面のようにより緩慢な丸味を帯びた形をしている。③（パク・チョル）は対面角が上に直立し、側頭部の髪際の輪郭が②よりも狭いことが見て取れる。等高面角も②の額ほど丸みを帯びていない。

五、②（光殊文応朝）と③（パク・チョル）は鼻背部の形状が異なる。③（パク・チョル）は②（光殊文応朝）よりも厚みがある。また、写真の陰影の濃淡の影響により鼻筋に屈曲があるが、②

の鼻背よりも低い。

六、②（光殊文応朝）の唇はラッパのように末広がりにめくれ上がった形をしているが、③（パク・チョル）の唇は一文字にきりりと引き締まった形だ。

七、②（光殊文応朝）と③（パク・チョル）は顎の長さと形状が異なる。②（光殊文応朝）は長く、垂直だが、③（パク・チョル）は相対的に短く、先端部分が首の方向に傾斜している。これに対し、①の第三百八十八光殊：平壌の文応朝の顔画像と②、③の顔画像を比較対照した結果は次のとおりである。

#1 #2 #3

八、平壌文応朝（①）と②（光殊文応朝）の額の対面角と等高面角が完全に一致する。

九、平壌文応朝（①）と②（光殊文応朝）の眉陵骨と眉の形状が完全に一致する。

十、文応朝は加齢により瞼の肉付きがよくなり、眼尻が多少下がっているものの、目の形状は②（光殊文応朝）と同一である。

十一、平壌文応朝（①）と②（光殊文応朝）の山根の高さと等高角、鼻背の高さと対面角、鼻背とその側面の等高面角、鼻孔と鼻翼の形状が完全に一致する。

十二、平壌文応朝（①）と②（光殊文応朝）の人中の内面角と放物線角が完全に一致する。

十三、平壤文応朝（①）と②（光殊文応朝）の人物のラッパのように末広がりにめくれ上がった唇の形、唇を一方にゆがめて開いた時の口の形、口の隙間から見える歯の形状および丸みがかっている が下が狭くなった顎と顎の対面角の形状が一致。特に口と顎の周辺の特徴が一致する。

次に各部分について分析してみよう。

図1、光殊文応朝（②）の人中面角は内向きの放物線を描いている。平壌文応朝（①）も同様である。これに対し、③のパク・チョルは人中の長さがより長く外向きの放物線である。人中面角は生涯変わることのない部位であり、①・②の人物と③の人物は明らかに別人である。

図2、②（光殊文応朝）と①（平壌文応朝）の唇はラッパのような形状で、輪郭がラッパのベルに似ている。これに対し、③（パク・チョル）の上唇は輪郭がはっきりとしており直線状で①・②の唇と全く異なる形状である。また、上唇が薄く、下唇が厚い点も①・②と異なる。

図3、顎の形状と口の周辺の形状も著しく異なる。矢印二が指し示す部位が、②は下顎が曲線を描いて外側に突き出しているが、③の顎は②より短く、直線状で徐々に内側に傾斜しており、両者の下顎の骨格構造が全く異なることが分かる。また、②の下唇は丸みを帯びているが、③の下唇の等高面角は相対的に角度が緩やかで、角ばった形をしている。ところが、①と②は、この部位の特徴が一致する。

図4、②の額の等高面角は緩慢なひょうたん型の丸みを帯びているが、③は両端を除き、ほぼ水平

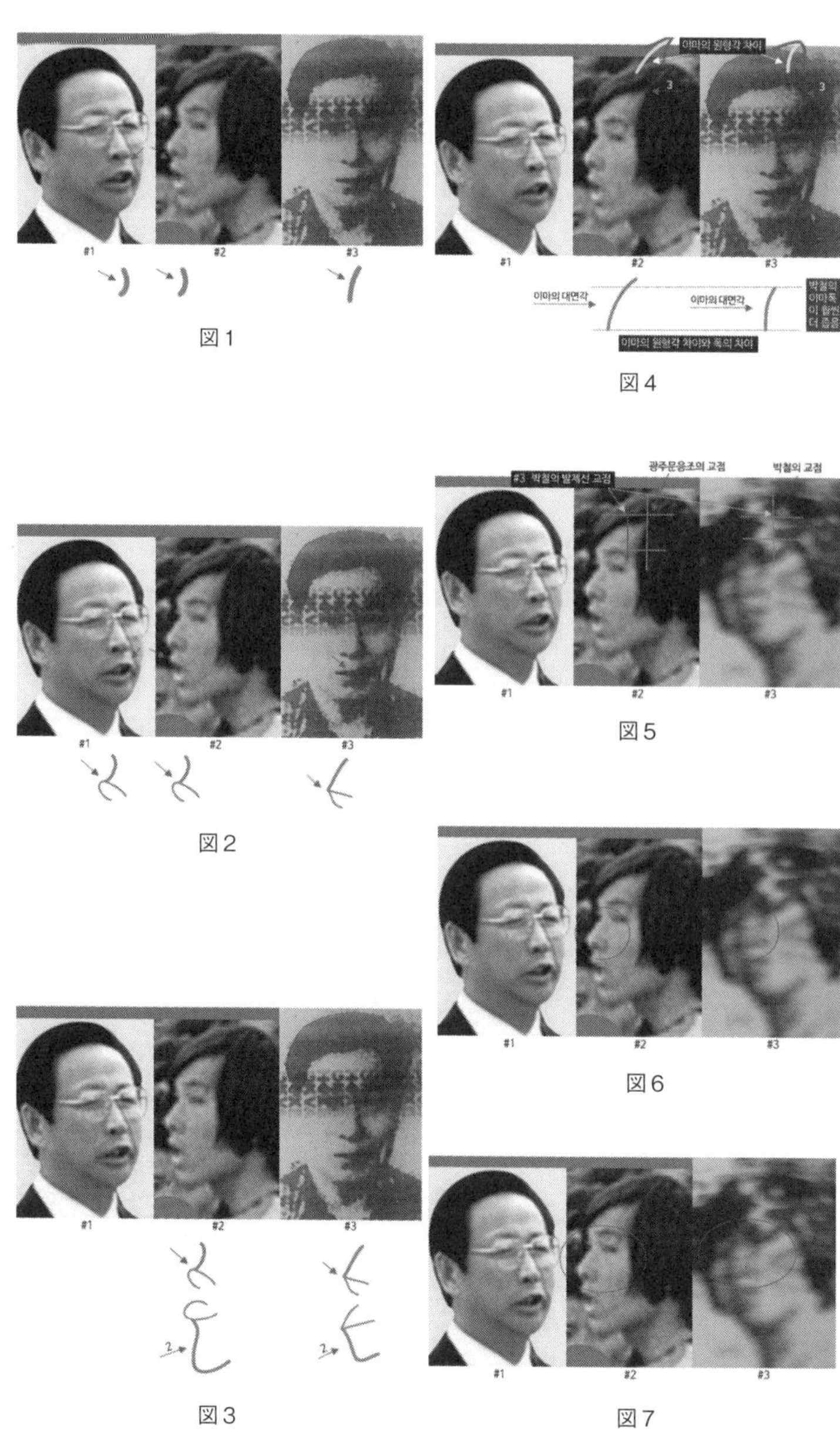

図1

図2

図3

図4

図5

図6

図7

である。②の矢印三が示している部分は上下左右の幅がかなり広く、上の方に切れ上がっているが、③の額は上下左右の幅が狭く、形状の角度がほぼ直角で、髪際線も上と横の幅が②よりもはるかに狭い。

図5、②の額は幅と広さがあり、交点が上方にあるが、③の額は狭く、交点と目の距離が②よりもはるかに短い。

図6、②と③の鼻は、形状が根本的に異なる。上の写真でわかるように、鼻背の形状と角度が異なり、山根低点、鼻翼の形状も異なる。

図7、上の②と③の顔画像の丸で囲まれた目と鼻に続く等高線と等高面角、占有比率、顔つきなど

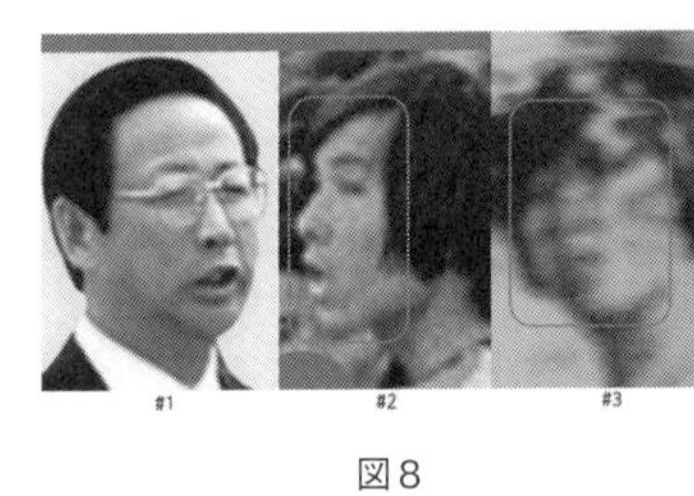

図8

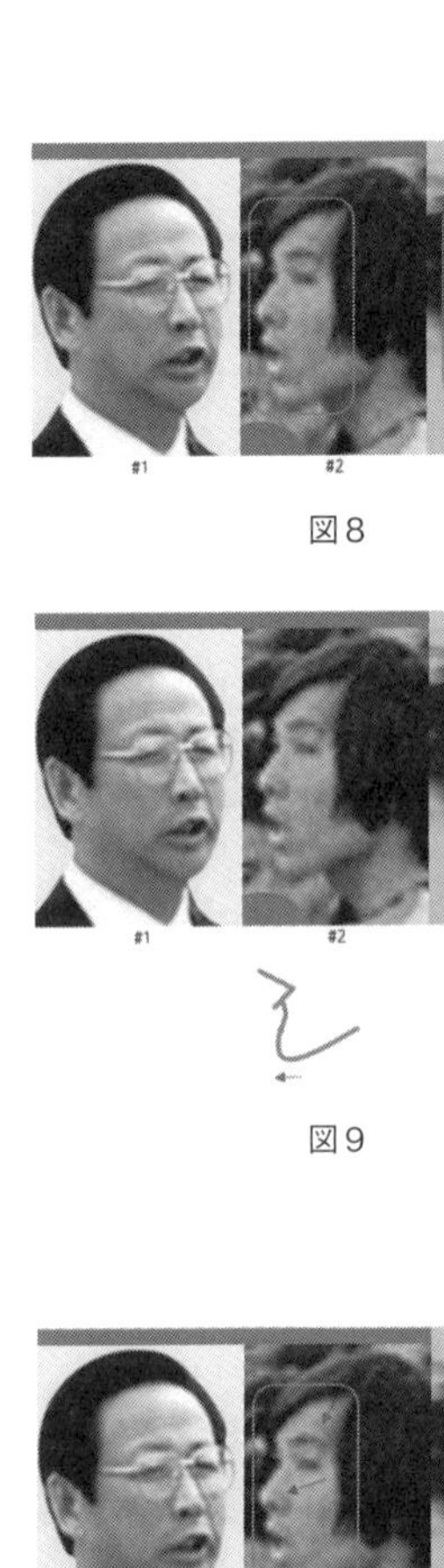

図9

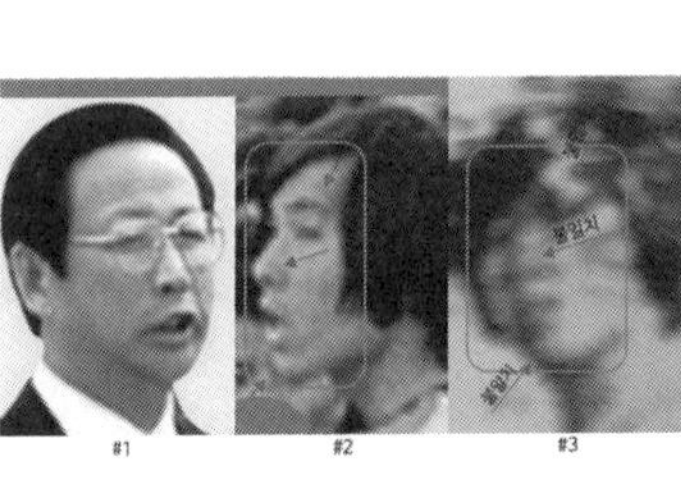

図10

図11

が全く異なる。

図8、②と③の顔画像の四角い枠で囲まれた部分の顔だちと顔面の骨相が異なる。②の顔面の骨相は横が短く縦が長いひょうたん型であり、③は相対的に横が長く縦が短い。

図9、②と③は、顎の形状が異なる。①と②は一致する。

図10、②と③は、目、鼻、口、顎等、顔の各部位の形状や輪郭が根本的に異なる。額、眉、目、鼻、口、顎、顔面等の骨格等も一カ所も一致しない。

図11、②と③の決定的な違いは、人中面と顔面の骨格の構造が異なっている点である。また、顔の各部位が異なっているのみならず、全体的な印象、観相、そして全体的な顔の骨格の骨相自体が異なっている。

以上の分析結果のとおり、明らかに①（平壌文応朝）と②（光殊文応朝）は同一人物であり、②（光殊文応朝）と③（パク・チョル）は別人である。光州裁判所の判断が、いかに恣意的でいい加減であるかがここでも証明されたことになる。

キム・ソンムンの場合

キム・ソンムンは全羅北道淳昌郡生まれで、光州事件当時の年齢は十七歳だった。彼は光州にやってくるまでソウルの中華料理屋で配達員をしていた。光州事件当時は道庁前の貴賓食堂の配達員で、一九八〇年五月十七日の示威に参加した。

彼は写真②で第六十五光殊とされている人物は自分だと名乗り出て、「この写真は一九八〇年五月二十二日に道庁玄関前で警護にあたっているところを撮られた写真だ」と述べた。だが、写真①中央と②の人物の顔つきやがっしりとした体つきは、とても十七歳の労働者には見えない。著者代理人がその点について質問したが、的外れな答えが返ってきただけだった。だが、肉眼で見てもほとんどの人が写真①中央と右の人物は似ていると思うはずだ。彼は「写真①左と写真②は二枚とも一九八〇年に撮られた写真だ」と述べた。

ならば、①と②の写真は両方とも一九八〇年に撮影されたことになる。

写真①左に写っている彼の頭はかなりの縮れ毛で、色も写真②の人物の顔を拡大した写真①中央の人物（第六十五光殊）と全く異なる。

彼は著者の分析結果を否定するのみで、反証となる資料を提出しなかった。

また、彼は、「②の写真は自分が道庁にあった状況室を守っていた時に撮られた写真だ」と述べたが、五月二十二日当時、道庁は朝鮮人民軍によって排他的に占領されていたのだ。著者代理人が道庁を排他的に占領していた朝鮮人民軍の写真を見せると、あわてて「それは五月二十七日以降の状況だ」と答えた。

彼は、「五月二十二日、自分は道庁にあった状況室の扉を警備していた」と主張したが、これは全くの虚偽事実であり、これは以前パク・ナムソンが述べたことと矛盾するのである。パク・ナムソンは戒厳軍法会議検察部で取り調べを受けた際、「状況室が設置されたのは一九八〇年五月二十五日だ」

と陳述しており、これが正しい日付なのだ。

彼は証人として出廷したが、いちいち食ってかかり、感情的な対応しかせず、あのカリスマ性のある豪胆な②からは想像もできない醜態をさらしていた。

写真①

キム・ソンムン
（1980）

第 65 光殊
（1980）

ソ・デハ
北朝鮮拉致問題総責任者

写真②

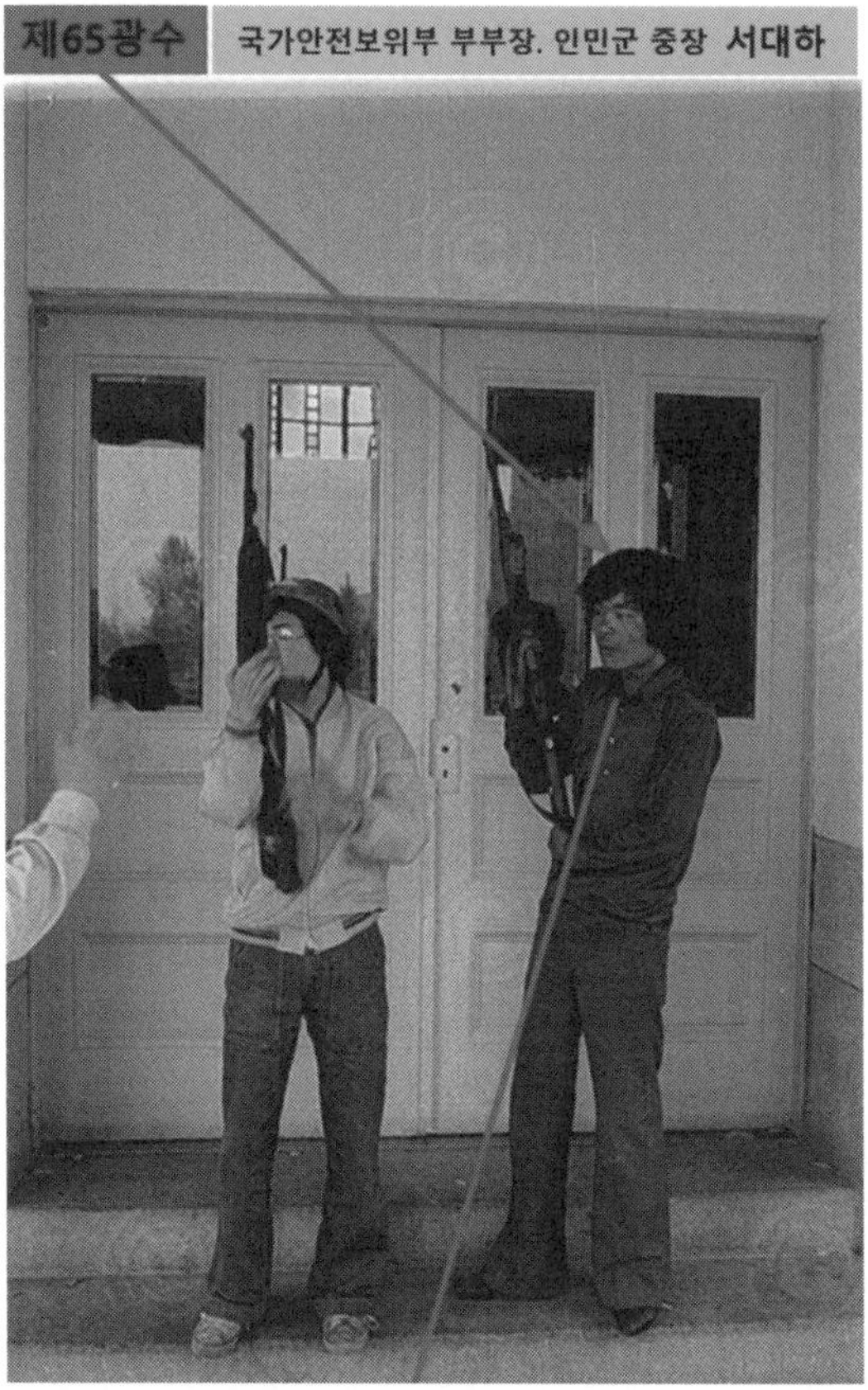

제65광수　국가안전보위부 부부장. 인민군 중장 서대하

チ・ヨンの場合

チ・ヨン（一九四一年生）は、自分が左上の写真で第七十三光殊と指摘された人物だと主張した。原審は彼の主張を事実だと認めたが、これで第七十三光殊のチ・ヨンが第七十一光殊のパク・ナムソンの部下であったと認定したことになる。

〝被害者〟であるチ・ヨンは、法廷で、「証人は光州事件当時三十八歳であり、八〇年五月十八日頃、忠壮（チュンジャン）路三街の企業銀行二階にあるビリヤード場で空挺部隊の軍人が学生を跪かせて銃剣で突き刺すのを目撃したのがきっかけで、学生たちを助け、市民軍に参加した。治安確保のための巡回や警備を担当していたが、当該写真は証人がほかの市民軍とともに不審な行動をしていた人物を捕まえて道庁内に連れて行くところを撮った写真だ。上の写真で一緒に写っている第七十一光殊と表示された人物はパク・ナムソンに間違いない。あの時証人は派手なアロハシャツを着ていたので、すぐに自分だとわかった」と陳述した。

写真を見ると、武装した光州市民が丸腰の光州市民を連行している。著者は朝鮮人民軍介入の証拠として、武装組が市民を連行している場面を捉えた写真を四枚提出しているが、チ・ヨンは、自分が武装逮捕組の一員であったことを自ら認

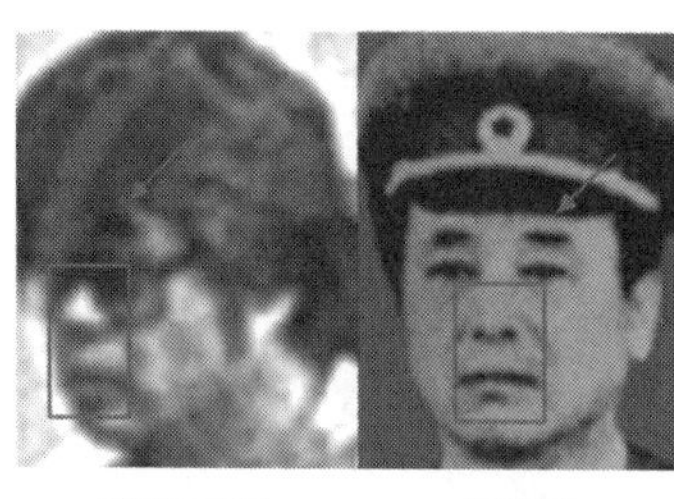

第 73 光殊
（38 歳）

呉克烈
朝鮮人民軍大将

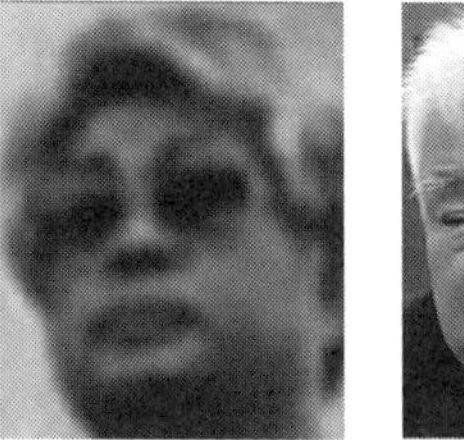

チ・ヨン
（50 歳）

チ・ヨン
（現在）

めているのである。また、原審は第七十一光殊がパク・ナムソンだと認定したが、著者側が提出した答弁書には「パク・ナムソンは第七十一光殊ではない」と記載されている。彼が第七十一光殊でなければ、彼とともに行動したと述べたチ・ヨンの証言は嘘ということになる。以上の事実から彼と第七十三光殊が別人であることは明らかだ。

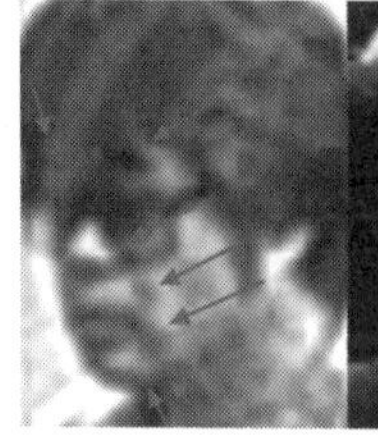

第 73 光殊
（38 歳）

呉克烈
朝鮮人民軍大将

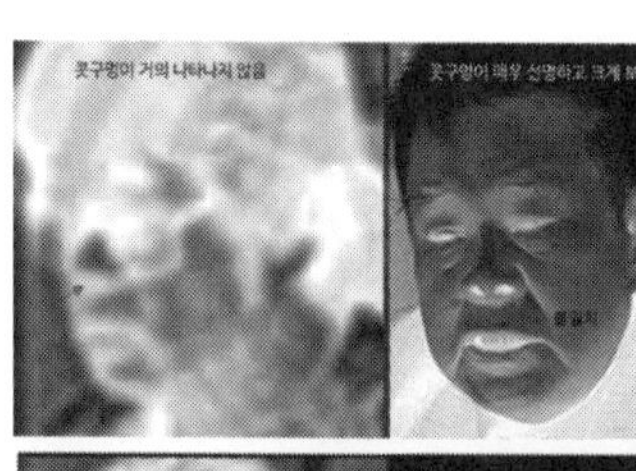

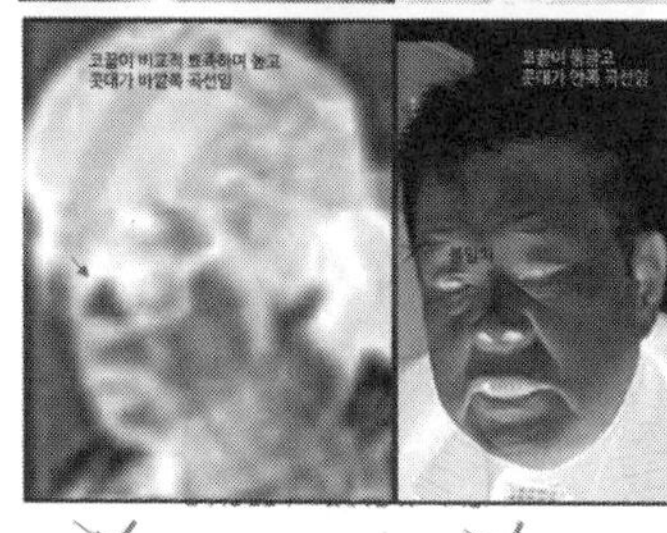

白黒反転して見ても鼻背の形状と骨格に差があることがはっきり現れている。
法医学上根本的に鼻背の骨格構造が違っている。

本章の結論

一、著者は二〇〇二年から二〇一四年十月まで行った文献研究に基づいて「五・一八民主化運動への朝鮮人民軍介入」説を唱えてきた。二〇〇二年と二〇〇九年に五月団体はこれを虚偽事実だと主張して著者を告訴し、著者は二〇〇二年に光州地方裁判所で懲役十カ月の判決を言い渡された。二〇〇八年に著者が『捜査記録から見た一二・一二と五・一八』全四巻を出版すると、光州関連団体たちが再び著者を告訴したが、この事件を担当した水原地方裁判所安養支部は、これらは歴史書で、告訴人の名誉を棄損する目的で書かれたものではないと述べて、著者に無罪判決を言い渡した（二〇一二年十二月二十七日、最高裁判所で確定）。

二、その後、チャンネルAとTV朝鮮が競って著者らを招いて朝鮮人民軍介入をテーマとする番組を放送すると、光州市長（朴光泰）の主導で二〇一三年五月二十四日に「五・一八歴史歪曲対策委員会」なる組織が結成された。そして、著者たちに対する法的対応を行うと発表した。

三、放送三社は、一九九九年五月十八日に、光州事件の現場で撮られた四人の写真を一日中スポットニュースで流して名乗り出るように呼びかけたが、現れた者は誰もいなかった。「五・一八歴史歪曲対策委員会」も二〇一五年四月と同年から翌年にかけて六カ月間にわたって光殊の写真を広場に展示して、「出でよ、現場の主役たちよ」と呼び掛けたが、やはり誰も現れなかった。告訴人の陳述書を読むと、五・一八記念財団が告訴人を一人ずつ訪ねて「あなたの顔が当時の写真に写っている顔ではないか」と言って告訴を勧めたことがわかる。著者は二〇一八年十二月十七日付総合答弁書で、〝被害者〟と称して著者を告訴した人々と光州の現場で撮られた写真の中の光殊は別人であること、本件がいわゆる〝なりすまし〟事件であることを十二分に立証したつもりだ。

四、光州事件は、理念と地域感情が真っ向から衝突した大事件だった。従って、光州地方裁判所とソウル地方裁判所の光州出身の裁判官は事実上の利害当事者である。本来光州事件関連の裁判に関わるべきではなかった彼らが書いた判決には、外観上（By Appearance）の客観性も説得力もなかった。光州事件関連は、裁判の中立性、客観性を維持するために、刑事訴訟法十五条（除斥等に関する規定）に基づいて、光州とは無縁の環境下で公明正大に審理されるべきである。

五、二〇一八年八月十六日付第四回公判準備期日調書に、裁判所が、検察に対して、告訴人の主張をそのまま反映した公訴状の妥当性について疑問を呈したことが記されている。これに対して、検察はだんまりを決め込んでいる。

六、原審は極めて妥当でない根拠（鄭烘原（チョンホンウォン）、全斗煥、ＣＩＡ）に基づいて「朝鮮人民軍介入」を虚偽事実と判定した。だが、著者は、鄭烘原などを根拠にしておらず、自らが著した十冊の「光州事件歴史本」に基づいて人民軍の介入問題について論じていたのである。従って、原審は著者の主張の根拠となったこれらの本をきちんと検討したうえで著者の主張について判断するべきであった。よって、この点にかかる判断を示さなかった原審判決は論理を逸脱した的外れな判決だと言わざるを得ない。

七、原審裁判所は、「被告人（著者）は、光州事件の現場で撮られた写真に写っている人物とよく似た北朝鮮人の顔画像を提出してこれが朝鮮人民介入の証拠だと主張した」と認定したが、これは、裁判所の一方的な決めつけであり、事実に反する。被告人は二〇一四年十月二十四日に出版した『五・一八最終報告書』まで、文献研究に専念していたのであり、「朝鮮人民軍介入」説は、この文献研究の成果なのだ。著者がこのことを再三再四にわたって力説したにもかかわらず、原審裁判所は黙殺し、右のような判断を下したのである。これは裁判所の専横以外の何物でもない。

八、原審裁判所は、「被告人（著者）は朝鮮人民軍介入にかかる状況証拠を全く提出しなかった」と述べているが、著者は答弁書を通して二〇一六年に十六、二〇一七年に二十一、現在は四十二の決定的な証拠を提出している。証拠が増えたのは、「ファクト」が増えたからではなく新たな着眼点が生じたからだ。

九、単独で審理を行った原審裁判所は肉眼で視線、服装及び頭髪等を観察して、〝被害者〟（告訴人）と当該光殊が同一人物だと認定し、ホームレス・ダミョの科学的分析結果を「根拠のない判断」だとはねつけたが、これは権力を乱用した専横であり、恥ずべき茶番劇である。

十、著者の答弁はすべて無視する一方で、告訴人の主張を具体的で仔細で矛盾がないと平然と言ってのけた原審の身贔屓判決に、弓裔（クンイェ）（後高句麗を建国して王となった人物。自らを地上に降り立った弥勒仏と称して、「観心法」（読心術）を道具に専制的暴政を行った）の観心法に勝るとも劣らないほどの戦慄を感じる。

第四章　映画『タクシー運転手』とスパイ・金砂福

著者のブログが誹謗中傷？

一、被告人（著者）は、二〇一七年八月十四日、自ら運営するウェブサイトに「映画『タクシー運転手』には感動がない」なる見出しの記事を掲載して、「映画の主人公は、光州事件の英雄ではなく、一九八〇年五月二十日に命がけで光州の現場に行ったドイツ人記者ユルゲン・ヒンツペーターと彼を乗せたタクシー運転手キム・マンソプだ。キム・マンソプのモデルとなった金砂福は〝アカ〟だと取りざたされていた人物であり、まれに彼をスパイと呼ぶ者もいる。その金砂福は永遠に行方をくらましてしまった。今彼が姿を現したら英雄になるだろうに、いくら探しても行方がわからないのだ。だから、この映画はスパイ（？）金砂福を無辜の一市民として描いている」などと、あたかも金砂福がアカ、スパイであるかのごとく誹謗中傷した。

二、これは虚偽事実である。

三、なぜなら、金砂福は民主化運動に参加した市民であり、一九八四年に死亡するまで行方をくらましたことがないからだ。

ひたすら偏向した原審判決

一、被告人（著者）は、金砂福に対する他人の意見を伝えただけだと主張するが、文章の脈絡から被告人（著者）が他人の意見に便乗して自ら金砂福をアカ、スパイと述べていることが認められる。

二、被告人（著者）の「スパイ」なる表現は、北と内通していることを前提とする表現と見なすべきであり、これは具体的虚偽事実適示に当たる。

三、「金砂福は永遠に行方をくらましてしまった」なる被告人（著者）の表現は、「金砂福が、正体を突き止められることを恐れて行方をくらました」という趣旨に読み取れる。

四、ヒンツペーターは光州民主化運動の真相を世界に知らせるために五月二十日～同月二十一日及び五月二十三日～同月二十七日に光州に潜入して写真撮影を行い、その実態を世界に伝えた貢献者であり、金砂福は彼に協力することによって民主化運動に寄与した人物である。

五、被告人（著者）は、金砂福が反国家団体の「韓国民主回復統一促進国民会議（韓民統）」（現・在日韓国民主統一連合）と繋がりがあり、ヒンツペーターは、平壌で二〇一五年十月十日に開催された朝鮮労働党創建七十周年記念行事に参列した第六百一光殊だと主張するが、一九三七年七月六日生まれのヒンツペーターは、当時七十六歳であり、第六百一光殊には見えない。被告人（著者）は金砂福が利敵行為やスパイ行為を行った事実を立証するいかなる資料や根拠も提出しなかった。また、被告人（著者）の顔画像分析は既に信憑性を喪失しており、被告人（著者）には虚偽についての認識があったものと解される。

映画『タクシー運転手』の封切日から金砂福の正体がわかるまでの経緯

一、映画『タクシー運転手』は、二〇一七年八月十四日に封切られた。

二、被告人（著者）が本件で問題となっている文章を提載したのも二〇一七年八月十四日である。

三、金砂福に対する社会的な関心が高まり始めたのは映画の予告編が頻繁に流れるようになってからで、被告人（著者）が問題の文章を投稿するまで彼の素性は全く知られていなかった。「金砂福」という名前が知られているだけで、顔も生死もベールに包まれていたのだ。

四、当時様々な推測が飛び交っていたが、彼がアカだという意見も多く、スパイかもしれないと考える者もいた。それは、彼が一九七四年八月十五日に起きた「文世光（ムンセグァン）事件」（在日韓国人の文世光がソウルの国立劇場で開催された光復節記念行事に列席していた朴正熙を狙撃しようとして誤って夫人の陸英修（ユクヨンス）女史を射殺した事件）の犯人と接点があった人物として知られていたからだ。

五、光州事件に対する国民の認識は二分している。民主化運動と信じる人々がいる一方で、暴動、あるいは北朝鮮の仕業と信じる人々もいるのだ。光州事件に対するアイデンティティ評価と金砂福に対するアイデンティティ評価は一卵性双生児である。金砂福が光州事件の象徴として浮き彫りにされているからだ。

六、光州事件を北朝鮮の仕業と信じる国民は、金砂福をアカ、あるいはスパイと見做している。

七、映画に対する関心が高まるにつれて金砂福に対する取材競争に火がついたが、インターネット新聞『オーマイニュース』が先陣を切って二〇一七年八月二十五日に記事を掲載した。

八、この記事は封切日の三日後にツイッターで金砂福の息子だと名乗り出たキム・スンピルについて、彼が金砂福なる人物の息子だという事実は確認できたが、同姓同名の人間がざらにいるので、彼の父親があの「運転手・金砂福」だと断定するのは早計であると否定的に報じていた。

九、金砂福の生死も不明だった。映画が封切られてから八月二十五日までの間に被告人（著者）が接することのできたニュースはこれだけである。

十、従って、被告人（著者）が問題の文章を掲載した二〇一七年八月十四日の時点で、金砂福は顔も生死も知られていなかったのだ。

十一、観客数が千二百万人を突破した映画の主人公のモデルとなった彼が謎に包まれた人物であった頃、被告人（著者）は、「金砂福は世間で〝アカ〟だと取りざたされていた人物であり、まれに彼をスパイと呼ぶ者もいる」、「今現れたら英雄になるだろうに、姿を現さない」、「その背景には恐ろしい事情があるに違いない」等と表現したのである。

十二、金砂福の正体が明らかになったのは、映画が封切られた十五カ月後の二〇一八年五月十日である。光州が企画した『五・一八映像特別展』でキム・スンピルが驚くべき写真を発表したのだ。その中に次頁の写真があった。この写真は、一九七五年十月三日に抱川市の薬師峰で撮影された写真だが、この山は『思想界』を創刊したジャーナリストで、政治家でもあったあの張俊河（チャンジュナ）

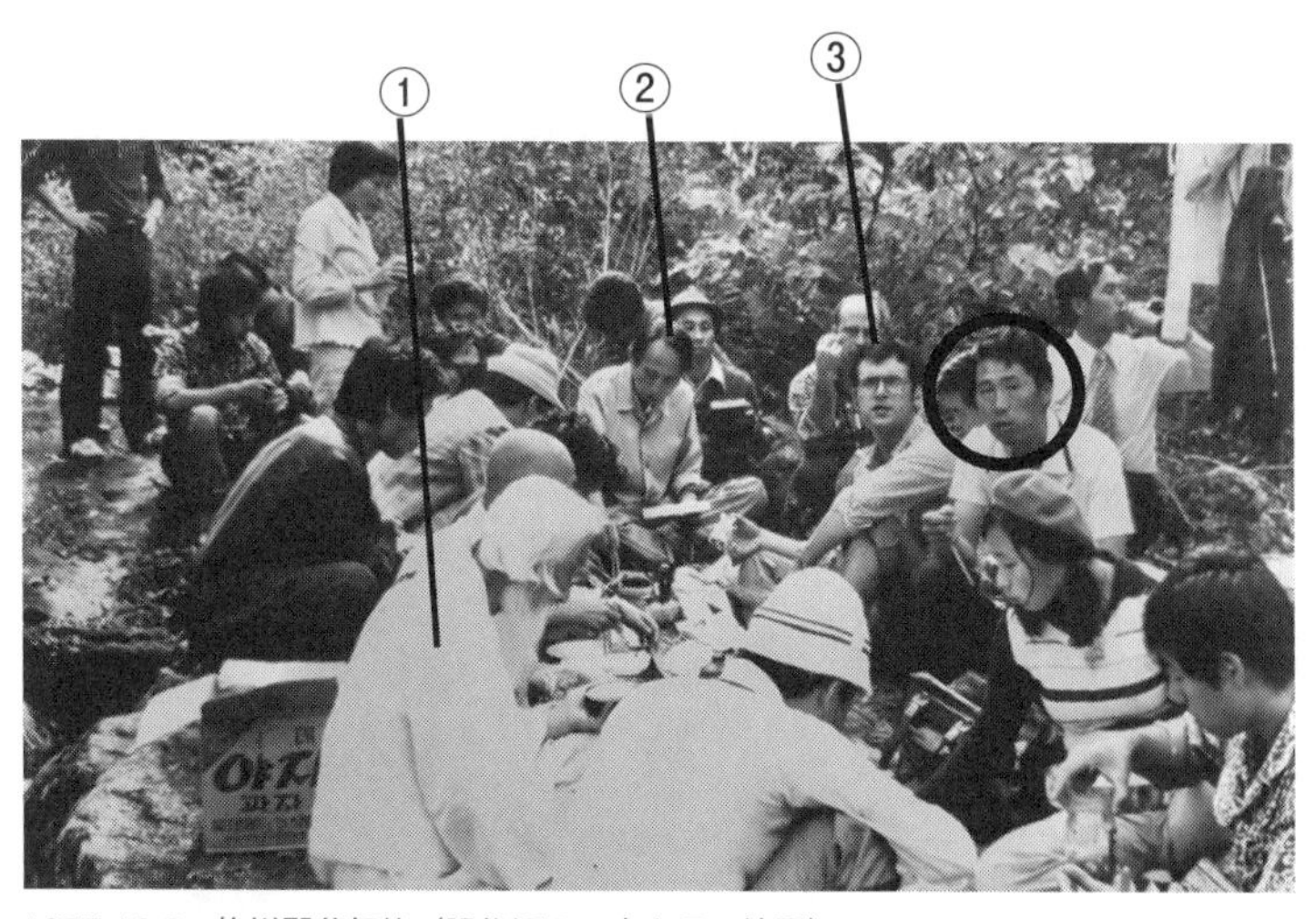

1975.10.3　抱川郡薬師峰（張俊河の四十九日の法要）
①キリスト教思想家・咸錫憲、②独立運動家及び民主化運動家・桂勲梯、③ヒンツペーター、円内・金砂福

が同年八月十七日に墜落死した山だ。この写真によって晴れてキム・スンピルの父親が映画『タクシー運転手』の主人公のモデルとなった金砂福であり、彼が八四年に肝がんで亡くなっていたことが社会的に認知されたのだ。

十三、上の写真で注目すべき人物は、咸錫憲（ハムソクホン）と桂勲梯（ケフンチェ）だ。この二人は金大中が一九七三年に日本で結成した「韓国民主回復統一促進国民会議（韓民統）」なる反国家団体の幹部で、ドイツ人記者ヒンツペーターが金砂福や金大中率いる韓民統に属する人々と薬師峰まで行った事実はヒンツペーターと金砂福が光州事件を背後で操っていた金大中と深い繋がりがあったことを示唆しているのである。

十四、次頁の写真は、一九七二年の「維新憲法反対運動」で起訴された張俊河（チャンチュンハ）と咸錫憲が西大門刑務所の裁判場に向かう姿を捉えた写真であるが、金砂福も同道している。これに加えて、「朴正熙狙撃未遂事件」の犯人は韓民統が送った狙撃手であり、彼を朝鮮ホテルから劇

二列目左から二人目咸錫憲、円内：金砂福

咸錫憲と金砂福

場まで乗せた車が、金砂福が所有するタクシーだったことを伝える『月刊朝鮮』の記事（後述）まであるのだ。

十五、ヒンツペーターは、一九八〇年五月二十日午後、金砂福の運転するタクシーで光州に行き、翌二十一日午前に戒厳軍の検問をかいくぐってソウルに戻った。そして東京に渡ってドイツのドイツ公共放送（ARD）本社に光州で撮影した映像を送り、すぐさま韓国に引き返して全羅北道金堤市でタクシーを拾って五月二十三日に光州に潜入したと言われている。

十六、『月刊朝鮮』の記事

（**『月刊朝鮮』二〇一七年十月六日発行記事**）

一九七四年八月十五日に文世光を奨忠洞の国立劇場まで乗せたタクシーが金砂福の車だったことが新聞で報じられたため、彼は「不審者」だと取りざたされたが、アメリカ在住の歴史学者キム・デリョン博士は、彼を「金砂福は韓民統の首脳と交流するスパイ」と断じている。

『ニュース・ルーム』——ニュース・ルーム独占

映画『タクシー運転手』のキム・マンソプのモデルとなった金砂福

氏はどのような人物か？

「金砂福氏は、文世光を乗せたのは自分だと語った」

「金砂福氏は韓民統のスパイ」なる主張が出て

息子のキム・スンピルが語った父・金砂福のエピソードは、映画『タクシー運転手』が空前の大ヒットとなり、文在寅政権が光州事件の再捜査に乗り出したことと相まって、大きな話題となった。彼が現れるまで半信半疑だったネチズンは「映画よりも感動的」だと熱狂したが、その一方で、光州事件に否定的な認識を持つ人々の反応は違った。金砂福の正体について疑義を呈する人物が現れたのだ。『歴史としての五・一八』の著者であるアメリカ在住の光州事件研究家キム・デリョンは、自身のフェイスブックで次のように述べている。

「金砂福は明らかに韓民統のスパイだ。一つ目の証拠は、ヒンツペーターが撮った映像を直ちに北朝鮮に送り、北朝鮮で実況放送できるようにしたことであり、二つ目の証拠は、光州事件が起きる直前に撮られた彼が咸錫憲と一緒に写っている写真だ」

朝鮮総連傘下の組織である韓民統の韓国支部の名称が「民主主義と民族統一のための国民連合」だ。こ

1974年8月17日付『東亜日報』紙。「朴正熙狙撃未遂事件（文世光事件）」の記事（文末部分に「金砂福」の名前がある）

こで言う民主主義とは、北朝鮮式の民主主義を意味する。全国規模の光州事件を企てたのは「国民連合」と呼ばれるこの組織であり、その中心人物が咸錫憲だった。

金砂福を不審人物だと評するこれらの人々が「証拠」として挙げるのが、一九七四年八月十七日付『東亜日報』紙の記事である。

この記事によると、文世光は八月十五日朝八時に朝鮮ホテルのフロントに電話をかけて「急用があるのでリムジンを一台呼んでほしい」、「大事なお客様をお連れして奨忠洞の国立劇場に行かなければならないので三十分だけ貸してほしい」と車の手配を依頼した。フロントの金文熙(キムムニ)氏は「当ホテルに専用車はない」と言って断ったが、文世光は粘った。その次の部分に「金砂福」という名前が登場するのだ。

著者の反論

原審判決(一)~(二)に対する反論

前項の十二~十六を要約すると、「金砂福は、一九七五年前後頃、反国家団体の韓民統の巨頭らと行動を共にした」、「韓民統は朴正熙大統領を狙撃するために文世光を国立劇場に送り込み、金砂福に雇われていた運転手が金砂福所有の高級車で犯行現場まで送った」――これらの事実から、彼が〝アカ〟で、北朝鮮のスパイである可能性の高い人物と見做すことができる。

だが、著者は「金砂福は世間で〝アカ〟だと取りざたされていた人物であり、まれに彼をスパイと呼ぶ者もいる」なる表現に止めたのだ。他人の評価を引用するのは、引用した本人もその評価に同意していることを意味するかもしれない。著者も彼の政治的傾向に疑いを持ってきたのは事実だが、上記のような不穏な思想の持主と考えられる人物に対するここまで控え目な表現がなぜ虚偽事実適示に当たるのか理解しがたいのである。

原審判決（三）に対する反論

この表現について、検察は「金砂福が一九八四年に死亡するまで姿を隠したことはない。従って、被告人（著者）の表現は虚偽だ」と起訴状に記載し、原審裁判所は、判決中で、「金砂福が正体を突き止められるのを恐れて行方をくらましたと読み取れる」と述べている。だが、著者がこの一文をサイトに掲載した二〇一七年八月十四日の時点では金砂福の顔も生死も公になっておらず、それが公になったのは二〇一八年五月十日なのだ。従って、原審裁判所は、問題の文章をサイトにあげた二〇一七年八月十四日の時点で著者に虚偽事実の認識があったか否かを判断すべきだった。あまつさえ、原審裁判所は、著者に不利になるように拡大解釈したのである。著者は、単純にすべての観客やマスメディアは彼が姿を現すことを願っていたが、そうならなかったという社会の雰囲気を描写したにすぎないのだ。

原審判決（四）に対する反論

一　原審の事実誤認

原審裁判所は、ヒンツペーターの二度目の滞在期間を五月二十三日から同月二十七日までと認定している。これは金砂福に関するウィキ百科の記載と一致するが、事実ではない。ヒンツペーターの行動と金砂福の行動を取り違えているのだ。インターネットで検索すると、ヒンツペーターは二十日午後、光州に潜入し、フィルムをもって二十一日に光州を脱出してからソウル経由で日本に行き、「ドイツ公共放送連盟（ARD）」に映像等を送った。そして、二十三日に再び光州に舞いもどって取材撮影を続け、その映像を再び西ドイツ本社に送ったとされている。だが、彼が市民軍や市民が多大な犠牲を払いつつ戒厳軍を圧倒していた二十三日から戒厳軍が道庁を鎮圧した二十七日まで光州に留まっていたとしたら、二十三日に取得した貴重な資料を二次分として送ることについてその緊急性を軽く考えていたことになるが、海外のジャーナリストとして唯一光州の現場に足を踏み入れた彼がそのような選択をするとは考えられないのである。

二　原審の非現実的判決

著者がヒンツペーターを第六百一光殊と断定したことについて、原審は、「ヒンツペーターは民主化に向けた光州の闘いを全世界に伝えた貢献者であり、金砂福は彼に協力した民主化運動家だ」と述べたが、これは「ヒンツペーターは光州事件の現場をすべて一人で撮影し、国際社会に知らせた偉大な貢献者だ」ということを意味する。だが、著者は、原審の判決とは正反対に彼は撮影するために行ったのではなく、誰かが撮ったフィルムを受け取りに行ったのだと考えている。

彼が五月二十二日に世界に向けて配信させた映像は、五月二十日の状況を撮影したものではない。五月十八日の状況なのだ。戒厳軍を最も悪名高くしたのが、兵士が過剰鎮圧を行っている場面を捉えた左の写真だ。この写真は五月十八日しか撮影できなかった。なぜなら、数的に劣勢だった戒厳軍は翌十九日から苦戦を強いられていたからだ。十九日午後から大隊単位で集結した戒厳軍は、不動の姿勢を取ったまま、大隊長のみがハンドマイクで市民に帰宅するよう繰り返し呼び掛けていたが、その最中にジグザク車両攻撃を受けて驚きのあまりパニック状態に陥るほど士気が下がっていたのである。

五月二十日に光州入りしたヒンツペーターに十八日の出来事を撮影できるわけがなく、誰かが撮影したフィルムを彼が受け取り、急いで日本に行ってドイツに送ったと考えるべきなのだ。ここで注目すべきは、上の写真全てが屋上などから俯角で撮られている点だ。まるでこのような過剰鎮圧が起きるのを事前に予測して屋上等で待ち構えてその瞬間を捉えたような写真なのだ。なぜ撮影者は撮影に最適な場所に写真機を据えてシャッターチャンスを狙うことができたのか。

光州地域の第三十一郷土防衛師団長の鄭雄（チョンウン）は金大中に忠誠を誓っていた人物だった。土地勘のない軍に代わって、ソウルから派遣された第七空輸特戦旅団二個大隊を指揮するように命じられた彼は、五月十八日午後四時頃、ヘリコプターに搭乗して全南大に行き、第七空輸特戦旅団所属の二名の大隊長を呼んで「市内が騒然としている。私が地図に印をつけた三十六の要所に隊員を配置して、その一帯にいる若い奴らを一人残らず捕まえて第三十一郷土防衛師団の憲兵隊に引き渡せ」と命じたのである。

わずか三百人ほどの戦闘要員を三十六のグループに分けたせいで、一グループあたりの隊員数が四〜八人ほどになった。これでは数で勝る若者たちに太刀打ちできないのは明らかだ。鄭雄が若者を追い出してしまえと命じたのであれば、兵士が若者と敢えて衝突することもなかったはずだ。だが、彼が全員逮捕しろと命じたせいで兵士は棍棒を使わざるを得ない状況に追い込まれたのだ。写真を撮影するチームと鄭雄との間に謀議があったのではないかと疑念を抱かせるほど何とも不可解な命令である。著者は、謀略戦はこのようなやり方で最初から企てられていたと確信している。

光州で撮られた五百枚ほどの写真のうち、主流をなしているのは五月十八日、二十一日、二十三日に撮られた写真だ。これに加えて、北朝鮮は現場を動画で撮影し、一九八〇年に直ちに記録映画を製作した。五月二十日と二十三日に光州に行き、実際にはそれぞれ数時間しかいなかったはずのヒンツペーターが、これらすべての写真や動画を一人で撮影するのは不可能に近い。北朝鮮としても、「朝鮮記録映画撮影所」が保有する数多くの動画、そして数多くの空間や時間帯で撮影しなければならない様々なシーンをヒンツペーターという一人の外国人記者に任せるわけにはいかなかったはずだ。要するに、ヒンツペーターは、大勢の撮影チームが撮影した映像をドイツ本社に送るメッセンジャー役だったのだ。彼が一九七四年に韓民統の巨頭らと行動を共にした事実を考え合わせると、彼は北朝鮮と金大中に忠実に仕えた人物だという結論に達するのである。

原審判決（五）に対する反論

これは、原審の恣意的判断である。ホームレス・ダミョは二百五十七頁の写真に写っている人物がヒンツペーター本人であるか否かを分析するために多くの特徴点を比較した。しかし、原審はホームレス・ダミョの鑑定結果を子細に検討し、その誤りを具体的に指摘すべきであったにもかかわらず、頭ごなしに否定し、信憑性がない、第六百一光殊は七十六歳の顔には見えない等と至極恣意的な裁決を行ったが、二百五十七頁の写真が撮られた場所が日差しの影響を受ける屋外であり、光の反射がひどく、写真にしわが目立たなくなる現象が生じているという点を勘案する必要があったのだ。

原審判決の「七十六歳の顔には見えない」という認定が、どれほど恣意的なものであるかを示すために、著者はヒンツペーターの顔画像を集めた。多くの人々が左の写真の顔がすべてヒンツペーターの顔だと認識するはずだ。人には各人各様の特徴や象徴があり、写真がいくらぼやけていてもモンタージュよりもより多くの情報を提供してくれるのだ。

北朝鮮政権の5.18国際宣伝戦要員ユルゲン・ヒンツペーター(第601光殊)、②[ニュース特報]朝鮮労働党創建70周年記念式『北、最大規模の閲兵式』／聯合ニュースTV『労働党の偉大な人民』

本章の結論

一、金砂福に対する著者の表現は、彼の足跡に照らして極めて妥当な評価である。

二、ヒンツペーターは撮影のために光州に行ったのではない。誰かが撮ったフィルムを受け取りに行き、金大中の組織の一員として海外に記事を送稿する役割を担っていたのだ。当時、光州の撮影権は光州を占領した組織が独占し、光州に出入りする許諾権も彼らが握っていた。著者の分析によれば、ヒンツペーターは金大中の組織と深い関わりがあり、北朝鮮とも直接的、間接的に結びついていた疑いのある人物である。従って、光州事件の有功者でもある彼は二〇一五年に北朝鮮で開催された盛大な行事に招待されてしかるべき人物なのだと考える。

三、第六百一光殊についてのホームレス・ダミョの分析は科学的であり、それを頭ごなしに否定した原審裁判所の判断は極めて恣意的であると言わざるを得ない。

第五章　偽装脱北者「張真晟」の正体

起訴内容

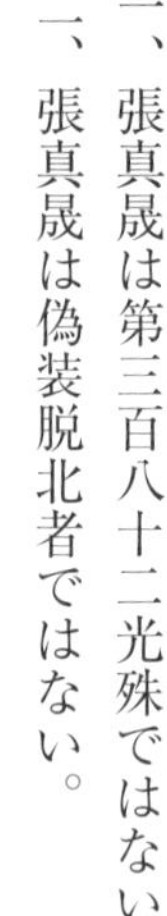

一、張真晟（チャンジンソン）は第三百八十二光殊ではない。
二、張真晟は偽装脱北者ではない。

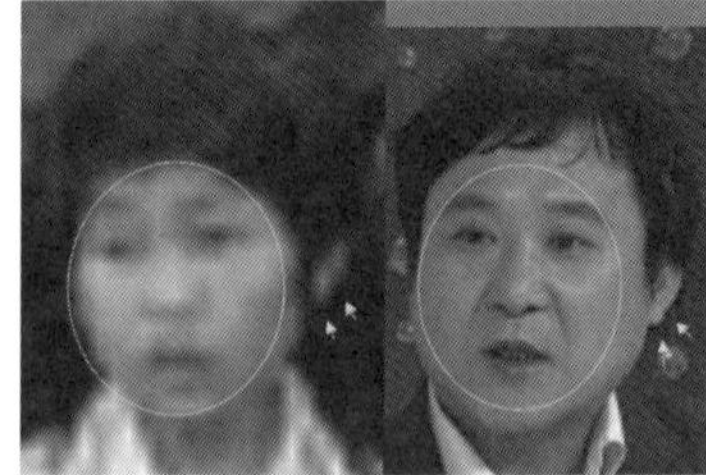

左：第 382 光殊、右：張真晟

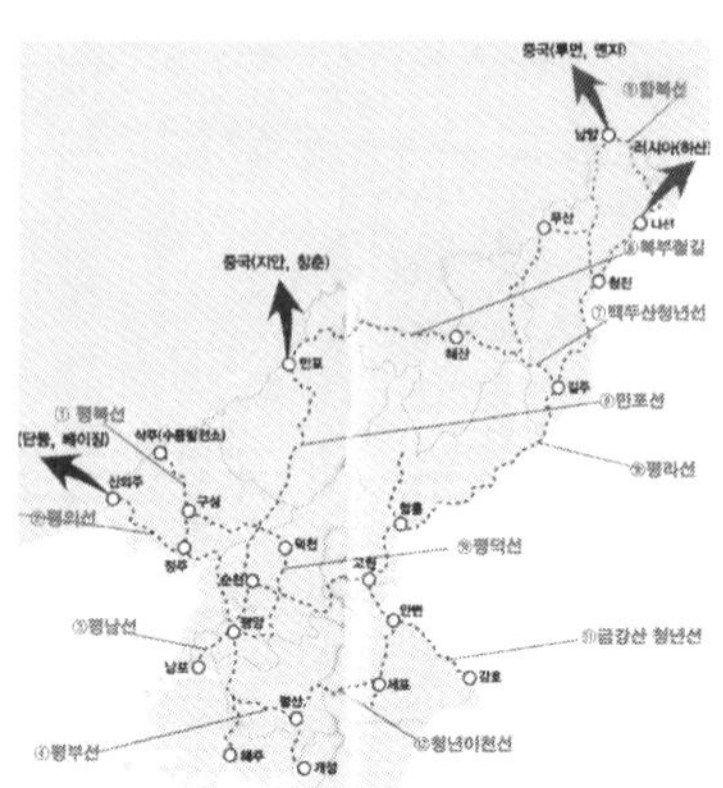

①平北線（平安北道定州市～平安北道朔州郡；水豊発電所）
②平義線（平壌～平安北道新義州市新義州青年駅）
③平南線（平壌～南浦市温泉郡平南温泉駅）
④平釜線（平壌～大韓民国京畿道坡州市都羅山駅）
③咸北線（咸鏡北道清津市青岩駅～会寧～隠城～羅先市羅津駅）
④北部内陸線（鉄道）（慈江道満浦市～両江道恵山市）
⑤白頭山青年線（咸鏡北道吉州郡～両江道恵山市）
⑥満浦線（平安南道順川～慈江道満浦市）
⑦平羅線（平壌～羅先市）
⑧平徳線（平壌～徳川市～平安北道亀城市）
⑨金剛山青年線（江原道安辺郡安辺駅～高城郡鑑湖駅）
⑩青年二千線（黄海北道平山郡～江原道洗浦郡）

張真晟はどのような経緯で脱北したのか

張真晟は平壌駅から豆満江辺の茂山駅まで行き、豆満江を渡って脱北したと述べているが、他の脱北者によると、平壌から茂山駅に行くには右頁の地図のようにいくつもの鉄道路線を乗り換えねばならず、通常二十〜三十日ほどかかるという。また、「ナムウィキ（パラグアイの朝鮮語ウィキサイト）」には羅先特別市の羅津駅から平壌まで行くのに走ったり止まったりを繰り返して二十三日もかかったために除隊軍人が飢え死にした事例が紹介されている。しかし、彼は、平壌から茂山駅までわずか二日で到着したと陳述しているのである。

（「ナムウィキ」より「**北朝鮮の鉄道環境**」）

電力不足まで加わって鉄道がたびたび停車する事態に陥り、羅津駅から平壌まで二十三日もかかったことがあるという。対北制裁が強化されている現在は電力不足がより悪化していると思われる。

ここに表記されている標準速度は電力事情が良好な時の速度である。「燃料」の項にも記載があるが、北朝鮮の鉄道はそのほとんどが電気に依存しており、電気事情が悪化する冬は何日も運休することも珍しくなく、標準速度は当てにならない。平壌‐恵山区間（七二七・九キロメートル）は通常は二十四時間だが、電力事情が悪化すると十日以上かかるという証言もある。これだと平均速度が時速三キロメートル以下で、人間が歩くよりも遅い。

列車内で飢え死にした除隊軍人がいるという。列車が十五日間も走っては止まり、走っては止まりを繰り返しているうちに食べ物がなくなって飢え死にしたらしい…。

豆満江の両岸には朝鮮人民軍と中国人民解放軍が設置した鉄条網、歩哨所、足跡を探知するための痕跡線、木函地雷原、穴の底に仕掛けられた一面に長く太い釘が突き出た板、巡視路等々があるという。ところが、張真晟はこのような障害物は全くなかったと陳述しているのだ。

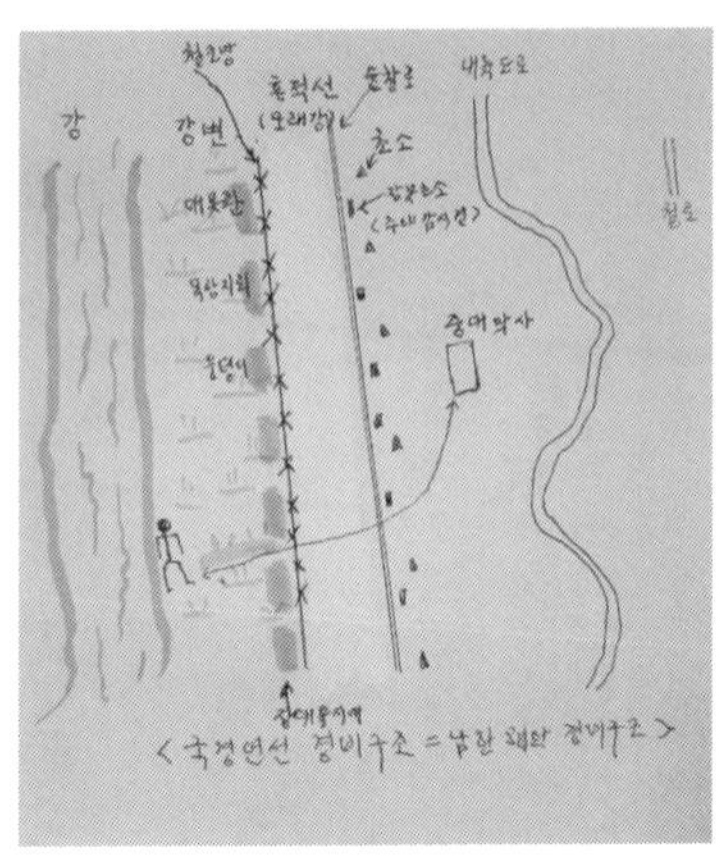

豆満江河岸（北朝鮮側）の警備構造略図

川　河岸　鉄条網　痕跡線
巡視路　内側道路
（砂の川）
大釘板
歩哨所
潜伏歩哨所
地雷原
（昼夜監視）
？（判読不能）
中隊幕舎
？（判読不能）

なぜ張真晟を偽装脱北者と断定できるのか

張真晟は、二〇一七年十一月三十日、本件証人として五二五号刑事法廷に出頭し、約百六十分間にわたって尋問されたが、この過程で彼の仮面が剥がされたのだ。

ホームレス・ダミョは脱北者の中から約五十人もの光殊を発掘したが、その過程で著者は、二〇一五年十月二十九日、張真晟を含む三十人あまりをスパイ容疑で国家情報院に通報した。著者はこれを公益のために行ったのである。

本名が虚偽

（『張真晟尋問調書』十五〜十六頁）

問：北朝鮮にいた頃の氏名をおっしゃっていただけますか？
答：お答えできません。
問：（証人の本名は）チャン・チョリョンではなく、ウィ・チョリョンではありませんか？
答：お答えできません。
問：あなたは国際的にも知られた方なので、隠す必要はないと思いますが、なぜウィ・チョリョンという実名を伏せて、張真晟またはチャン・チョリョンという名で活動しておられるのでしょうか？

答：それなりの理由があります。
問：本法廷でお話し頂けますか？
答：差し控えさせていただきます。
問：証人が実名を名乗ると、あなたが脱北したことが北朝鮮に知られてしまうということでしょうか？
答：違います。
問：大同江区域に紋繍洞というところがありますね？
答：お答えできません。
問：証人と関係のある地域でしょうか？
答：はい。
問：証人はそこで奥さんや息子のウィ・グムソン君と暮らしていましたね？
答：お答えできません。

「金日成総合大学卒業」は虚偽

（二〇一七年十一月三十日付『張真晟録取書』三頁）

問：証人はご自身の脱北体験を書きつづった著書『平壌を飛び出した宮廷詩人』（原題：『詩を抱いて河を渡る』）の表紙に、「金日成総合大学卒業」と書いていらっしゃいますね？

答：はい。

（二〇一七年十一月三十日付『張真晟録取書』五頁）

問：証人を取材したマスメディアの記事に、「平壌音楽舞踊大学校卒業」と記載されたものもございますが。

答：朝鮮労働党一〇一連絡所は対南工作の部署で、音楽大学を卒業した人間がそのような特殊部署に配置されることはありません。私は、大学時代に書いた詩が最高指導者の金正日の目に留まって「朝鮮中央放送」の記者に抜擢され、さらに朝鮮労働党一〇一連絡所で働くことになりました。朝鮮労働党の情報機関に金日成総合大学の委託教育制度があり、教育課程を修了するとこの大学の卒業資格が与えられます。私はこの課程を修了したので、「金日成総合大学卒業」と名乗っても学歴を詐称しているわけではありません。

問：しかし、証人の著書には単に金日成総合大学卒業としか書かれていませんが、どちらが正式な出身大学ということになりますか？

答：両方とも私の出身大学です。委託教育を修了して金日成総合大学の卒業資格が与えられたわけですから。

問：平壌音楽舞踊大学校卒業と書かれた著書と金日成総合大学卒業と書かれた著書があるようですが。

答：音楽大学を九四年に卒業して九六年まで「朝鮮中央放送」で記者として働き、選ばれて朝鮮労働党一〇一連絡所勤務を命じられて、そこで職場に通いながら教育を受けていました。韓国だと大学院課程に相当します。委託教育というのは金日成総合大学の卒業資格を与えるための教育システムなので、終了と同時に卒業と同じ扱いをしてくれるのです。

（二〇一七年十一月三十日付『張真晟録取書』九頁）

問：金日成総合大学はいつからいつまで通いましたか？

答：一九九七年から一九九九年まで三年間通いました。

問：北朝鮮で平壌音楽舞踊大学と金日成総合大学はどちらも名門大学として知られていますが、証人はどうして二つの名門大学に通うことができたのでしょうか？

答：（金日成総合大学は）実際に大学に通わなかったからかもしれません。

（二〇一七年十一月三十日付『張真晟録取書』十一頁）

問：芸術大学で五～六年音楽や舞踊を学んだ方が金日成総合大学の朝鮮語文学部出身者よりも優れた詩を書いて「朝鮮中央放送局」の記者に抜擢され、さらに一〇一連絡所に抜擢されたわけですから、それほど優れた文才の持ち主がわざわざ金日成総合大学の朝鮮語文学部で学び直す必要はないように思えますが。

答：私が希望して行ったわけではありません。先ほども申し上げたように、朝鮮労働党の情報機関は音楽をやった人間がいくところではありません。北朝鮮は徹底した学歴・学閥社会であり、南への文化的浸透を任務とする部署の人間にふさわしい学歴が必要だということで、資格取得のために委託教育を受けさせられたのです。

彼が述べたことを要約すると「朝鮮労働党の情報機関の要員になるには金日成総合大学の朝鮮語文学部の卒業証書が必須だった、音楽舞踏大学出身の彼は金正日に文才を認められて朝鮮中央放送の記者となり、さらに異例の抜擢を受けて朝鮮労働党一〇一連絡所の要員となった。しかし、規定を守る必要があったので党は彼に委託教育を受けさせて金日成総合大学の卒業資格を取得させた」ということになる。金日成総合大学は実際には大学に通わず、職場で委託教育なるものを受けて卒業資格を取得したようだが、著者が金日成総合大学朝鮮語文学部出身の七十代の脱北者から聞いた話と随分違うのである。要するに、張真晟は書類上で卒業資格を取得しただけなのだ。

元朝鮮労働党一〇一連絡所職員という職歴も虚偽

（二〇一七年十一月三十日付『張真晟録取書』五頁）

問：インタビューの内容やその他の資料を見ると、証人は一九七一年に黄海北道の沙里院で生まれ、九四年、二十四歳の時に平壌音楽舞踊大学校を卒業したが、音大時代に書いた詩が金正日の目に留まって卒業と同時に「朝鮮中央放送局」の記者に特別採用され、さらに九六年に朝鮮労働党統一戦線部一〇一連絡所所属の詩人に抜擢された。そこに八年間勤務し、盧武鉉政権時代の二〇〇四年に突然脱北したと記録されていますが、間違いありませんか？

答：はい。

彼は九六年から労働党一〇一連絡所所属の詩人として仕事をした。対南心理戦担当だった。彼は「キム・ギョンミン」なるペンネームで活動していたが、彼の名は南韓では民衆詩人として知られている。九九年五月二十二日付『労働新聞』に掲載された『永葬の銃床の上に春が』は、彼の作品だ。

（二〇一七年十一月三十日付『**張真晟録取書**』十三〜十四頁）

問：証人は、「脱北同志会」のホームページに掲載された『脱北ストーリー』の中で、「韓国の学生街で広く愛誦されていた民衆詩の多くが一〇一連絡所の詩人の作品だった」と述べていますね？

答：はい。

問：脱北して南韓に来た時、証人の詩が韓国の大学街や運動圏学生運動の活動家たちにどれぐらい浸透していましたか？

答：大学街などで愛誦されていたのは一〇一連絡所の先輩の詩で、私の詩ではありません。

問：証人の詩が韓国の大学街や学生運動の活動家たちに浸透していたことを知らなかったということですか？

答：そんなことを言ったことはありません。

（二〇一七年十一月三十日付『張真晟録取書』十頁）

問：インターネットで検索したところ、二〇〇一年から二〇〇四年一月初めまで証人は朝鮮人民軍海軍司令部協奏団の俳優をされていたようですが。

答：俳優ではなく、海軍司令部協奏団の作家です。

『中央日報』の報道を見ると、彼は「私が一〇一連絡所に抜擢されたのは、私の詩が南韓に対する文化的浸透工作に大いに役立つだろうと期待されたからであり、一九九六年から二〇〇四年までキム・ギョンミンというペンネームで活動していた」と語っている。

ところが、証人尋問の内容を見ると、「私はキム・ギョンミンの名で詩を書いたことも、自分の詩を南韓に送ったこともない。私は二〇〇一年から二〇〇四年一月まで海軍司令部協奏団の作家として働いていた」と述べているのだ。つまり、彼は一〇一連絡所に勤務しながら書類上で金日成総合大学を卒業し、書類上で海軍司令部協奏団の作家として働いていたということになる。

さらに信用できないのは、党の情報機関という厳めしい部署に採用されるための大前提である金日成総合大学朝鮮語文学部の卒業証書なしに特別採用されたという主張だ。

豆満江に行くために大金を払って手に入れたという特別通行証も虚偽

（二〇一七年十一月三十日付『張真晟録取書』二十二〜二十五頁）

問：二〇一一年二月に出版された証人の著書『平壌を飛び出した宮廷詩人』の十四頁に、「通行証には『一般通行証』と『特別通行証』があり、前者は内陸地域を移動する際の通行証で、後者は『平壌行き』、『ＤＭＺ地区行き』及び『国境沿線地区行き』に分かれていて、『国境沿線地区行き』の特別通行証には二本の赤い線が横向きに入っている」とありますね？

答：はい。

問：その他に「ＤＭＺ地区行き」の特別通行証もありますね？

答：はい。

問：インターネットで検索したり、脱北者に確認したところ、北朝鮮と中国の国境地帯に行く通行証に引かれているのは赤ではなく、青い線でした。それを裏づける報道記事もあります。証人が書かれた二本の赤い線が引かれた通行証は「ＤＭＺ地区行き」の特別通行証のようですが。

答：それが事実だとすると、私が混同したのだと思います。

問：赤い線と青い線を容易に混同するとは思えませんが。

答：私は通行証の偽造犯ではないので、熱心に研究したことはありません。

問：『平壌を飛び出した宮廷詩人』の十五頁に「平壌市の保衛員に百ドル払って非合法に白紙の通行証を二枚手に入れた」とありますね。

答：はい。

問：もう一枚は友人のファン・ヨンミン氏の分だと思いますが、なぜ大金を払って入手した通行証を一枚しか使わなかったのですか？

答：本に書いてあります。（注：本に記載なし）

問：通行証には「目的地」や「目的」、「同行人数」を記入する欄があり、証人は、自分の筆跡で目的欄に「出張」、同行人数欄には「他一名」と記入されたようですが、目的地はどこになっていたのでしょうか？

答：「茂山」と書きました。

問：著書によると、「茂山市」と記入されたようですが。

答：市も郡も、ただ単に「茂山」と書いたはずです。

問：茂山は「茂山市」ではなく、二〇〇四年の頃も現在も「茂山郡」ではありませんか？

答：出版社の誤植です。

問：もしも通行証に「茂山市」と記入していたらすぐに怪しまれたと思いますし、本来目的欄には用務をある程度具体的に書かなければならないようですが、「出張」、「他一名」と記入しただけで特別通行証が発給されるほど審査が甘かったのですか？

答：はい。

問：ファン・ヨンミン氏の氏名を記入せず、単に「他一名」とした理由は何ですか？

答：一緒に行くためにそのようにしました。

問：通行証の審査を行う保安員や保衛員は、通行証に「他一名」、「他三名」としか記載されていなくても、氏名欄に記載されている人物の身元を確認するだけで、同行者も一緒に通過させたのですか？

答：はい。

問：被告人（著者）が複数の脱北者から聞いたところによると、ファン・ヨンミン氏は職場が異なるので、彼の所属機関を通じて党の中央から「同行者依頼書」を発行してもらい、そこには同行者の氏名が記録されており、これを通行証に添付しなければならないということでした。その上、通行証は簡単に偽造したり、取引できないように党中央の職印が押されているようですね。

答：通行証に党中央の職印が押されていたことはありません。

問：「他一名」の場合、特別通行証と同行者のファン・ヨンミン氏の名前が記載された党中央発行の同行者依頼書が必要なことは周知の事実だったと思いますが、なぜ証人とご友人は特別通行証だけで検問を通過することができたのでしょうか？

答：北朝鮮にそのような依頼書や党中央の職印が押された国境通行証はありません。

北朝鮮には三種類の特別通行証がある。「平壌行き」、「国境沿線地区行き」及び「ＤＭＺ行き」だ。そのうち「国境沿線地区行き」には二本の青い横線、「ＤＭＺ行き」には二本の赤い線が引かれている。ところが、二〇〇九年に張真晟が「脱北同志会」のホームページに投稿した『わが脱北ストーリー』と二〇一一年に出版された『平壌を飛び出した宮廷詩人』には、「平壌市の保衛員から赤い線が引かれた特別通行証を非合法に二枚手に入れて、一枚だけ使用した」と事実に反することが書かれているのだ。

また、証人尋問でも「白紙の通行証の目的地欄に「茂山」、目的欄に「出張」、同行者欄に「他一名」としか書かなかったが、平壌から豆満江辺の茂山駅に到着するまで何度も行われた検問を難なく通過できた」と述べたが、他の脱北者から聞いた話や様々な情報に鑑みて北朝鮮の検問がそれ程いい加減なはずがないのだ。その上、彼は、著者に指摘されるまで茂山が「郡」だと知らなかったのである。『わが脱北ストーリー』は、彼が二〇〇九年に脱北同志会のホームページに投稿した手記だが、彼が三度も「茂山市」と書いた次のような一文がある。

（**張真晟『わが脱北ストーリー』**）

「なぜ国境に近づいたのですか？」と中隊長は身分証の重みの割にあまりにも若い私を怪しんだのか、訝しげに上から下まで眺めながら尋ねた。私が「視察のために茂山市の党に行くつもりだったが、夜が更けてますます冷え込んできたので兵舎でも訪ねて一晩泊めてもらおうとしていただけだ」と答えると、我々を捕まえたあの忌々しい兵士が、「違います。川に足を入れました！」と叫んだ。私は、こんな時こそ度胸が必要だと判断して、その兵士に「この間抜け！　誰に向かって銃を向けてるんだ。さっきお前をぶん殴ってやろうと思ったけど我慢したよ！」と怒鳴った。するとと、中隊長が「茂山市の党に電話で確認しろ」と命じた。思わず私は崩れ落ちそうになった。ストーブの前で手をこすっていた友人の目がこれで一巻の終わりだと語っていた。ところが、奇跡が起きた！　兵士が「中隊長同志、停電で茂山市の党に電話が繋がりません」と言ったのだ。彼の言葉を聞いた瞬間、私はつま先から頭の先まで九死に一生を得た喜びで満たされた。

二、三千ドルの取得と保管についての疑惑と嘘

（二〇一七年十一月三十日付『張真晟録取書』十七～十八頁）

問：一〇一連絡所は、当時、給与をドル建てで支払っていましたか？　その場合、あなたはドルでいくら受け取っていましたか？

答：北朝鮮のウォン貨で受け取っていました。当時私が受け取っていた月給は、二千五百ウォン（約十ドル）です。

問：証人は、二〇一一年三月二十八日にゲストとして招かれた「自由アジア放送」のインタビューで、脱北当初アメリカドルで数千ドル所持していたが、そのうち七百ドルを中国の国境地域で出会ったチャン・ヨンなる人物に渡したとおっしゃっていましたが。

答：はい。

問：証人はドルをいくら所持されていたのでしょうか？

答：二千～三千ドルです。

問：そんな大金をどこで手に入れられたのですか？

答：北朝鮮は、ウォン貨の価値がないのでドルで…。市場でも盛んにドルで取引されているので

容易にドルを手に入れることができます。

（二〇一七年十一月三十日付『張真晟録取書』四十〜四十一頁）

問：証人の『脱北ストーリー』の七頁に、「中国側の国境地帯に逃れて最初に出会ったチャン・ヨン氏が皮製のジャンパーとズボンを渡してくれたが、彼は咸鏡北道訛りの朝鮮語で話した」と書かれていますが、彼が渡してくれたジャンパーとズボンに着替えたんですか？

答：はい。（注：皮のジャンパーは保温性が低く、冬は零下三十度という日も珍しくない中国延辺地域では保温効果がほとんど期待できない）

問：その時、ドルとノート二冊はどこに保管していましたか？

答：ポケットの中に入れていました。

問：着替えた時にポケットに入れていたドルをジャンパーやズボンに移しましたか？

答：お答えできません。

問：ご友人はどうしてドルを一銭も持っていなかったのでしょうか？

答：お金は私が持っていた方が良さそうだったので、彼の分も私が預かっていました。

問：ご友人は何も持たずに動いていたということですか？

答：私と行動を共にしていたからです。

（二〇一七年十一月三十日付『張真晟録取書』四十一頁）

問：証人が二〇〇九年十二月に投稿した『わが脱北ストーリー』の九頁に、「チャン・ヨン氏の義母宅の向かいにある外側から鍵をかけた空き家に三日間潜んでいたが、三日目の深夜に公安が踏み込んできたので慌ててそこから逃げ出さねばならなかった。一刻を争う事態にもかかわらずファン・ヨンミンが床で何かを探しているので、私は『こんな時に何をしてるんだ！』と彼の背中を強くたたいて急いで逃げ、結局二人は山の中腹で出会った。私は金を入れていた外套や荷物の入っていた包みを置き去りにしてしまったが、ファン・ヨンミンは床にあった私のノートを二冊持ち出してくれた。そのノートには『わたしの娘を百ウォンで売ります』を始めとする数篇の詩が書かれていた」とありますね？

答：はい。

問：その二冊のノートは床に別個に置かれていたのですか？

答：荷物と一緒でした。

問：すると、ファン・ヨンミン氏は数千ドルもの大金が入ったリュックサックや外套を置き去りにしてノートだけ持って逃げ、証人もドルを置き去りにして逃げたということですか？

答：はい。

十ドルほどの月給しか貰っていなかった彼が二千ドルを超える大金を所持して友人と脱北を企てたと述べている。その巨額のドルの入手先については証言を拒否したが、その金は彼が一人で管理していた。彼らは数日間空き家に身を潜めていたが、明け方に踏み込んだ中国の公安に捕まりそうになって、そこから逃げ出した。その際、手帳だけ持ち出し、命と同じぐらい大切なドルの入った荷物と外套は置き去りにしたと述べているが、実際はもっと違っていたはずだ。零下三十度の極寒の地で靴下もはかずに逃げ回ったあげく山の中腹で出会い、二人で夜を明かしたというのも非現実的で、見え透いた作り話としか思えない。

張真晟は二〇〇四年一月に平壌駅から茂山駅に出発しなかった

（二〇一七年十一月三十日付『張真晟録取書』二十五頁）

問：脱北当時、寒さ対策が極めて重要だったと思います。脱北に備えて衣類やその他いろいろなものを準備されたと思いますが、リュックにどんなものが入っていたかお話し頂けますか？

答：本にすべて書いてあります。（注：本に記載なし）

問：フード付きのパーカーや寒さから足を守ってくれる運動靴を準備しましたか？

答：いいえ。（注：豆満江を渡って脱北するつもりの平壌市民が寒さ対策を全くしなかったというのは理屈に合わない。誰かに手引きされて苦労することなく韓国にやって来たのではないかと疑問を感じる部分である）

問：『わが脱北ストーリー』の十六頁に、「私はその日『深化組』（金正日が一九九七年頃国家安全省＝現在の人民保安省内に設置した秘密警察。張成澤（チャンソンテク）が責任者に起用されて辣腕をふるった。一九九七年から二〇〇〇年にかけて起きたいわゆる『深化組事件』で金日成以来の古参幹部とその側近が大飢饉等の責任を問われて一族もろとも粛清され、その数は二万五千人に上ると言われている）によってスパイ容疑で粛清された友人の岳父について、そして南韓の書籍を友人に秘密裏に配布した容疑で国家保衛部の厳しい取調べを受けた自分自身についてキム・グァンソンに話した」という一文がありますが、あなたが友人に配ったのはどのような書籍ですか？

答：『月刊朝鮮』、『新東亜』、『月刊マル（言葉）』などです。

問：厳しい取調べを受けていったん釈放されてから脱北を決意されたようですが、そのような大罪の容疑者の場合、保衛当局は証人を解放せず引き続き勾留しておくのではありませんか？

答：北でも証拠がなければそのようなことはできません。

（二〇一七年十一月三十日付『張真晟録取書』二十六～二十七頁）

問：証人の著書『平壌を飛び出した宮廷詩人』の七十二頁に、保衛当局が証人を直ちに逮捕できなかったのは、証人が金正日と謁見したことがあり、「金正日の接見者」に分類されていたからだと記載されています。証人を逮捕するには金正日の署名が必要だったということですが、ほかの脱北者に確認したところ、それは一般的な犯罪者の場合で、反逆・反動・裏切り者と見做された者は金正日の承認なしに直ちに逮捕できるということでした。また、党の中枢部で働く人間が無断欠勤した場合、直ちに全国に手配令が発動されて、最初に伝えられるのが列車、十号歩哨所、国境沿線地帯の警備総局のようですが、間違いありませんか？

答：はい。

問：証人は「金正日の接見者」として特別待遇を受けられたが、ファン・ヨンミン氏はそうではありません。彼が働いていた機関が直ちに緊急通報したはずです。彼は金正日の側近で働いていた人物で、もともと有力者の一門なので、無断欠勤が発覚したら直ちに全国に手配令が発せられていたはずです。彼が捕まれば、証人も捕まるのではありませんか？

答：そのことはすべて本に書いてありますが、北朝鮮は韓国のように通信網が整備されているわけではありません。

問：質問の趣旨は、証人は特別な手続きが必要で直ちに通報されることはないが、ファン・ヨンミン氏はそうではない、二人は行動を共にしていたので一方が捕まればもう一方も捕まるのではないか、ということです。いかがですか？

答：本にも書きましたが、その点は十分に承知していたので慎重に行動していました。

（二〇一七年十一月三十日付『張真晟録取書』二十七～二十九頁）

問：証人の上記著書の十一頁に「汽車は二〇〇四年一月二十五日朝六時に三日遅れで茂山駅に到着した」とありますが、本来の到着時刻が同年一月二十二日午後七時十五分だったことは書きましたか？

答：はい。

問：平壌を出発した日付と時刻は覚えていますか？

答：三日前に発ちました。時刻は覚えていません。
問：それだとその列車は遅延しなかったのではありませんか？
答：違います。
問：二十二日に到着するはずの列車が遅延して三日後の二十五日に到着したと述べられました。先ほど平壌を出発したのは二十二日だとおっしゃいませんでしたか？
答：二十二日だったか二十一日だったかよく覚えていません。（注：実際に茂山駅に着いた時刻や定刻の到着時刻は詳細に覚えているが、肝心の平壌の出発時刻はあやふやだ）
問：脱北する人の立場からすれば、脱北の話の中で最も忘れられない出来事は、平壌で切符を購入する際に同行者のファン・ヨンミンが正式な証明書を持っていなかったことが問題になったことです。どうやってその窮地を脱したのか、ほかの人々も最も関心のある部分ですから、詳細に記載して頂きたかったと思います。
答：それならいつか改めて書きます。
問：「ナムウィキ」や新聞雑誌等に平壌駅から羅津駅まで行くのに二十三日もかかったという記事がありましたが。
答：はい、遅延するとそれぐらいかかることもあります。
問：稀嶺（ヒリョン）（現在の北朝鮮江原道淮陽（フェヤン）郡）に行くのに早くて十日ほどかかるという話をよく聞きます。列車の八十％が電気機関車だが、証人が著書で述べておられるように平壌ですら一日当たり四時間しか電気が流れないほど電力事情が劣悪で、列車がよく停車し、場合によっては数日間運休することも珍しくないと言われています。中には列車の中で凍え死んだり、飢え死にする人までいるようです。また、速く走ると老朽化した線路が曲がる、切りっぱなしで四角に形を整えていない木をレールの枕木に使っている、線路に敷かれたバラストが役目を果たさず線路が蛇のようにくねくねと曲がっていて時速二十キロメートル以上のスピードを出せないというちょっと信じられないような話も聞きます。証人も著書の十一頁で「単線、牽引車不足、故障、頻繁に起きる停電、低い電圧」という言葉で北朝鮮の鉄道事情の劣悪さを強調していますね？

答：はい。

問：ところで、証人は茂山駅まで列車で行かれたということですが、列車の運行状況がどうだったのか、列車内で何度検問を受けたのか、一緒に乗っていた人々の様子など読者が興味を持ちそうなエピソードがたくさんあったと思いますが、証人の著書にはそれらについて記載がありませんね？

答：はい。

問：どうしてお書きにならなかったのでしょうか？

答：自分に焦点を当てて書きたかったので、省略しました。

問：証人が乗った列車で検問が何回ぐらいありましたか？

答：境界を過ぎるたびに行われていましたが、数えていなかったのでわかりません。

問：検問はどのように行われるのですか？

答：通り過ぎながら一人ひとり検査します。
問：ファン・ヨンミン氏は検問で問題になることはなかったのですか？
答：はい。
問：車窓から外の景色をご覧になったと思いますが、雪はどれぐらい積もっていましたか？
答：覚えていません。
問：雪の降っている地域はありましたか？
答：覚えていません。
問：豆満江辺の気温がどれぐらいだったか覚えていますか？
答：よく覚えていません。
問：一月だと、零下二十度から三十度の気温だったと思いますが。
答：はい。しかし、気温を測っていなかったのでわかりません。

張真晟は、二〇〇四年一月二十五日明け方六時に豆満江辺の茂山駅に到着したと述べている。一月下旬だと、平壌や豆満江辺は零下二十度～四十度という日も珍しくない。それよりも寒い中国の延辺地域へ脱出しようとする人間が防寒用の衣類や靴を持たず、場合によっては十～二十五日間も停車を繰り返す列車の中で寒さや飢えを凌ぐための備えもなしに旅立ったというのは、常識的には考えられない行為である。彼は北朝鮮最高の核心部署である対南工作部の幹部職員であり、同行者のファン・ヨンミンは金正日の喜び組の楽団（旺載山（ワンジェサン）軽音楽団）の団員だった（同十八頁下四～五行目）。

このような重要な地位にあった二人が同時に消息を絶ったにもかかわらず全国に手配されず、平壌から少なくとも十日はかかる目的地にいかなる制止も受けずに無事に到着できたというのはあり得ない話だ。しかも、張真晟は検問に関する話、列車で寒さや空腹をしのいだ話を全く書いていないのである。多くの人々が列車で凍死したり餓死したりしているのに、パーカーも着ず、保温性のある運動靴も履かずにどうやってその寒さを凌いだのか一切書いていない。雪がどれぐらい降っていたのか、雪を見たか否かという問いにも、覚えていないと答えている。そして、茂山駅に実際に到着した時刻や定刻の到着時間は正確に覚えているにもかかわらず、平壌をいつ出発したのか記憶があいまいである。彼は、二〇〇四年一月に平壌を出発せず、次の理由から豆満江も渡らなかったのだ。

二〇〇四年一月、張真晟は豆満江を渡らなかった

（二〇一七年十一月三十日付『張真晟録取書』二十九〜三十頁）

問：著書の十二頁に、「茂山駅に降りると、荒れた天気で吹雪が吹きすさんでいた」と書かれています。どれぐらい雪が積もっていましたか？

答：よくわかりません。

問：吹雪が吹きすさんでいたことは覚えているが、積雪については記憶がないということですか？

答：いよいよ豆満江を渡って脱北しようとしている時に、景色を眺めたり、積雪を気にする余裕

があったと思いますか？

問：雪はありましたか、なかったですか？

答：ありました。

問：雪が降った時の気温がどれぐらいだったか覚えていませんか？

答：はい。

問：茂山駅に午前六時に降りたとすると、まだ暗かったと思います。荒れ狂う吹雪の中を歩き始めて一日かけて百里（一里：約三百九十二メートル）ほどの距離を歩いたということですが、足跡も残り、雪を踏む音も結構したと思いますが、いかがですか？

答：はい。

問：茂山駅から白頭山側の上流に向かって歩きましたか？　それとも、日本海側の下流に向かって歩きましたか？

答：私の記憶では日本海に向かう下流に沿って歩いたと思います。

問：著書の十八頁に、「身分証の権威を頼りに舗装されていない道路を歩いたが、一キロごとに望楼があり、その間に潜伏歩哨所が設けられていて、軍人が通りかかる車両や人間を例外なく止めて移動目的や行き先を尋ねていた」と書かれていますが、証人はそのたびに身分証を盾にして通過したということですね？

答：はい。

問：国境警備が随分手ぬるいように思えますが。

答：はい。

問：（二〇一七年十一月三十日付『張真晟録取書』三十一〜三十七頁）

漆黒の暗闇に包まれた夜十時に証人が豆満江に足を踏み入れた瞬間、草むらからいきなり兵士が現れたようですが、十七頁には「いざ豆満江に来てみると、草一本生えていない禿山なので衝撃のあまり茫然自失となった」と書かれています。証人たち二人が捕まった場所だけすぐそばに草むらがあって、警備兵が潜んでいるのに気づかないほど冬草が生い茂っていたということですか？

答：あの時は夜で、何も見えなかったのです。

問：証人を発見した警備兵が呼び笛を吹き、すぐさま電灯を手にした他の警備兵が駆けつけて証人らを取り囲んで第六中隊の内務班まで連行したということですね？

答：はい。

問：距離はどれぐらいありましたか？

答：それほど離れていませんでした。

問：どれぐらいかかりましたか？

答：十五分ほどでした。

問：中隊の内務室が川岸の近くにあったのですか？

答：あれぐらいの距離なら、近いと言えます。

問：本の二十二頁によると、証人は、中隊長から「なぜ国境に近づいたのですか？」と尋ねられて、「わが党の委員会から茂山市の党の視察を命じられて行くところだったが、夜が更けてますます冷え込んできたので軍人の兵舎でも見つけて一晩泊めてもらおうとしていただけですが…」と答えたということですね？

答：はい。

問：何人もの脱北者に聞いたり、インターネットで調べると、茂山市（正確には茂山郡）の党も茂山駅も郡の中心部にあり、平壌から茂山市の党に出張でやってくる人がいる場合、市側の党員が車で出迎えねばならないのが慣例のようですが…。

答：それは憶測にすぎません。

問：証人は市の中心部から百里も離れた場所で捕らえられて中隊本部の幕舎にいたにもかかわらず、市の党に行く途中だと言い繕ったようですが、信じてもらえると思いましたか？

答：苦し紛れに言っただけです。

問：北朝鮮の国境警備と韓国の沿岸警備の構造は考え方が一緒です。この図を左側から見ていくと、川があり、川岸があります。川岸の内陸側に障害物地帯があり、その後ろに鉄条網があります。障害物地帯には、状況に応じて大釘が突き出ている板や、長さ四メートル、深さ三メートルの落とし穴、木函地雷などが仕掛けられています。さらに、鉄条網や人間が飛び越えることのできない広い痕跡線（砂の川）まであります。よく均された砂の上に足跡がないか監視するため砂の川に沿って道があり、その道に歩哨所が設けられていて、内陸側にこれらの歩哨所を管掌する中隊本部の幕舎があります。右端の道路は邑と邑を結ぶ舗装されていない道路で、証人が一日中歩いたとおっしゃったのがこの道路です。このような障害物は地形等の関係で二重になっている場所もあるようですが、鉄条網は中朝国境に沿って張り巡らされています。豆満江の河岸の画像を検索して切り取ったものが三枚あります（下および次頁写真）。①番の写真には河岸に設置されている鉄条網が写っていて、「国境の標識と鉄条網等の辺境施設を破壊・移動することを厳しく打撃する」と書かれた掲示板があります。②番目の写真は中国側から北朝鮮の歩哨所を撮った写真で、北朝鮮の兵士が監視用の望遠鏡で川を監視しており、手前に鉄条網が見えます。豆満江と北朝鮮歩哨所の間に鉄条網があるということです。③番目の写真から、中国側にも鉄条網が設置されていて、中国側の監視兵が巡視していることがわかります。鉄条網は中国側にも北朝鮮側にも設置されていて、鉄条網が設置できない場所には痕跡線や他の障害物が設置されていると言います。証人は国境沿線に設置されているこれらの警備システムを全く意識しなかったのでしょうか？

答：鉄条網が作られ始めたのは二〇一〇年です。従って、私が脱北し

①豆満江河岸に設置されている鉄条網

②中国側から北朝鮮の歩哨所を撮影

た頃は中朝国境に鉄条網はありませんでした。

問：証人が車道に沿って歩き、豆満江に足を踏み入れるには、数多くの歩哨所の監視を潜り抜け、痕跡線や鉄条網等の様々な障害物が設置された地帯を越えなければなりません。ところが、証人の手記にはこれらの障害物が一切なかったかのように、まるで韓国のごくありふれた川岸で行動したかのように描かれています。証人は一月二十五日の夜更けに川岸に行って脱北を試みたものの兵士に見つかって失敗し、翌日内陸側にある線路に座り込んでいる時に再度脱北を試みようと心に決めて豆満江河岸に行き、真昼に凍った川を駆け抜けて脱北されたということですが、だとすると障害地帯、鉄条網、砂の川を三つも越えなければならなかったはずです。本当に障害物はなかったのですか？

③巡視する中国側の監視兵

答：はい。あのような障害物は二〇一〇年以降に作られたもので、それまではとてもお粗末なものでした。

問：同じく二十二頁に、夜十時に第六中隊長が兵士に命じて証人の主張が本当かどうか茂山市の党に電話で確認させようとしたが、停電のせいで電話が繋がらなかったと書かれていますね。

答：はい。

問：停電が電話に影響を与えるとは思えません。兵営共和国と言われる北朝鮮にもバッテリーや磁石を利用した有線電話や無線電話があるはずです。停電になって電話が不通になるという話を軍人出身の被告人（著者）は初めて聞きました。通常、戦争では敵味方が山野で攻防を繰り広げます。停電になって電話が途絶するようなシステムしかない国は戦争などできません。証人は平壌ですら一日に四時間しか電気が流れないと述べていますが、国境に隣接する辺境地域はよくて二、三時間しか電気が流れないのではないかと思います。停電になると国境警備用の通信電話まで途絶して、国境警備が無きに等しい状態になるということですか？

答：軍に通信電話があったとしても、茂山の党がそのような電話を使用することはできません。

問：詩を書いて韓国の学生運動家に送るのが任務である一〇一連絡所の職員が、遠い地方の郡の党に出張するのは極めて珍しいことだと思います。しかも異なる機関（旺載山軽音楽団）の団員と一緒に出張で来たと主張しても、それを額面通りに受け取る人はいないと思います。国境警備の中隊長や小隊長、平壌駅から茂山駅に至る間に検問した多くの公安要員、国境沿線で出会った多くの警備兵の中にこのような二人連れを不審に思い、きちんと検問した人物は一人もいなかったのでしょうか？

答：五十ドルと引き換えに脱北を幇助してくれる国境警備兵はたくさんいます。世間で言われているほど北朝鮮は厳格に統制されているわけではありません。（注：張真晟は『脱北ストーリー』で、ドルを渡さず、マールボロ一箱ずつ渡せば済むと強調している）

問：第六中隊長はいくつぐらいに見えましたか？　証人よりも年上だと思いましたか？

答：二十代後半か三十歳そこそこに見えました。

問：証人よりも年上だと思いましたか？

答：同じか年下だと思いました。
問：軍人の中にも位の高い、党中央に属する軍人もいますよね？
答：わかりません。
問：党の中央機関に属する身分であれば、身分の異なる年上の人や高い階級の人にタメ口をきいたりしますか？
答：どちらにせよ北朝鮮は身分社会なので、そのようにしても差し支えありません。
問：二十三頁に、「それでは明日確認することにして、とりあえず寝かせてくれよ、中隊長！俺たちは疲れてるんだ」と証人が言ったと書かれていますが、本当にこんな話し方をしたのですか？
答：「疲れているから、みんなで寝ましょう」と言いました。
問：それだと、本に書いているのと少しニュアンスが違うようですが。
答：私はあの兵舎について書いていただけで、中隊長にそんな言い方をしたとは書いていません（注：本には「『ちょっと寝かせてくれよ、中隊長！　俺たちは疲れてるんだ』と横柄な言い方をした」と記載されているが、彼はその時々に思いついた言葉で文章を書くので記憶に一貫性がない）

（二〇一七年十一月三十日付『張真晟録取書』三十八〜三十九頁）

問：『脱北ストーリー』の三頁に「私は『川を渡る妙案を思いついたよ。〝兵士が我々を見る夜〟

はやめて、逆に〝我々が彼らを見る真昼〟に川を渡るのさ。やるなら今だよ！』と彼を誘って川に行き、真昼の豆満江の氷上を走り始めた。すると、数人の警備兵が現れて『あいつら何してているんだ！　あいつらを捕まえろ！』と叫んで私たちの頭に銃口を向けた。それを見た二人は死に物狂いで走り、やっとの思いで対岸にたどり着くことができた。だが、幸いにも最後まで銃撃されることはなかった。後でチャン・ヨン氏から、警備兵が銃を撃たなかったのは国際法上の取り決めで中国に向けて銃を撃ってはならないことになっているからだと教えてもらった」と書かれていますが、この通りですか？

答：はい。

問：それに対して、証人は、北朝鮮の住民がこの事実を知らないばかりに脱出したくてもできないでいるのが気の毒だとおっしゃったんですね？

答：はい。

問：ところが、「豆満江　脱北　銃撃」と入力して検索してみると、「豆満江を渡っている時に銃撃されて死亡した脱北者に関するニュースがたくさん出てきます。証人のお話はこれらの報道と大分違っているようですが。

答：そんな風に撃つ時もあり、撃たない時もあるということだと思います。少なくとも私たちの時は撃ちませんでした。

問：チャン・ヨン氏から国際法上の取決め云々の話を聞かれたということですが、中国との間でどのような基準で銃を撃ったり撃たなかったりするのでしょうか？

答：撃たなかったのでそのように書いただけで、理由は分かりません。人民軍に直接お尋ねください。

問：本の二十五頁に、警備中隊の兵舎（内務班）で一晩過ごした間「警備兵の巡察勤務交代は一時間ごとに行われ、歩哨所に出かけるたびに兵士は実弾ばかりか手榴弾で武装していた」と記載されていますが、このことから警備兵が脱北に備えてそれなりの装備をしていたことがわかります。ところが、証人のお話だとそれを使用する場合もあり、使用しない場合もあるということになりますが、その判断はどうやってするのでしょうか？

答：私にはわかりません。

（二〇一七年十一月三十日付『張真晟録取書』三十九〜四十頁）

問：証人が警備兵の兵舎に一泊し、そこを出て線路に座って友人といろいろと話し合われたのが二〇〇四年一月二十六日です。その際、証人は、我々が出勤しなくなってから三日になったとおっしゃいましたよね？

答：はい。三日だったか四日だと言いました。

問：汽車が予定よりも三日遅れて茂山駅に着き、兵舎で一晩過ごしたわけですから合計四日ということになります。これに本来の乗車時間を加えると、最も理想的な走り方をしたとしても証人が事務所に出勤しなくなってから、少なくとも十日になるのではありませんか？　日にちの計算が合わないようですが。

答：そうではなくて、我々は出勤した日に汽車に乗ったので、当時の我々の時間で計算すると三日で合っています。

張真晟は彼の著書『平壌を飛び出した宮廷詩人』に、二〇〇四年一月二十五日早朝に茂山駅に降りたとたん激しい吹雪に遭ったと書いている。ところが、証言台では雪が降っていたか、どれぐらいの積雪だったのか覚えていないと述べた。彼は豆満江の下流に沿って一日中歩き、百里（約四十キロメートル）ほど歩いたと書いているが、どれぐらい寒かったのか、雪がどれぐらい降っていたのかという質問にも記憶がないと答えた。また、零下二十度～四十度の極寒の地を防寒用の靴やパーカーもなしに百里も歩き、夜中に川を渡ろうとしたときに捕まったと書いているが、一般車両が走る道路と豆満江の川岸の間に鉄条網、痕跡線（砂の川）、地雷、ワナなど様々な障害物が設置されていたにもかかわらず、彼はそのような障害物は全くなかったと述べた。さらに、茂山駅や党の建物がある市中心部から百里も離れた場所で警備兵に捕まった時に、彼は茂山郡の党に行く途中だとすぐにばれるような嘘をついたが、通常であればそんな彼らを中隊長があっさり放免するはずがないのである。

警備兵が党に連絡して事実を確認しようとしたが、停電で電話が通じなかったおかげで何とかその場を凌ぐことができたと述べているが、電気と電話は関係ない。軍には有線が使用できない場合に備えて無線が備えられており、両方とも停電しても通信可能なのだ。また、真昼に豆満江の氷の上を走ったが、兵士は銃を構えたものの撃たなかったと主張しているが、それなら誰でも豆満江を渡ることができたはずだ。さらに、一月二十六日に友人と二人で線路に座っていた時に彼は「出勤しなくなってからもう三日経った」と言ったが、茂山駅に着いたのが一月二十五日の明け方だと書いているから、平壌駅から茂山駅まで二日しかかからなかったことになる。これは北朝鮮の鉄道事情に鑑みてあり得ない。

中国で最初に経験した七日間の脱北ストーリーは荒唐無稽な作り話

（二〇一七年十一月三十日付『張真晟録取書』四十二頁）

問：何とか追手から逃れて山の中腹にたどり着いたとき、証人は靴下すら履いていない、裸足の状態だったと述べていますね。

答：はい。

問：あの寒い空き家で羽毛入りの寝袋だけで寒さを凌ぐのは至難の業だったと思いますが、夜寝る時に外套や靴下を脱いで寝ていたのですか？

答：チャン・ヨンさんが暖を取れるものを持ってきてくれました。

問：何を持ってきてくれたのですか？

答：懐炉と昔使っていた炭火を持ってきてくれました。（これは『脱北ストーリー』には書かれていない苦し紛れの弁明）

（二〇一七年十一月三十日付『張真晟録取書』四十二〜四十五頁）

問：『わが脱北ストーリー』の十頁にその空き家からの脱出劇が描かれていて、「私は日中に外に見えていた高い垣根をどうやって越えたのか覚えていない。前方を走る姿を追いかけて懸命に走りながら、私は『生きるんだ！　生きるんだ！』とつぶやき続けた。そんなふうにしばらく走ってから、ぴたりと立ち止まった。友人だと思い込んでいた前の影が子牛だったのだ。彼はいったいどこに行ったのか？　そして、もと来た道を引き返した。この路地、あの路地をめぐりながら我々が隠れていた空き家の近くを慌ただしく動き回り、公安の懐中電灯の数を一つ残らず数えた。彼らに見つからないように動き回るには明かりを一つも見逃してはならなかったのだ。私は友人が逃げたと思われる一帯を、腰をかがめながら苦労して探し回った。その時、人の気配を感じた。振り向くと、懐中電灯の光が近くから近づいて来るのが見えた。慌てた私はちょうど目の前にいた大きな牡牛の後ろに隠れた。公安と私との距離は五メートルもなかった。牛の腹の下から私の足が見えはしまいかと息が詰まりそうだった。私が気になったのか牛はゆっくりと走りはじめ、私は仕方なくその牡牛を隠れ蓑にしてイバラに刺されながら走りに走った。このような逃避行を続けている間に空が白み、公安の車が帰って行くのが見えた。私はその時になって初めてズキズキする痛みとともに自分が裸足であることに気づいた」という一文がありますが、牝牛ではなく牡牛が子牛を連れていたというのが理解できないのですが。わかりませんか？

答：それなりの事情があったのだと思いますが、私にはわかりません。

問：子牛と牡牛を育てる場合、中国では牛小屋で育てないで、放牧するということですか？

答：牛小屋で飼っていましたが、よく外へ出ていました

問：空き家の横で誰が子牛と牡牛を飼っていたのかわかりませんが、友人が空き家の近くにいると思い、遠くまで逃げた証人がそこに引き返し、近くに公安がいることに気づいて再び大きな音を立てながら牛と一緒に逃げたというのはあり得ない話のように思えますが、本当ですか？

答：はい。

問：追われる身の証人が懐中電灯の明かりを数えたのですか？

答：はい。

問：「彼らに見つからないように動き回るには明かりを一つも見逃してはならなかったのだ」という表現も、その時の状況を考えると理解し難いのですが。どうですか？

答：いいえ、そんなことはありません。

問：『わが脱北ストーリー』の十七頁と八十五頁に「その夜、延吉市（中華人民共和国吉林省延辺朝鮮族自治州の州政府所在地）から遠く離れた龍井里（ヨンジョンリ）のある家の牛小屋で並んで横になった我々は、百元札を眺めながら実に様々なことを考えた」とありますが、この部分を見ると、中国でも牛は放牧せずに牛小屋で飼っているようですね？

答：はい。

問：本の八十六頁に「牛の鳴き声で目を覚ました」と書いてありますが、「牛小屋で牛が寝ているそばで証人とご友人も寝た」ということですか？

答：私も、今、肌寒い秋に山で二晩過ごせと言われたら、その場で断ります。あの時どうしてあんなことができたのか自分でも不思議ですが、それだけ切羽詰まっていたのだと思います。死地に追い込まれた経験がある方は、このような質問はしないと思います。

問：証人は、「一月二十六日の昼間に中国に渡ってから国境沿線で出会った女性にチャン・ヨン氏の家を教えてもらって彼の家を訪れたが、休む間もなく二十分後に到着したバスに乗って延吉市の同氏の義母宅に行った。同氏が到着後すぐに自宅にいる妻に電話をかけたところ、公安が義母の家に向かっていると言われた。そこで、同氏は一月二十七日午前二時頃、義母宅の向かいにある空き家に私たちを匿った」と書かれていますが、『わが脱北ストーリー』の八頁に「私とファン・ヨンミンを中国の公安が殺人者として指名手配した」、九頁に「私が最初に会った女性が密告してチャン・ヨン氏まで指名手配され、公安が同氏の義母宅までやって来る事態に陥ったので、同氏は二〇〇四年一月二十七日早朝二時に私たちを向かいの空き家に匿って外から鍵をかけた。そして、自身は義母宅に身を潜めながら数日間私たちの世話をしてくれた」とも書いておられますね？

答：はい。

問：要約すると、「チャン・ヨン氏は義母宅にそのまま留まって一月二十八日と二十九日の夜に証人らにパンを差し入れてくれた。一月三十日早朝に証人らを捕まえようとやってきた十二人の公安に寝込みを襲われて、証人は子牛を友人だと思って後を追いかけて逃げたが途中で勘違いに気づき、はぐれてしまった友人を探そうと引き返した。だが、公安に見つかりそうになり、大きな牡牛を隠れ蓑にして山中に逃げ込んだ。そして、先に到着していたファン・ヨンミン氏と再会した。二人は裸足の状態で一日中山中に身を潜めていたが、日が暮れると再びチャン・ヨン氏の義母宅に行き、同氏から証人らの荷物が全て公安に持ち去られたことを知らされた。彼は、証人らに毛布と衣類を渡して、もう二日間山にいるように指示した」ということですか？

答：はい。

問：山で一晩過ごしたところで、チャン・ヨン氏がシン・グァンヨンという三十代初めの男性と一緒に現れて、証人らをその男性に引き渡したということでよろしいですか？

答：はい。

問：公安は証人らを取り逃がしてしまったわけですが、証人らを匿っていたチャン・ヨン氏も逮捕の対象になっていたはずです。にもかかわらず、義母宅にやって来た公安は同氏を逮捕しなかった。そのおかげで、同氏はあと数日間証人らの世話をすることができたということですね？

答：はい。

問：二日間チャン・ヨン氏は証人らにパンを差し入れたり、一旦逃げ出した後も同氏の義母宅で証人らと会ったりしていたようですが、韓国であれば、義母宅を公安が見張って姿を見かけたら直ちに逮捕したと思いますが、北朝鮮や中国は韓国とは違うのでしょうか？

答：よくわかりません。

問：証人らが置き去りにしたリュックサックや包み、外套、靴下、靴、数千ドルの現金等から、中国の公安は証人らが着の身着のままで逃げ出したことを察知したはずです。そして、近場に潜伏しているに違いないと判断して大勢で近郊の山を捜索するとともにチャン・ヨン氏を逮捕して追及することも可能だったはずですが、この三人をそれ以上追跡しませんでした。この点がよく理解出来ないのですが、いかがですか？

答：私にはわかりません。

張真晟によると、「中国の公安はチャン・ヨン氏を張真晟らの逃亡の幇助者と見なし、延吉市の彼の義母宅まで追いかけてきた。だが、同氏は公安に拘束されることなく張真晟とファン・ヨンミンを空き家に匿って三日間パンを差し入れてくれた。一月三十日早朝、張真晟らは公安に寝込みを襲われて多額のドルや荷物を置き去りにして着の身着のままで山に逃げ込んだ。ところが、十二名の公安は靴下も靴もはかず着の身着のままで逃げた張真晟らをそれ以上追跡しなかった。チャン・ヨン氏は、山から下りてきた張真晟らに靴下などの衣類や毛布を渡して山で二日過ごしてから来るようにと言った。張真晟らはあの雪の降る厳冬期の山中で、毛布で寒さを凌ぎながら思い出話をして夜を明かした」とのことだが、通常であれば、凍え死んでもおかしくない状況だ。

また、「二人が山から下りてくると、チャン・ヨン氏は二人の世話をシン・グァンヨン氏なる人物に託した。この人物は無一文となった二人をデパートに連れて行って服やサングラスを買い与え、風呂に入れ、贅沢な料理まで食べさせてくれた。彼らが隠れていた空き家の横の家畜小屋で大きな牡牛と子牛が飼われていてよく外を歩き回っていたが、張真晟は公安に捕まりそうになった時に子牛と一緒に逃げたり、友人を探しに引き返し、公安に見つかりそうになった時に牡牛と一緒に逃げて窮地を脱したりした」ということになるが、こんな荒唐無稽な話は武侠小説でもめったにお目にかかれない代物(しろもの)だ。

『脱北ストーリー』と『平壌を飛び出した宮廷詩人』の内容の矛盾

（二〇一七年十一月三十日付『張真晟録取書』十九頁）

問：証人は、金正日の時代に起きた「深化組事件」と呼ばれる粛清事件でスパイと見做されて粛清されたのは、『わが脱北ストーリー』の十六頁にはファン・ヨンミン氏の岳父、「平壌を飛び出した宮廷詩人」の七十頁では、深化組によって犠牲となったのは社会安全省（警察庁）の参謀長だったファン・ヨンミン氏の実父だと書いていますね？

答：はい。

問：どちらが正しいのでしょうか？

答：私と一緒に逃亡して目的を果たさないまま亡くなった友人の個人情報に関わることなので、友人に対する配慮から実父、あるいは岳父と変えて書きました。

問：韓国に来ても、そのような配慮が必要でしょうか？

答：あの当時、彼が亡くなったことを知るまでは遠回しに述べていましたが、亡くなったことを知った後は…。（注：張真晟は友人のファン・ヨンミンが中国の公安当局に捕まった時に自殺したことを韓国に来てから知ったという。ところが、上記手記と本は脱北した六年後と八年後に書かれているのだ。中国で無念の死を遂げた友人に配慮して設定を変えたと述べているが、理屈に合わない）

（二〇一七年十一月三十日付『張真晟録取書』四十六頁）

問：二〇一一年に出版された証人の著書『平壌を飛び出した宮廷詩人』の七十七頁の「七章、百元、その金の価値」に、シン・グァンホ氏から別れ際に百元受け取ったと書かれていますが、二〇〇九年に書いた『脱北ストーリー』十六頁では、この金を渡してくれたのは証人が脱北の動機を仔細に打ち明けたキム・グァンソン氏です。証人はキム・グァンソン氏が韓国に定住してから同氏にお金を返し、現在も親交があるようですが、なぜお金を渡してくれた人物が異なっているのでしょうか？

答：シン・グァンホとキム・グァンソンは同一人物です。あの方はシン・グァンヨンですが、名前をキム・グァンソンにしてくれと依頼されたので、そのようにしました。あの方から、中国に長期滞在するので、向こうの公安との関係で名前を削除するか変えてほしいと頼まれたのです。

事実に基づいて書かれた文は百回書いても内容は一致する。だが、嘘で書かれた文は書くたびに内容が異なる。対共専門家がスパイや犯人を摘発した時に何度も書かせ、日にちを置いて何度も尋問するのは正に嘘を見抜くためなのだ。張真晟は、シン・グァンヨンと書いたり、シン・グァンホと書いたり、混同して書いたりしているのである。彼の尋問調書には、「『脱北同志会』のインターネットに投稿した手記『わが脱北ストーリー』では、シン・グァンヨンとキム・グァンソンは別人として登場しており、役割も異なっている。

彼に百元渡してくれた人物について二〇〇九年にはキム・グァンソンと書き、二〇一一年にはシン・グァンホと書いている。シン・グァンホいう名前を本から一切削除してほしいと同人から頼まれたと述べているが、『平壌を飛び出した宮廷詩人』には張真晟の主張とは正反対にキム・グァンソンなる名前は全く登場しない。また、前述のごとく、『脱北ストーリー』ではキム・グァンソンとシン・グァンホは別人として描かれ、その役割もほぼ異なっているのである。

顔の分析部分については抗弁を放棄

（二〇一七年十一月三十日付『張真晟録取書』四十六〜四十八頁）

問：被告人（著者）が国家情報院に告発した偽装脱北者五十名のうち、証人のように偽装光殊だと公表したのは、北朝鮮民主化委員会理事長だったホン・スンギョン（元北朝鮮外交官）、耀徳政治犯収容所に十五年間も収容されていたと称しているキム・ヨンスン、国家情報院傘下の国家安保戦略研究院副院長だったコ・ヨンファン、金日成の主治医だったキム・ソヨン、高名なカン・チョルファン記者、「自由北朝鮮運動連合」代表の朴尚学（パクサンハク）、脱北後に北朝鮮の政治犯収容所体制の解体を訴えてきた〝人権運動家〟のアン・ヒョク、韓国水資源公社のキム・グァンイル、「大王キノコ」のキム・ユソン会長、何かと話題を提供している映画監督兼右派ユーチューバーのチョン・ソンサン、国会議員の趙明哲（チョミョンチョル）、京畿大学教授であり、ユーチューブで「康明道TV―自由朝鮮」を運営している康明道（カンミョンド）、黄長燁、金徳弘などの著名人です。この中にご存じない方はいますか？　あるいは、この人たちの中に「その人は違う」という人物はいますか？

答：ほとんどの方を知っています。

問：この中に違うと思う人はいますか。

答：百パーセント違います。そもそも悪意があるというか、病的です。どうしてこのようなことを甲論乙駁することができるのか疑問に思います。

問：この中には被告人（著者）を脅迫したものの途中でやめた人が何人もいますし、「九歳の特殊軍などいるはずがない。池萬元はまともじゃない。あいつの話は聞くに値しない」と陰口をきく人もいます。また、「生活に支障があるので、自分は勘弁してほしい」と正直に言う人もいます。しかし、これらの五十名の人々の中に被告人池萬元を告訴した人はいません。池萬元の愛国的行為を脱北者が告訴したら自分に逆風が吹くのではないかという気持ちが働くからだそうです。それにもかかわらず、韓国社会で「愛国詩人」として称賛されている証人があえて告訴に踏み切った理由は何ですか？

答：高齢の被告人（著者）に対する同情心からこれまで告訴しなかっただけです。私が告訴に踏み切った理由は、誰かが乗り出してこのような悪を取り除く必要があると考えたからです。世の中にこれほど悪意をもって言語道断な発言を行う人物はいませんし、この法廷で傍聴している脱北者全員をスパイ呼ばわりする被告人（著者）はまともな人間とは思えません。

（二〇一七年十一月三十日付『張真晟録取書』四十八～五十頁）

問：被告人池萬元は恣意的な解釈を行ったわけではなく、顔の特徴や構造等を科学的な分析方法に基づいて特定し、両者を照合したのです。証人の顔分析が本やインターネットに載っていますが、仔細にご覧になったことはありますか？

答：答える価値もありません。

問：（百五十一ページ写真参照）三十歳前後の年齢差があり、額から眉間、眉、目、山根、鼻、人中、口、顎へと続く形状や等高線に若干の変化が生じているものの、①と②は顔の全てのサイズと比率、顔の各部位の対面角や等高線等の全ての点と面が完全に一致すると結論づけましたが、間違っている点をご指摘頂けますか？

答：それ自体を論じるのは容易ではなく、その価値もありません。

問：特に頬と耳垂の輪郭が特徴的に一致し、額の対面角と眉間から山根に続く３Ｄの立体形状等高線が完全に一致します。両眼の幅と距離、両眼と鼻の位置と幅、間隔が一致し、明暗と陰影の濃淡から測定した鼻の高さが一致し、額の骨相角度と眼孔上（上瞼）の骨相角度が連動している点が完全に一致します。眼孔上の骨相の等高線、山根の高さと線形及び面角を表す形状等高線が完全に一致し、眉が位置する比率と目との幅、眉の厚みと幅、距離、眉の方向角度とボリューム、眉と鼻骨と山根骨との立体的な３Ｄ形状及び眉稜骨（眉部分の骨）の形状と等高角も一致します。このように顔の各部位を多角的に観察した結果、①と②は同じ人物であるという結論に達しましたが、どこか間違っている点がありますか？

答：私もあの写真を見ましたが、「光殊」の写真の中には池萬元氏が光殊だと主張する人物とよく似ている人物もいました。

問：四角い枠で囲まれた鼻と人中、鼻唇溝（ほうれい線）と上下唇と顎の形状が一致し、鼻の幅と鼻尖のラウンド角が一致し、人中の幅と面積、対面角、等高線、等高面が一致し、人中から上唇の双方向角と等高面が完全に一致します。また、上唇と下唇の面積と厚み、幅と口の開き具合も一致すると分析しましたが、どこか間違っている点はありますか？

答：何も言うことはありません。

問：（百八十ページ写真参照）証人は、黄長燁と証人の顔が映像分析のモデルとしてインターネットや『五・一八映像告発』という写真集に載っているのはご存じですか？

答：関心がありません。

問：指紋は全ての犯罪現場で採取されて、証拠資料として使われます。指紋認識は指紋の重要な部分を線で結んでその線形が一致するか否かを確認します。今は指紋分析を超えて、顔の主要なポイントを結んでできる幾何学形に基づいて顔を識別する方法が広く用いられるようになりました。被告人（著者）が証人と黄長燁の顔画像をモデルにこの方法を用いて顔認識を試みた結果、それぞれ光殊と顔の特徴が一致したのです。この分析結果の誤りをご指摘いただけますか？

答：あれは池萬元の分析であって、科学的分析ではありません。

（二〇一七年十一月三十日付『張真晟録取書』五十一頁）

裁判官：ぜひおっしゃりたいことがあれば、お話しください。

答：私は、被告人（著者）が自分の私利私欲のためにこのような馬鹿げたことをしていることに苦言を呈したいと思います。どうして社会に向かってこのような荒唐無稽な嘘を公然と言えるのか私には理解できません。そして、人を冒涜するにも程があります。我が身を振り返って無辜の人間にそのようなひどい汚名を着せたことを恥じるべきです。

（注：録取書には記録されていないが、この後彼は被告人（著者）を指さして、「今日私が来たのは証言するためではない、あの精神病患者を治療するために来た」と声を荒げた）

張真晟は、二つの顔がなぜ同一人物の顔なのかという点について抗弁しなかった。著者は科学的な根拠に基づいて分析したが、彼は「違う」、「被告人は常軌を逸している」という言葉を繰り返しただけだった。

答弁の結論

一、張真晟ことチャン・チョリョンは、二〇一七年十一月三十日、刑事法廷五二五号に本件証人として出頭し、百六十分にわたって尋問された。彼は百四十もの事項について供述したが、この尋問を通じて彼の脱北が偽装であることが明らかになった。同時に、本名、彼が公表している金日成総合大学卒業という学歴および職歴も偽りであることが露呈したのである。彼の〝体験談〟とされる『わが脱北ストーリー』は突っ込みどころ満載の手記だ。

二、彼は、「二本の赤い線が引かれた旅行証と党員証を携えて友人のファン・ヨンミンと平壌から茂山駅まで行った。その途上で何度も検問があったが、問題なくすべてやり過ごした」とマスメディアや著書で繰り返し述べている。だが、「中朝国境沿線地帯」で使用されるのは青い線が二本引かれた特殊旅行証なのだ。このことを知らない脱北者はいない。その上、豆満江河岸の茂山駅の到着時刻は分単位で覚えていながら、平壌を出発した時間については日にちすら覚えていないのである。

三、彼は張真晟というペンネームで活動し、本名はチャン・チョリョンだと公表している。だが、本当の名はウィ・チョリョンと言い、平壌市のほぼ中心部に位置する大同江区域の紋繡洞で妻や息子のウィ・グムソンと暮らしていたが、妻子を置き去りにして脱北した人物なのだ。

四、彼は金日成総合大学を卒業し、対南工作を行う朝鮮労働党一〇一連絡所の幹部であったことを売り物にして、韓国内では愛国詩人と称賛を浴び、海外でも著名な人物だが、それらの看板が偽りであったことが白日の下にさらされたのである。

五、張真晟は偽装脱北者だ。

六、嘘の化身のようなこの人物をなぜ国家情報院が放置しているのか著者には合点がいかない。二〇二一年一月と三月、「ＭＢＣ」は、彼が脱北して韓国にやって来た女性を凌辱し、四年間にわたって性的搾取を行ったという疑惑について報じた。二〇二一年四月二十二日現在、彼は警察の取り調べを受けているが、国際的によく知られた人物であるだけに海外メディアもその成り行きを見守っているようだ。

七、ホームレス・ダミョは『五・一八映像告発』なる写真集で黄長燁と張真晟をモデルケースに顔分析の方法を紹介しているが、張真晟と第三百八十三光殊の顔を対照した顔分析は同書一八九頁〜一九三頁に掲載されている。彼は著者を告発し、この写真集の販売頒布禁止を求めたが、ホームレス・ダミョの分析の誤りを具体的に指摘しようとはしなかった。安養警察は国立科学捜査研究院に二つの顔画像の鑑定を依頼したが、結果は「鑑定不能」だった。

本章の結論

一、張真晟は偽装脱北者である。本名も秘匿している。大同江区域の紋繍洞に妻と息子（ウィ・グムソン）が暮らしており、六十八歳になる父親（同録取書七頁七行目）、母親、姉、姉の子どもとともに恵まれた環境で暮らしていた。家庭や親兄弟を犠牲にしてまで北朝鮮を脱出する動機のない人物なのだ。彼は彼の『脱北ストーリー』で自分の親戚たちは三族に亘って滅亡させられると何度も述べている。彼の『脱北ストーリー』を読むと彼の家門は家柄が良く、彼自身は夫人や息子と睦まじい家庭を営んでいた。幸福な家庭を捨てて、父母兄弟たちに過酷な刑罰を受けさせてまで脱北する理由がない人間なのだ。学歴も職歴も脱北についての話も出まかせの作り話に過ぎない。彼は公にできない別ルートで〝脱北〟して韓国にやって来て、全ての嘘を国家情報院から「事実」であると認められ、国家情報院によって成長した人物にしか見えないのである。

二、光殊を指摘した著者の行為は、国益のために行ったのである。著者は張真晟のみならず、計六百六十一名もの人々に対して同様の行為を行った。従って、彼一人の名誉を棄損しようと行ったわけではない。

三、著者側の映像分析の手順と技法は映像分析の教科書に則った適法なものだ。最近多くのマスメディアによって顔面認識が実用化されつつあることが報じられており、著者はそれらを証拠資料として大量に提出している。従って、著者の分析を、根拠のない、よこしまな意図に基づいたものと断じることはできないのである。

第六章　著者が受けた集団暴行

「被害者」が「加害者」に

二〇一六年五月十九日、光州人が著者を告訴した刑事事件の第一回公判が行われた。韓国のために民主化運動を主導した団体だと豪語する五月団体は、それにふさわしく静かに判決が下るのを待つべきであった。しかし、彼らは五十人もの人間を送り込んで法廷を占領し、著者が審理を終えて法廷から出るのを待ちかまえて集団暴行を加えたのだ。場所もわきまえない傍若無人な彼らは、獰猛な獣のように著者らに襲いかかり、冷酷非道な仕打ちをしたのである。ソウル瑞草警察署は著者らに暴行した七人を逮捕した。

だが、この事件を担当したイ・ヨンナム検事は、光州事件の有功者やその家族であるという理由などで彼らを不起訴処分にし、少尉から大尉に昇進するまで四十四カ月間もベトナム戦争に出征して無窮勲章を受章し、傷痍等級六級の障害を負った著者に対して「殴られても仕方のないことを言って相手を挑発した」等と述べて、著者を起訴したのである。事もあろうに、検事が著者の言った覚えのない言葉を言ったと一方的に決めつけ、被害者である著者を犯罪者に仕立て上げたのだ。

著者はこの一件で〝民主〟勢力と法機関内の〝民主〟勢力が結託して事実を改ざんし、彼らの意に

胸倉をつかまれて

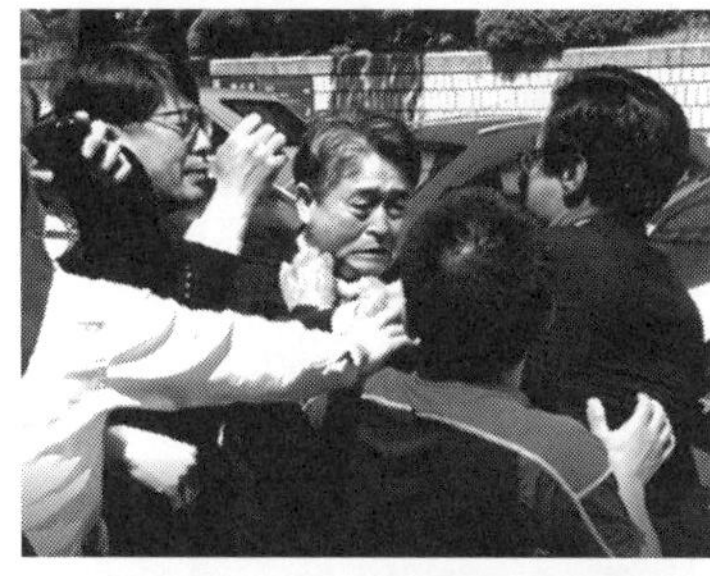

背中を殴られる池萬元

染まない人間を陥れる手口を目の当たりにすることになった。暴力沙汰に至る過程、その暴力を正当化してやる過程があまりにもえげつなく、おぞましくて、妖魔悪鬼が蠢く地獄社会を彷彿とさせる。

被害者が加害者に

起訴事実の要旨

一、二〇一六年五月十九日午前十時、本裁判所西館五二五法廷で事件二〇一六コ単二〇九五の第一回公判が開かれた。光州事件の関係者三十数名が傍聴していたが、その中に告訴人のチュ・ヘソン（五十八歳）とペク・ジョンファン（五十四歳）がいた。

二、被告が退廷しながら、傍聴席の光州事件関係者に向かって「光州のアカの暴力団が同じバッチをつけて法廷にお揃いだね」などと挑発的な言葉を放って彼らを刺激した。

三、これに腹を立てた彼らが被告人（著者）を追いかけて「なぜ我々がアカなのか答えろ」と抗議したところ、被告人（著者）は二階の裁判所保安管理隊員のいる検査台の前でついてくるなと言い、チュ・ヘソンの顔を拳で殴った。これを見たペク・ジョンファンが被告人（著者）に掴みかかって同人を拳で殴った。これにより被告人（著者）とペク・ジョンファンは、それぞれ相手方に全治二週間と三週間の怪我を負わせた。

著者の反論

起訴状の事実誤認及び歪曲

二）**証拠のない起訴事実「光州のアカの暴力団が同じバッチをつけて法廷にお揃いだね」**

起訴状に記載されている右の文言は、告訴人チュ・ヘソンの陳述書の引き写しだ。だが、検察官はこの件について著者の取調べを行わず、裁判所の保安管理隊員はこのような言葉は聞かなかったと述べている。光州事件関係者側からもこのことを証明する証拠は提出されておらず、著者も退廷する際にこのような言葉を放った覚えはない。むしろ、五月団体の人々が追いかけてくるのを恐れて口をつぐんだまま足早に退廷しようとしていたのだ。彼らは法廷の出入口付近でそんな著者に暴力をふるったのである。

告訴人チュ・ヘソンは著者に対する暴行容疑で警察の取り調べを受けたが、その際の陳述内容が起訴状に記載されている。

「裁判官が池萬元に住所を尋ねたところ、京畿道高陽市…としか言わないので、裁判官が何棟何号まで住所をきちんと述べるようにと言いました。そして、裁判が三分ほどで終わって裁判長が退廷すると、池萬元側が我々光州事件関連団体に『光州のアカの暴力団が同じバッチをつけて法廷にお揃いだね』と喧嘩を売って法廷から出ていこうとしました」

彼女は、同頁下段で次のように述べている。

「公判は三分で終わりましたが、私たちの中に冷静さを失ったり、悪口を言ったりする人はいませんでした。池萬元側が廊下に出る際に私どもに向かって『光州のアカの暴力団が同じバッチをつけて法廷にお揃いだね』と言い、その言葉を聞いた私どもの一部の会員が池萬元に向かって『なんで我々がアカなんだ。暴力団なんだ。バッチを付けた光州市長も暴力団なのか』と言い返しました。私たちを一番憤慨させたのは、裁判官が被告人（著者）に職業を尋ねた時に、市民運動家だと答えたことです」

「なんで我々がアカなんだ」と怒鳴る姿は動画に写っている。しかし、それ以外の言葉は虚言だ。著者も聞いた覚えがないし、動画にもない。検察官は、チュ・ヘソンの陳述書に基づいて起訴状を作成しているが、彼女が「被告人側」と述べた箇所を「被告人」と変えている。しかもチュ・ヘソンは二回にわたって「被告人側」と陳述している。彼女は明らかに「傍聴に来ていた被告人側の会員の誰か」という趣旨で「被告人側」と述べているにもかかわらず、イ・ヨンナム検事は著者がそのような発言を行ったように捏造したのである。

起訴事実には「被告人（著者）が先に光州事件関連団体を挑発する言葉を発した。同団体側に被告人又は被告人側に対して冷静さを欠いた行動をとったり、悪口を言った者はいなかった。被告人（著者）が執拗に『アカ』と罵って五月団体を挑発したが、彼らは『答えてさっさと帰れ』と口で抗議しただけだった。このような応酬があった直後、被告人（著者）がいきなりチュ・ヘソンの顔を殴り、これを見たペク・ジョンファンが被告人（著者）の胸倉をつかんで殴った」と記載されている。

つまるところ、五月団体を怒らせたのは、著者側が「光州のアカの暴力団が同じバッチをつけて法廷にお揃いだね」と言ったことと、裁判官から職業を尋ねられた時に、著者が市民運動家だと答えたことなのだ。

だが、著者本人が上記発言を行った事実はなく、それ以外の言葉を発した覚えもない。ひたすら口をつぐんでいただけだ。証拠として提出したＤＶＤ動画には、著者がチュ・ヘソンから暴力を振るわれ、罵詈雑言を浴びせられている場面しか写っておらず、著者が彼女を罵ったり、暴力をふるったりする場面はどこにもない。著者は「こんな風に辱めを受けてここで死ぬのか」と思い、恐怖におののいていたのだ。

不幸中の幸いだったのは著者は保安要員のイ・ギョング氏の献身的な保護を受けたことだ。著者を彼らの暴力から庇ってくれたこの保安要員は降り注ぐ鉄拳と足蹴をまともに受け、著者側の会員もひどい暴行を受けた。とりわけ被害がひどかったのが会員のチョン・サンフン氏で、彼は血が出るほど人中を爪で引っ掻かれたり、廊下に倒れたところをよってたかって踏みつけにされたのである。

池萬元

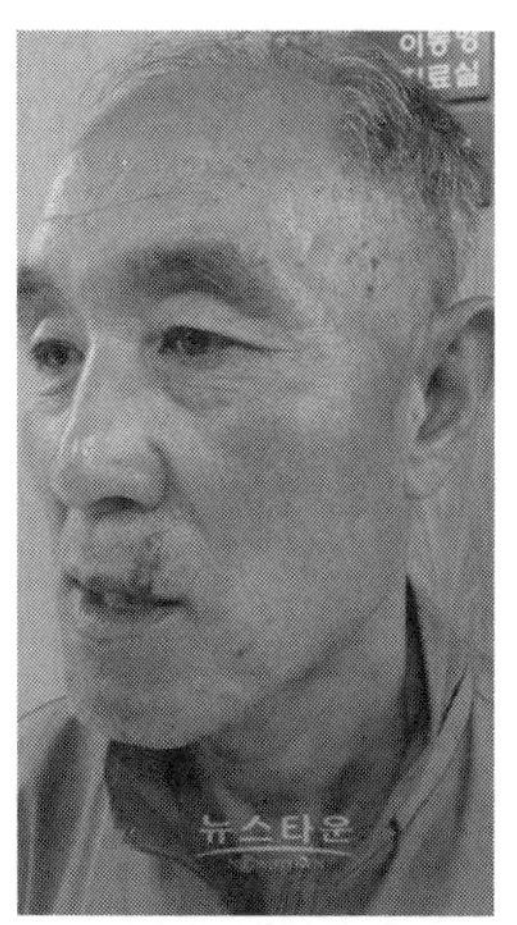

チョン・サンフン（会員）

二）著者を献身的に保護してくれたイ・ギョング保安要員の陳述

「光州事件の遺族が騒動を起こす恐れがあるということで動員されました」

「傍聴席に光州事件の遺族が二十八人ほどいましたが、池萬元氏が私選弁護人を選任すると述べると、遺族が『あいつ、またのらりくらりと逃げを打ってる』と吐き捨てるように言いました」

「池萬元氏も殴られ、私も殴られました。周囲の人数が多かったのと、池萬元氏を庇っていたので、誰が殴ったのかわかりません」

「池萬元氏は西館の玄関に逃れて、駐車場にある廃棄場に五〜十分ほど身を隠していました。少し騒ぎが静まってから同氏をタクシーに乗せようと東館の玄関に移動すると、光州事件の遺族が再び駆け寄ってきました」

イ・ギョング保安要員は中立的立場の人物であり、著者が裁判所庁舎を去るまでずっと警護してくれた。同人の陳述は証拠として提出した写真や動画と正確に一致している。

三）ペク・ジョンファンの主張

告訴状によると、ペク・ジョンファンは「被告人（著者）がチュ・ヘソンの顔を殴って逃げたので、私は彼を追いかけて強く抗議したが、被告人（著者）は謝りもせず、いきなり私の胸を力まかせに殴って逃げた」と陳述している。だが、証拠として提出した動画や写真に彼の言葉を裏づける場面はなく、保安要員のイ・ギョングの証言とも大きくかけ離れているのである。ペク・ジョンファンは二〇一六年七月二十七日、証人尋問の際に次のように陳述した。

「池萬元が裁判延期申請をし、検事へ〝ちゃんと勉強しろ〟と言うのを聞いた」

特筆すべきは、彼の告訴状は存在するが、チュ・ヘソンの告訴状は存在しないという事実だ。

四）チョン・サンフンとソン・サンデの自筆陳述書

被告人は、光州事件関係者から最も手ひどくやられたチョン・サンフンの陳述書を証拠として提出したが、その十三頁に次のような一文がある。

「光州事件関係者の一人が私の左足を持ちあげて倒し、大勢で『アカだと言ったのはお前だろ』等と罵詈雑言をあびせながら暴力をふるったが、私はそんなことは言っていない」

同様に、証拠として提出した『ニュース・タウン』紙のソン・サンデ記者の陳述書の十五頁に、次のような記載がある。

「外に出る途中で、三十人ほどの人々が池萬元らに暴力をふるっているのを目撃した。私は取材のためにその現場を撮影したが、その最中に携帯電話を取り上げられて壊された」

著者の陳述書の十一頁にも次のような記載がある。

「法廷にいた五十余人は、はじめから私たちを痛めつけるつもりで光州から上京したように見えた。彼らから逃れようと足早にエレベーターに向かったが、エレベーターが一階に留まっていたせいですぐに彼らに捕まった。少人数（七、八人ほど）で、殆どが老人だった被告人（著者）らは彼らに袋叩きにされた。保安要員の助けで二階に降りたが、そこでも二十分にわたって無数の暴力を振るわれた」

五）でっち上げた傷害シナリオ

著者から左胸を殴られたと訴えたペク・ジョンファンは「右側第五肋骨骨折」と書かれた診断書を提出したが、左胸に衝撃を加えられた結果、右側のわき付近の第五肋骨にヒビが入ったというあり得ない診断書だった。動画を何度も停止しながら尋問を行ったが、傷害を負った経緯に関する彼の説明はしどろもどろでつじつまが合わなかった。

著者に両肩や脛、顔を殴られたと訴えた光州女性チュ・ヘソンは、その五カ所の部位すべてについてどこで殴られたのか説明できなかった。動画には彼女が大声で罵りながら検査台を通り過ぎる著者の顔に触れようとして著者に振り払われた場面、彼女が後ろから著者に付きまとい、著者の背中を力まかせに殴る場面しか写っていない。

二〇一〇年、著者が安養裁判所で光州事件関連の裁判を受けた時、光州からバス二台がやってきた。その時もチュ・ヘソンが検査台で著者の顔を爪でひっかこうと強引に突っかかってきたことがあった。彼女は傷害を負った五カ所の診断書を裁判所に提出したが、原審裁判所が認めたのは顔の負傷だけだった。それにもかかわらず、裁判所は告訴人らの主張は全て仔細で具体的で矛盾がないと判決中で述べたのである。

著者弁護人が二〇二〇年一月三日に裁判所に提出した準備書面に次のような記載がある。


テレビのニュース等で報じられ、広く知られているように、二〇一六年五月十九日に開かれた第一回公判期日に出頭した被告人池萬元は、五・一八事件関係者から集団暴行を加えられた。被告人（著者）が『光州のアカの暴力団が同じバッチをつけてお揃いだね』と述べたとされているが、そのような事実はない。チョン・サンフンの陳述調書に「ある人物がチョン・サンフンを見て、『おい、この野郎。お前、お前アカと言っただろ』等と述べて私を拳で殴った」とあり、「二〇一六年五月二十六日付『内部報告』（五・一八負傷者会局長チュ・ヘソンの通話記録）」には、「池萬元の仲間と思しき人物が『光州のアカ、組織暴力集団』と言った」と記載されている。これらの証拠とチュ・ヘソンの被疑者尋問調書を照らし合わせると、被告人池萬元がそのような言葉を発していないことは明らかである。

また、すぐに現場に駆け付けて被告人の身辺を警護した保安要員のイ・ギョング氏も、あの時の池萬元は極めて危険な状況だったが、被告人が他の人間を攻撃した事実はないと述べている。

ペク・ジョンファンは警察で被告人に左胸を殴られたと陳述していたが、法廷では殴られた部位をみぞおちだと述べた。また、同人の診断書を書いたイム・ビョンギ医師は、左胸に外部から物理的力が加わることによって右側の肋骨が骨折することがあるのかという質問に対して、そこまでは分からないと述べている。これらの事実から、ペク・ジョンファンの陳述が信憑性に欠けることは明らかである。

チュ・ヘソンは、病院に行った日が被告人に殴られた当日か翌日かわからないという納得しがたい陳述を行い、被告人を告訴した事実はないと述べた。同氏は、五月二十六日に受信した瑞草警察署の問合せに対して、左肩、右肩、左脇、口腔付近の傷害について申告しなかったにもかかわらず、法廷では被告人が右頬を殴り、足を蹴ったと陳述した。それに対して、なぜ二〇一六年五月二十六日に頬を殴られたことを言わなかったのかと尋ねると、いきなり証言を拒否したのである。当時の動画に被告人が同人の顔を殴る場面はない。以上に照らして、チュ・ヘソンの陳述も信憑性に欠けることが明らかである。

本弁護人は、傷害にかかる起訴事実を認定するに足る証拠はないものと思料する。集団暴行の実行者らは、五・一八有功者、あるいはその家族という理由で不起訴処分となり、集団暴行から逃れようと必死だった被告人は、チュ・ヘソンに口腔部裂傷等、全治二週間のけがを負わせ、ペク・ジョンファンに肋骨骨折症等、全治三週間のけがを負わせた容疑で起訴された。だが、五・一八有功者という功績が斟酌されるのであれば、被告人の軍に勤務していた当時の功績も斟酌されてしかるべきである。このような公平性を欠いた被告人に対する起訴処分は、公訴権の濫用と言わざるを得ない。

集団暴行から逃れようと必死だった被告人に、故意に傷害を負わせる余裕はなかったことは明らかであり、暴行から逃れる過程で暴行を加えた者の一部が傷害を負ったとしても、被告人が故意に傷害を負わせたと見做すのは相当ではない。仮に故意が認められたとしても、その行為は自らの権利を守るためにやむを得ず行った正当防衛であり、違法性は阻却されるのである。

六）怒りと暴行の本質は別物だ

光州事件関係者の憤怒と暴行の本質について考察する。著者は証拠資料として二〇一六年五月十九日付『オーマイニュース』の「五・一八蔑視池萬元、胸倉をつかまれ、頭を殴られ」なる記事を提出したが、この記事に加害者である光州事件関係者の凄まじい憤怒と暴力の本質が端的に示されている。

（二〇一六年五月十九日付『オーマイニュース』）

「俺のどこがアカなんだ！」

「少しはまともに生きたらどうだ！」

「お前に子どもを亡くした親の気持ちがわかるか！」

十九日午前、ソウル中央地方裁判所五二五号法廷前は瞬く間に修羅場と化した。極右保守の論客池萬元（七十四歳）氏が裁判手続きを終えて法廷から出てくると、すぐさま五月団体会員と市民四十数名が足早に立ち去る池氏を追いかけて行き、激しく抗議した。裁判所の警備管理隊員が池氏と五月団体会員を引き離そうとしたが、どうすることもできなかった。池氏と会員らはもみ合いになり、五月団体側の一部の会員が池氏の胸倉をつかんで頭を殴った。一方、池氏を支援する一人の老人が「アカ」と叫んで五月団体側の会員の手を噛み、手から血が流れた。五月団体側の抗議は裁判所の外でも続けられた。裁判所の警備管理隊員が裁判所の前で池氏をタクシーに乗せると、五月団体の会員がタクシーの前に横たわってタクシーの進行を妨害した。このような騒動が五分ほど続いたのち、池氏を乗せたタクシーが走り出した……。

五月団体の会員はなぜこれほど池氏に腹を立てたのか？

…この日開かれた初公判で検事がこのように起訴事実を読み上げた。しかし、池氏は何も言わなかった。そして、「国選弁護人を私選弁護人に替えて、弁護人を選任した後に裁判に臨む」と述べたのである。この日の裁判は五分で終わった。池氏は職業を尋ねた裁判官に、「市民運動をしている」と答えて、五月団体の会員を刺激したりしていた。

キム・ヨングァン光州・全南民主運動同志会執行委員長は、「法廷で直接池萬元氏と会ったので五月団体の会員の怒りが爆発したのだ」と述べ、「（池萬元は）自分の職業を市民運動家だと言い、その後で私選弁護人を選任して裁判に臨むと言ったが、このような行為自体が五月団体の会員を馬鹿にして嘲っているように見えたのだ)」と付け加えた。

光州民主化運動当時、空輸特戦旅団の兵士から銃で撃たれたキム・フシク氏は「五・一八民主化運動負傷者会」会長は、「私は三人の子どもの父親であり、空輸特戦旅団の兵士から銃で撃たれた人間だ。私が北朝鮮から来た人間に見えるか」、「池氏は嘘で国民を幻惑しており、五・一八民主化運動を蔑視し、辱めている」と語った。そして、「政府は五・一八民主化運動記念式典でこれまで行われてきた『あなたのための行進曲』の斉唱を打ち切りにしたが、政府も同じ勢力だ。政府は池氏のような人間を庇護しているのも同然だ」と政府を非難した。

右の記事から傍聴席に『オーマイニュース』の記者がいたことがわかる。法廷の様子が仔細に記載されているが、著者が言ったとされている光州のアカの暴力団云々については一切記載がない。光州事件関連団体の怒りは、四六時中彼らの頭と胸に鬱積している怒りなのだ。いみじくもチュ・ヘソンと捜査検事が述べたように、被告人によって惹き起こされた怒りではないのだ。彼らは、被告人が「私選弁護人を選任する」、「私は市民運動をしている」と裁判長に述べたことに怒り、被告人に対して「裁判に臨んでも反省の色が見えない」などと言ったが、どうしてそのような尊大な態度がとれるのかあきれてものも言えないのである。彼らの前では常に「私が間違っていました。反省します」と彼らの前に跪いて許しを請い、従順に従わねばならないと考えているとしか思えない彼らの態度に何度も怒りを覚えたが、数多くの公的機関が彼らを増長させてきたのだ。

証拠として提出したＤＶＤの二番目に、光州ＭＢＣが二〇一三年六月十日に放送した番組を録画した動画が収録されているが、この動画は光州事件関連団体の暴力的体質をリアルに捉えている。「チャンネルＡ」と「ＴＶ朝鮮」は二〇一三年一月から同年六月まで光州事件に対する北朝鮮の介入問題を取り上げて、被告人や脱北者、そして実際に光州事件当時北朝鮮特殊軍の一員として光州に来たというキム・ミョングク（仮名）なる脱北者まで番組に出演させた。

さらに、「ＴＶ朝鮮」は、かつて『月刊朝鮮』の敏腕記者として黄長燁と金徳弘を取材した金容三（キムヨンサム）を招いて、黄長燁と金徳弘が「光州事件は北朝鮮が引き起こしたにもかかわらず、南朝鮮に濡れ衣を着せた無責任な事件で、暴動が終わってから対南工作の幹部が勲章を数えきれないほど貰って酒宴を開いていた」等と述べた「光州事件発言」に関するインタビュー番組を放映した。

これに抗議すべく、二〇一三年六月十日、光州人が大挙して上京した。これに反国家団体の「韓国進歩連帯」のパク・ソグン代表が加勢した一団は、「ＴＶ朝鮮」や「チャンネルＡ」、さらに全斗煥元大統領の私邸まで押しかけて見る者が思わず眉をひそめるような乱暴狼藉をはたらいたのである。

彼らの蛮行の被害者となった二つの放送局、警察及び全斗煥元大統領は、彼らを刺激しないようにじっと耐え忍ぶしかなかった。

被告人は光州事件と朝鮮人民軍に関する著書を二〇〇二年と二〇〇九年に出版したが、光州事件関連団体から告訴され、その上ひどい暴力まで振るわれた。二〇〇二年八月、黒いユニフォームを着た

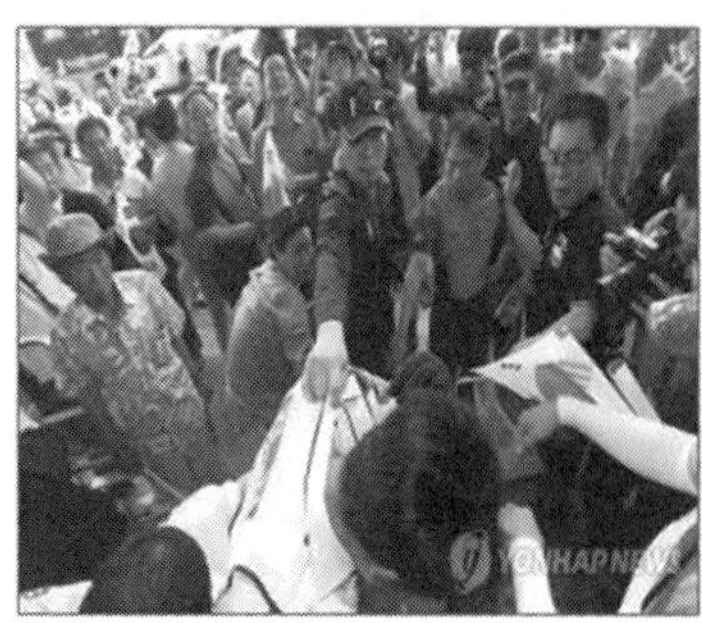

2013年6月10日、「チャンネルA」と「TV朝鮮」が放映した「光州事件は北朝鮮が引き起こした」という主旨の番組に抗議して放送局や全斗煥元大統領の私邸等に押しかけて乱暴狼藉をはたらく光州人および反国家団体

十二人の無法者を従えた五・一八負傷者会会長キム・フシクと名乗る人物に被告人の事務所や車両、自宅ドアなどを壊されたが、警察は彼らの暴挙を阻止してくれなかったのである。挙句の果てに光州地検の職員と警察官に後ろ手に手錠をかけられたまま安養から光州地検に連行され、六時間もの間物理的、言語的暴力とリンチを加えられたのである。正に光州は大韓民国において超法規的存在なのだ。

現在もその状況は変わらない。一般の国家有功者は国家報勲処長が大統領を補佐して極めて厳格な審査を経て選ばれる。だが、光州事件有功者は光州市長が選び、国家報勲処に通知するだけだ。光州事件有功者は年々増え続け、一九九〇年に二二一九人だった有功者が、現在は五千八百一人に達している。このように増え続ける光州事件有功者に国家報勲処は黙々と恩恵を与え続けているのである。大統領の上に光州市長がいるのだ。大韓民国に光州事件関連の集団ほど恵まれた特権を享受している集団はない。

このような恐ろしい集団から何度も生き地獄を味あわされた著者がボケてでもいない限り彼らに対して「アカの暴力集団」云々などと言うはずがなく、著者がこれまでなめてきた辛酸を思えば、私がそんなことを言うはずがないことは検察官にも容易に察しがつくはずだ。それだけに彼らの言い分を鵜呑みにした検事に失望せざるを得ないのである。

正当防衛について

一）著者が傷害を負わせたことはない。

動画を何度も繰り返して見たがそんな場面は見当たらず、心当たりもない。あの時の著者には、「こんな風に死ぬのか」という悲壮感しかなかった。著者は一九四一年生まれで、もはや他人に物理力を行使できる年齢ではない。上述のごとく集団暴力という恐るべき状況にあってそこから逃れたい一心で保安要員の指示に従ってひたすら逃げまどっていたのだ。

彼らを殴るために保安要員を押しのけたことなど一度もなく、彼らに見つからないように保安要員の指示で廃棄場に身を秘めたりもした。早くタクシーに乗ろうと急かし急がせたりもしたが、その際につい物理的衝撃を加えたとしても、それはあくまで無意識の産物であり、最小限の正当防衛にすぎないのである。つかまれた手を条件反射的に振り払うのも暴行になるのか読者諸氏に問いたい。

二）著者は正当防衛を規定した刑法第二十一条によって保護される。

（**『大韓民国刑法』第二十一条**）

一、自分または他人の法益に対する現在の不当な侵害を防衛するために行った行為は、正当な理由があるときは罰しない。

二、防衛行為がその程度を超過したときは、情況によってその刑を減刑又は免除することができる。

三、前項の場合、その行為が夜間その他の不安な状態で恐怖を感じたり、驚愕したり、興奮するなどして冷静さを欠いていたためにその行為を行ったときは罰しない。

たぶん著者のケースに当てはまるのは、刑法第三十一条三項であろう。正当防衛に関して次のような判例がある。

互いに格闘する者相互間における攻撃行為と防御行為は連続的に入れ替わり、防御行為は同時に攻撃行為となる両面的性格を持つものであるから、通常、どちらか一方の当事者の行為だけを捉えて防御のための正当防衛、もしくは正当防衛に該当すると見なすことはできない。外見上、互いに格闘を行っているように見える場合であっても、実際には一方の当事者が一方的に不法な攻撃を加え、相手方はこのような不法な攻撃から自らを守り、これを逃れるための抵抗手段として有形力を行使している場合もあり得る。このような場合、その行為は積極的な反撃ではなく、消極的な防御の限度を超えない限り、その行為に至るまでの経緯とその目的手段及び行為者の意思等の諸般の事情を斟酌して、社会通念上許容される相当性を有する行為として違法性が阻却されると見做すべきである。

時おり静止しながら何度も録画された映像で確認したが、著者は数十人の人々に一方的に暴行をふるわれている。著者は彼らから必死に逃れようとしているが、積極的に誰かを攻撃しようとするそぶりは見受けられないのである。法律家である検察官は著者の脱出しようとしている行為が法律と常識のパラダイム上、正当防衛の範囲に属することを百も承知だったはずだ。にもかかわらず、中立的立場で考察すべき検察官が大韓民国の上に君臨する光州に肩入れし、名誉棄損事件や傷害事件での彼らのゴリ押しを法的に正当化してやる補佐役を果たしたのだ。著者が裁判所で光州事件関係者を挑発し、ひたすら事件の解明を望む無辜の二人の告訴人に暴力を行使したというシナリオをでっち上げ、そこに悪魔と天使をオーバーラップさせて著者を悪魔のごとき犯罪人に仕立てたのである。これでは大韓民国の検察界がこのうえもなく獰猛で危険な存在にしか見えないではないか。

診断書の信頼性について

チュ・ヘソンの二〇一六年十月十九日付『診断書』は、事件の五カ月後に光州市東区鶏林洞所在の「イ・ミノ外科医院」が発行し、ペク・ジョンファンの二〇一六年六月十八日付『診断書』は饑道城南市の病院が事件発生一カ月後に発行したものだ。二つとも現場から遠く離れた病院から発行されている。これらの診断書が多分に人為的なものである可能性があることは、『証拠記録』百六十頁の「当初、我々は池萬元を告訴するつもりはなかった。しかし、池萬元が我々を告訴したという話を聞いて、自分も告訴しようと考えるようになった。我々は個人で動くのではなく、光州事件関連団体全体で動くことになっているので、会議を開いて対応策を検討し、告訴状など、以後の手続きを決めてから診断書を取り寄せたので提出が遅れてしまった」というチュ・ヘソンの供述から窺えるのである。

五・一八記念財団は、彼らが事実上独占している光州事件の歴史記録を彼らに有利なように常に改ざんしている。本件事件で提出された診断書についても、著者が告訴したことを知った光州事件関連団体が慌てて会議を開いて著者を告訴することを決定し、無名の二つの病院が決定された戦略に従って一カ月後及び五カ月後に発行した可能性が高く、額面通りに受け取るわけにはいかない診断書なのだ。

度を越した検察の偏頗性

(一) 優遇措置のあらまし

二〇一六年五月十九日、上述の通り、著者は法廷内の通路、五階の廊下、二階の検査台、裁判所の空き地で二十分以上にわたって光州人四十数人から一方的に暴力を振るわれたが、その現場を撮影した、著者が証拠として提出した動画を是非当法廷で検証して頂きたい。誰が見ても数十人もの人間が著者を取り囲んで一方的に暴行を加えていることが分かるはずだ。著者と訴外チョン・サンフンは裁判所の近隣の病院で診断書を発行してもらい、その足で我々に危害を加えた人々を瑞草警察署に告訴した。『ニュース・タウン』のソン・サンデ代表も携帯電話を壊された件で告訴した。著者もチョン・サンフンも負傷したが、暴行を受けた場所と経緯は全く異なるのである。著者は一貫して言葉を発せず、チョン・サンフンは言い争いがエスカレートして暴行を受けたのだ。この点は二〇一七年七月二十六日に提出した答弁書でも釈明している。

告訴を受け付けた瑞草警察署の強力班が数カ月もかけて著者に物理的暴行を加えた加害者十一名を特定した。ところが、驚いたことに検察の取り調べを受けた加害者全員が不起訴処分となり、暴行をふるった覚えのない著者が起訴されたのである。

著者が起訴された理由は、「著者が先に光州人を刺激する言葉を発して暴力を誘発した、著者が光州事件を北朝鮮の特殊軍の工作だと発言して彼らを憤慨させた、著者はチュ・ヘソンとペク・ジョンファンに傷害を負わせた」であり、これらは全て虚偽である。一方十一人の加害者が不起訴となった理由は、「初犯である、同種の犯罪歴がない、光州事件有功者もしくはその家族である」だった。

二）**検察の不起訴決定の要旨**

事件番号　二〇一七刑第二二七八一、四一六三一

題目：不起訴決定書

検事：イ・ヨンナム

《主文》

一、被疑者チュ・ヘソン、同ホン・グムスク、同キム・ヤンネ、同ペク・ジョンファン、同チャン・ジョンヒ、同チン・ジョンワン、同ウォン・スンソク（七名）につき、被疑事実は認められるが、起訴しない。

二、被疑者チャ・ジョンス、同ソン・ヨンギ（二名）は、証拠不十分につき起訴しない。

三、被疑者十（氏名不詳）及び被疑者十一（氏名不詳）に対する告訴を却下する。

《被疑事実と不起訴処分の理由》

被疑者チュ・ヘソン、同ホン・クムスク、同ペク・ジョンファン、同キム・ヤンネ、同チャン・ジョンヒ、同チン・ジョンワン及び同ウォン・ソンソクにつき、被疑事実は認められるものの、次の理由により裁量により起訴猶予とする。

一、被疑者ホン・クムスク及び同キム・ヤンネは初犯であり、被疑者チュ・ヘソン、同ペク・ジョンファン、同チャン・ジョンヒ、同チン・ジョンワン及び同ウォン・ソンソクは同種の犯罪歴がない。

二、被疑者らは、五・一八民主化運動の国家有功者及びその遺族である。

三、被害者池萬元は本件事件発生以前から五・一八民主化運動を北朝鮮特殊軍の工作だと主張し、被疑者らに対する名誉棄損行為を繰り返し行って被疑者らを憤慨させていた。本件事件も同人が被疑者らに対して『アカ、光州の暴力団』などと侮辱的発言を行ったことが発端となって発生したことが認められる。

四、被害者池萬元が、刑事調停手続きにおいて、被疑者らが今後自分を攻撃しないのであれば自分も被疑らに対する処罰を望まないと意思表示を行ったことなど、被疑者らと被害者との関係、犯行動機と経緯、犯行後の情況等に斟酌すべき事由がある。よって起訴を猶予する。

五、被疑者チャ・ジョンスと同ソン・ヨンギは証拠不十分につき嫌疑なし。

六、氏名不詳者二名については、追跡捜査が不能であり、仮に調査を行ったとしても上記と同一の理由により不起訴とせざるをえない。

三）**不起訴処分の理由に対する著者の反駁**

刑事調停手続きが二〇一七年四月二十一日午前十時三十分に所管第四三三号室で開かれたが、チュ・ヘソンのみ出頭し、出頭するはずだった光州側弁護人が出頭しなかったので調停は物別れに終わった。双方が告訴した事件で告訴を取り下げる場合、双方が取り下げるべきであるにもかかわらず、なぜ著者だけが取り下げ、光州人は取り下げなくてもいいのか？　著者は、彼らも告訴を取り下げ、著者に対する攻撃をやめるのであれば告訴を取り下げてもいいと述べたのであり、無条件で取り下げると言ったわけではない。これは常識にもはずれている。誠に理解し難い奇怪な論理である。

二〇一六年五月十九日、著者はまるで失語症に罹った人間のように押し黙ったまま法廷を出た。著者が法廷を出る時に『光州のアカの暴力団が同じバッチをつけてお揃いだね』などと言うはずもなく、言ってもいない。彼らに同種の侮辱的な言葉を投げつけたこともないのだ。あの大勢の集団から今にも奇襲攻撃を受けそうな状況下で能天気にそんなことが言えるものか常識的に考えたら、すぐに嘘とばれるようなでっち上げである。この主張に対して検察は著者の取調べすらせず、チュ・ヘソンの〝陳述〟調書に基づいて起訴状を作成したが、以前提出した答弁書で釈明しているように、「アカ」云々は、著者が法廷を出てから著者側の会員（チョン・サンフン）が放った言葉であり、口論の果てに彼は手ひどい報復を受けたのだ。

著者は、光州事件有功者が法によって庇護された恩恵を享受するのであれば、ベトナム戦争に四十四カ月間従軍して仁憲武功勲章を授与され、戦傷有功者六級の報勲待遇まで受けている著者も彼ら以上の恩恵を被ってしかるべきだと考えている。検察は「明白な暴行行為」を犯した光州事件有功者とその遺族を情状酌量の余地があるとして不起訴処分にし、国の命令で戦場に行き、誉高い戦功を立てて負傷を負った戦争有功者に濡れ衣を着せて犯罪者に陥れようとしているが、このような行為は、裁判所の判断はさておき、社会的に許されることではない。この間、検察は、光州事件有功者は天であり、戦争有功者は塵芥の如き存在だと考えているとしか思えない不公平な対応を行ってきたが、いやしくも国の機関である検察がこのような姿勢で職務に臨むのは如何なものかと改めて申し上げたい。

気分を害する言葉を発した人間は、ひどい目にあって当然だというのが担当検事の法理論であることが証明された。

光州事件有功者とその遺族は集団で他人に暴行しても問題にはならないというのが本件における検察の法理論であることが証明された。

光州事件に対して光州人と異なる主張を行った者は光州人から暴行されてもかまわないというのが本件における検察の法理論である。

加害者七人に同種の犯罪履歴がないと述べているが、著者にも同種の犯罪履歴はない。しかし、なぜ加害者だけに恩恵を与え、被告にはないのか？　率直に言って、当該不起訴理由書は、検察が発行した公文書なのか、町の代書屋が書いた文書なのか区別がつかない。この文書は、現在の検察の堕落ぶりを我々に教えてくれる格好のテキストである。

この事件を担当した検事が五月団体の肩を持っていることを端的に示す証拠がある。前掲の決定書の処分理由第一項三号の「被害者池萬元は本件事件発生以前から五・一八民主化運動を北朝鮮特殊軍の工作だと主張し、被疑者らに対する名誉棄損行為を繰り返し行って被疑者らを憤慨させていた」という文言だ。この一文に「光州事件は民主化運動ではないと言うと、当然怒りを惹き起こし、集団暴行を受けても問題にはならない」という検察の見解が示されているのである。「朝鮮人民軍介入」は国家社会的イシューであり、町で人々が徒党を組んで行う喧嘩とはわけが違うのだ。また、検察は「朝鮮人民軍介入」なる表現を加害者らに対する名誉棄損だと断じたが、正にここから検察の処分行為が非常識な方向にそれ始めたのだ。

「被害者」のはずが
「加害者」にされてしまった著者

エピローグ

韓国の歴史歪曲処罰法を告発した『ニューヨーク・タイムズ』

二〇二一年七月十八日付『ニューヨーク・タイムズ』紙に「韓国政府、歴史歪曲問題を契機に表現の自由を見直し—解釈が真っ向から対立するいくつかの歴史的事件についてオンラインを通じて〝北朝鮮陰謀説〟が拡散していることに鑑み、政府がこれを封じ込める司法的措置を制定か」なる見出しのA4判八枚分という長文の記事が掲載された。

光州事件について政府の見解と異なる表現を行った者に懲役五年以下または罰金五千万ウォン以下の刑を科す「五・一八歪曲処罰法」がすでに施行されているが、この記事は、政府がセウォル号、日本帝国の統治に対する歴史認識及び慰安婦問題についても政府の見解に異を唱える者に懲役十年以下の刑を科す法律を制定しようと目論んでいることを伝えるとともに、文在寅に対して「文在寅は『歴史歪曲』を犯罪行為として罰することによって危険な政治的地雷原に踏み込んでいる」と警告を発しているのである。この記事は次のような書き出しで始まる。

（二〇二一年七月十八日付『ニューヨーク・タイムズ』）

民主化を目指す韓国の闘争史の中で、一九八〇年の光州蜂起は最も輝かしい瞬間の一つである。この蜂起は教科書で誇るべき「光州民主化運動」と定義され、神聖視されている。だが、極右主義者の視角は異なる。彼らは、光州事件は民主化のために光州が多大な犠牲を払った事件ではなく、光州の抵抗運動に北朝鮮の共産主義者が浸透して惹き起こした暴動だと考えているのだ。この「北朝鮮陰謀論」は極めて速い速度で拡散し、影響力を増しつつある。

『ニューヨーク・タイムズ』紙は光州事件について相反する解釈を行っている著者と光州のチョ・ヨンデ神父の見解を紹介し、さらに故チョ・ビオ神父の甥のチョ・ヨンデ神父のコメントを掲載している。

「彼らは、我々の兄弟姉妹、親たちの痛みを蔑み、我々を北朝鮮の手先だと非難してきた。彼らは表現の自由を悪用しているのだ。池萬元の戒厳軍の集団虐殺行為に関する流言飛語の拡散は、長年にわたって光州の人々に筆舌に尽くしがたい苦しみを味わわせてきた。ヨーロッパ諸国がホロコーストを否定する人々を処罰するように、我が国も光州で行われた残虐行為を美化する人々を強力に処罰する法律をつくるべきである」

『ニューヨーク・タイムズ』紙は、著者を次のように紹介している。

光州事件北朝鮮工作説の代表的論客である池萬元氏は、「私の説が正しいか否かについての判断は、民主主義国家にふさわしく公の場で討論し、決着がつけられるべきである。だが、これとは逆に政府は自らの見解を押し付けようと権力を濫用している」と語る。（中略）同氏は、『民主主義の理念の脅威となっているのは自分ではなく、北朝鮮式共産主義の視角を持つ文在寅陣営の〝進歩〟主義者だ』と主張する。（中略）この熱い論戦は、今や無視できないオンラインという手段を通じて拡散中である。ポッドキャストのブロガーやユーチューバーは世界各国の放送局に勝るとも劣らない視聴率を獲得している。（中略）池氏は、多数派と一線を画した独自の歴史観を発信することが自国社会に対する挑戦だと見做される韓国の昨今の状況にまつわる自身の体験談を語ってくれた。同氏によると、二〇〇二年に某日刊紙に「光州事態は北朝鮮の秘密作戦だった」と書いた意見広告を掲載したところ、直ちに手錠をかけられて光州に連行され、名誉棄損罪で百日間もの監獄生活を強いられ、その後も光州事態に関する著書を出版するたびに告訴されたという。同氏は現在に至るまで自説を翻すことなく闘っているが、彼を質の悪い北朝鮮陰謀論を拡散する人物だと非難する者も多い。だが、同氏の視点は「二〇〇二年に光州が私をあれほど残酷に虐待していなければ、多分ここまで来ることはなかっただろう」という言葉に凝縮されているのである。

The New York Times

Free Speech Is Put to the Test in South Korea

Effort to Curb Conspiracy Theories Tests Free Speech in South Korea

2021 年 7 月 19 日付
『ニューヨーク・タイムズ』紙

光州は民主化の聖地なのか？

著者は〝民主化の聖地〟である光州から人間としてとても耐えがたいほどの苦汁をなめさせられた。光州事件守護勢力による国民の基本権蹂躙は、この時から始まったのだ。

二〇〇二年八月十六日、著者は『東亜日報』紙に「左翼勢力の最後のあがきが始まる」なる見出しの意見広告を出したが、その中に「光州事態は、少数の左翼と北朝鮮から派遣された特殊部隊が一般群衆を扇動して起こした暴動だった」という一文があった。

さっそく同年八月二十日に町の理髪師をやっていた五・一八負傷者会長キム・フシクなる人物が黒いユニフォームを着た十二人の無法者を引き連れて忠武路にあるソウルの著者の事務所にやって来た。そして、散々暴れまわったあげく、建物の所有者を脅して「事務室を返還させる」という覚書まで書かせたのである。著者と家族は警察の指示で危うく難を逃れることができたが、それだけでは腹が収まらなかった彼らは、安養の著者の自宅にも押しかけて玄関ドアや車を壊した。

二〇〇二年十月二十四日、光州地検のチェ・ソンピル検事は、刑事訴訟法四条に定める「土地管轄」規定を無視して、検察調査官（キム・ヨンチョル）と三人の警察官（イ・イルナム、パク・チャンス、イ・ギュヘン）に命じて著者を京畿道安養の自宅から光州地検に護送した。彼らは著者宅に土足で上がり込み、著者に後ろ手に手錠をかけて車に乗せ、光州に着くまでトイレに行くことも許さず、延々と聞くに堪えない悪罵を著者に浴びせ続けたのである。

「オイこの野郎、こんなろくでなし見たことねえよ。おい、この野郎、お前みたいな奴が分かったような顔して五・一八をあれこれ言うんじゃねえよ。このろくでなし、途中で首でもひねって埋めてやろうか。こんなむかつく野郎はいねえ。この野郎、お前、李会昌（最高裁判事、国務総理等を歴任。大統領選において金大中、盧武鉉の対抗馬だった保守系政治家）からいくらもらったんだ。こんな奴が元大佐で、陸軍士官学校出身とは。在職中にいくらもらったんだ。随分部下を泣かせたんだろ。こんなずる賢いろくでなしはみんな始末しなきゃ。おい、この野郎、覚悟しとけ。お前を殴り殺して埋めたって証拠が残ると思うか？　証拠が？」

トイレに行かせてくれと頼むと、袋叩きにされた。

「おい、この野郎。ズボンに好きなだけやれ、チンポコを切り取られる前に」

光州地検に到着してからやっとトイレに行くことができたものの、著者の受難は続いた。

二十六歳年下のチェ・ソンピル検事は著者を憎々し気に睨み、著者の鼻先に握りこぶしを突きつけて、「五・一八について何も知らないくせに。李会昌からいくら受け取ったんだ。金儲けのためにやったんだろ？　手錠したまま、このろくでなしを徹夜で調査しろ」と言った。

そして、チェ・ソンピル検事室に入って来た検事と思しきひらひら揺れる短いスカートをはいた女性も次のような暴言を吐いた。

「この人が池萬元なの？　ねえ、ちょっと顔を上げて。あなたには光州市民全員がアカに見えるようだけど、私たちもアカに見える？　この人本当に人間かしら。光州だから民主主義が芽生えたのよ。へえー、あなたシステム工学博士なの？　システム工学なんてあったかしら。どこで学位を取ったの？初めて聞いたけど、偽物じゃないよね。調べてみなきゃ。ねえ、ちょっと調べてみて」

著者が光州地裁で最初に会った判事は、十月二十四日に令状の実質審議を行ったチョン・ギョンヒョン（当時四十五歳）だ。彼は著者弁護人となった光州出身のイ・グヌ弁護士（当時六十六歳）に「弁護人は光州市民から誹られるのがわかっていながらどういうつもりでソウルの人間の裁判を引き受けたんだ」と声を荒げて、親子ほど年の離れた弁護人を詰問した。当時著者はソウルのイム・グァンギュ、チョン・ギスン、カン・イシノク、イ・ジョンスン弁護士等に無料で弁護人を引き受けてもらっていた。イ・グヌ著者弁護人が著者の経歴や受章等について述べ始めると、チョン・ギョンヒョン裁判官は「それで結構。被告人の経歴等についてこれ以上聞く必要はない」と、再度同弁護人を咎めた。

そしてチョン・ギョンヒョン裁判官は著者を咎めるような眼差しで見下ろしながら「あなたは光州事件のことを本当に分かっているんですか。私はこの目でしっかりと目撃しました。拘束令状を発付します。以上」と怒りに満ちた声で声高に言い放った。すると、法廷にいた全員が彼の高圧的な態度に恐れおののいて、法廷はしんと静まり返ったのだ。

二〇〇二年に光州の警察、検察、裁判所が行った行為は、理性と論理を喪失した粗暴な暴力行使である。著者が本答弁書の最後には相応しいとは思えない不愉快な生き地獄の話を書いた理由は、二〇一六年から始まった本件訴訟も形を変えた粗暴な暴力行為であることを明示したいからである。

彼らは光州事件について異論を唱えることを、ある時は物理力で、ある時は名誉棄損関連の裁判で、果ては五・一八処罰法を制定することによって妨害してきたが、それには国家の存亡に関わる破廉恥極まりない理由があるのだ。光州事件聖域化勢力は、建国と復興を主導した李承晩元大統領と朴正熙元大統領を卑しめている。彼らは建国を否定し、韓国政府は生まれてはならなかった汚れた存在であり、一日も早く滅亡させなければならないと公然と主張してきた。そして、この国で公明正大なのは光州事件を柱とする民主化勢力だと扇動してきた。〝民主化〟勢力は、永遠に権力を握ろうと目論んでおり、その足場となるのが光州事件の聖域化なのだ。だからこそ、本件裁判が汚れた政治裁判であると同時に、国を救うための神聖な裁判でもあることを念頭に置いていただきたいのである。

◆著者◆
池 萬元（チ・マンウォン）
1942年生まれ。江原道出身。韓国陸軍士官学校第22期卒業(1966年)、経営学修士(1975年 アメリカ合衆国海軍大学院)、システム工学博士(1980年 アメリカ合衆国海軍大学院)、ベトナム戦争出征(作戦将校)、国防情報本部海外情報募集将校、国防企画計画予算制度導入研究員、国防研究員責任研究委員、陸軍予備役大佐(1987年)、アメリカ合衆国海軍大学副教授(1987-89年)、社会発展システム研究所長、ソウル市市政改革委員(1998-99年)、国家安保政策研究所諮問委員(1998-99年)、現在システムクラブ代表、評論家。
著書に『70万経営体 韓国軍どこへ行くのか』(1991)、『軍縮時代の韓国軍どう変わるべきか』(1991)、『北朝鮮の「核」を読む』邦訳(1994、三一書房)、『ONE KOREA?』(1994、アメリカフーヴァー研究所共著)、『シンクロ経営』(1994)、『墜落から跳躍へ』(1997)、『国家改造35か条』(1998)、『システムによる未来経営』(1998)、『北朝鮮ー韓国からの極秘レポート』邦訳(1999、ビジネス社)、『北朝鮮と永久分断せよ』邦訳(1999、徳間書店)、『韓国号の沈没ー韓国社会の深層分析』(共著) 邦訳(2002、芦書房)、『捜査記録で見る12・12 と5・18』(2008)、『発想の転換のためのActivatorシステム経営』(2009)、『汚辱の赤い歴史済州島四・三反乱事件』(2011)、『5・18分析最終報告書』(2014)、『5・18映像告発』(2016)、『朝鮮と日本』邦題『元韓国陸軍大佐の反日への最後通告』(2020、ハート出版)など。

編集協力：I.K

本書は韓国で出版された池萬元著『5・18 答弁書』(2021 年、図書出版システム) を翻訳し、日本語版として刊行したものです。

反日国家の野望・光州事件

令和 5 年 3 月 7 日　第1刷発行

著　者　池 萬元
監　訳　松木 國俊
発行者　日高 裕明
発　行　株式会社ハート出版

〒171-0014 東京都豊島区池袋 3-9-23
TEL.03(3590)6077　FAX.03(3590)6078
ハート出版ホームページ　https://www.810.co.jp

定価はカバーに表示してあります。

ISBN978-4-8024-0145-6　C0031

印刷･製本／中央精版印刷株式会社